网上开店、推广与经营 从新手到高手（第2版）

前沿文化/编著

www

e

科学出版社
北京

内 容 简 介

本书从读者应用需求出发，内容上全面详细，讲解了网上开店、推广与经营的业务流程，运营思路和操作技巧；讲解上图文并茂，重视实践操作能力的培养，在图片上清晰地标注出了要进行操作的位置与操作内容，并且重点、难点操作均配有视频教程，以求读者能高效、完整地掌握本书内容。

全书共分为12章，包括网上开店必备知识、如何成为一个合格的店主、开店货源的选择批发、宝贝图片的美化与处理、淘宝开店经营的第一步、开通店铺并发布宝贝、店铺门面的装饰、淘宝网店营销与推广、如何售出第一件宝贝、包装与物流的选择、完善网店的售后服务和成就淘宝钻石皇冠之路等内容。

本书既适合初学网上开店的读者学习使用，也适合有一定基础，但缺乏经营经验与推广技巧的读者使用，还可以作为电脑培训班、职业院校电子商务专业学生的教材或学习辅导书。

图书在版编目（CIP）数据

网上开店、推广与经营从新手到高手/前沿文化
编著. —2 版. —北京：科学出版社，2014.6
ISBN 978-7-03-041176-1

Ⅰ. ①网… Ⅱ. ①前… Ⅲ. ①电子商务—商业经营—
基本知识 Ⅳ. ①F713.36

中国版本图书馆 CIP 数据核字（2014）第 131398 号

责任编辑：徐晓娟　吴俊华　　／　责任校对：杨慧芳
责任印刷：张　伟　　　　　　　／　封面设计：张世杰

科 学 出 版 社 出版
北京东黄城根北街 16 号
邮政编码：100717
http://www.sciencep.com
北京虎彩文化传播有限公司 印刷
中国科技出版传媒股份有限公司新世纪书局发行　各地新华书店经销
*
2014年8月 第 一 版　　　　　开本：720×980 1/16
2018年8月第二次印刷　　　　　印张：16
字数：389 000

定价：39.80 元
（如有印装质量问题，我社负责调换）

网络已经深入我们生活的方方面面，给人们的生产、生活带来了巨大的影响。而随着网络安全逐步地完善，人们的消费观念也在不断地转变，国内电子商务进入了一个快速发展的阶段，并且已经成为国民经济发展中的亮点之一。

《网上开店、推广与经营从新手到高手》第1版产品于2011年6月上市以来，受到广大读者的认可与好评。《网上开店、推广与经营从新手到高手（第2版）》，是在第1版产品的基础上进行精心升级修订后推出的产品。本书的编写目的是帮助网上开店初学者了解网上开店的流程、推广方法、运营思路与经营技巧等知识，从而最终实现自己的目标：开设一家成功、赚钱的网店。

全书共分为12章，包括网上开店必备知识、如何成为一个合格的店主、开店货源的选择批发、宝贝图片的美化与处理、淘宝开店经营的第一步、开通店铺并发布宝贝、店铺门面的装饰、淘宝网店营销与推广、如何售出第一件宝贝、包装与物流的选择、完善网店的售后服务和成就淘宝钻石皇冠之路等内容。

本书内容系统、全面，采用大量图片配合文字说明的方式对知识点进行讲解，步骤清晰、完备，保证读者轻松顺利地学会知识。在介绍操作方法时，本书尽量选用切合实际需求的案例，以便于读者应用于实践。

本书配有多媒体视频教程资源包，包含了43个书中相关技能与实例制作的视频教学录像。网上开店人士书盘结合学习，其效果立竿见影。另外，光盘还赠送2小时《电脑组装、维护与故障排除》教学视频，以方便读者学习和工作参考使用。

本书由前沿文化与中国科技出版传媒股份有限公司新世纪书局联合策划。参与本书编创的人员都具有丰富的实战经验和一线教学经验，在此向所有参与本书编创的人员表示感谢。

最后，真诚感谢读者购买本书。您的支持是我们最大的动力，我们将不断努力，为您奉献更多、更优秀的计算机图书。由于计算机技术发展非常迅速，加上编者水平有限、时间仓促，不妥之处在所难免，敬请广大读者和同行批评指正。

为了使您更好地学习本书，我们特别创建了读者学习交流与技术指导QQ群：363300209，欢迎读者来这里交流学习经验。

多媒体教学资源下载方法：
请打开网址：www.ecsponline.com，找到本书，在"资源栏"处下载。

编著者
2014年6月

多媒体资源使用说明

如果您的计算机不能正常播放视频教学文件，请先单击"视频播放插件安装"按钮❶，安装播放视频所需的解码驱动程序。

[主界面操作]

1 单击可安装视频所需的解码驱动程序
2 单击可进入本书多媒体视频教学界面
3 单击可打开附赠的视频
4 单击可浏览光盘文件
5 单击可查看光盘使用说明

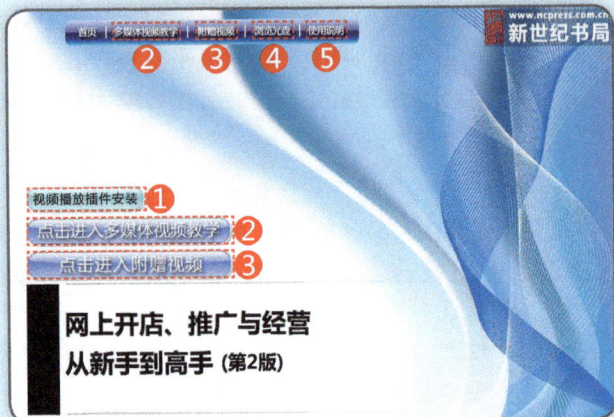

[播放界面操作]

1 单击可打开相应视频
2 单击可播放/暂停播放视频
3 拖动滑块可调整播放进度
4 单击可关闭/打开声音
5 拖动滑块可调整声音大小
6 单击可查看当前视频文件的光盘路径和文件名
7 双击播放画面可以进行全屏播放，再次双击便可退出全屏播放

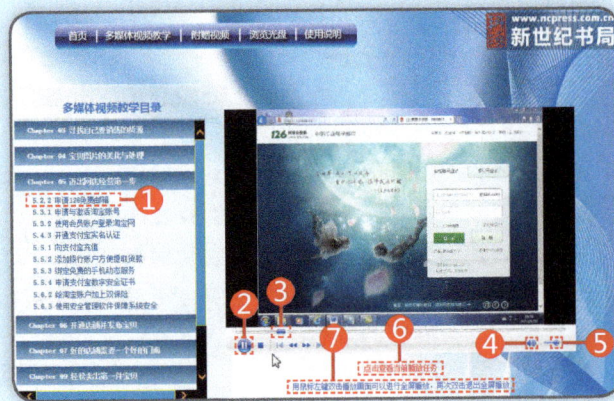

[资源文件说明]

此文件夹包含本书视频教学文件

此文件夹包含附赠视频文件

此文件夹包含播放视频教程所需的插件

同步教学文件

附赠视频

视频插件

本书额外赠送了2小时《电脑组装、维护与故障排除》教学视频，为开网店人士的学习提供更多帮助。

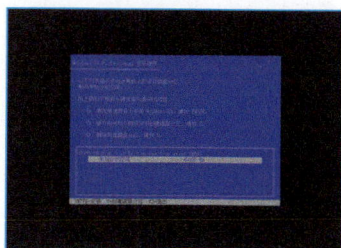

▶ 1.4 用系统安装盘分区

▶ 2.4 从Windows XP升级到Windows 7

▶ 3.2 手动安装驱动程序

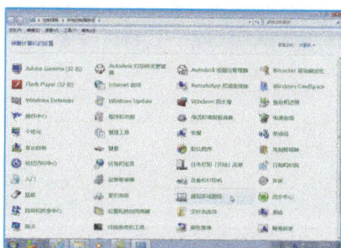

▶ 4.3 设置无线宽带路由器

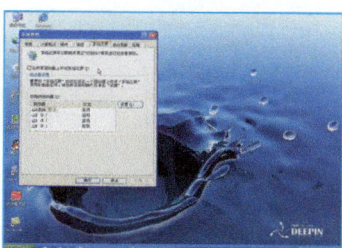

▶ 5.4 禁止系统还原

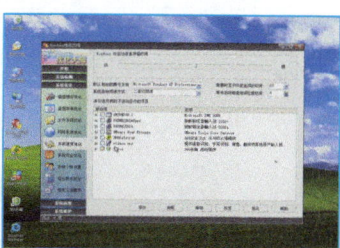

▶ 5.18 加快开机速度

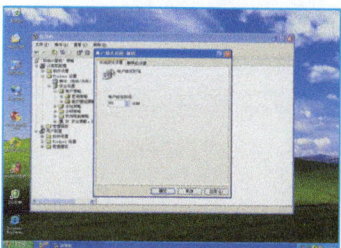

▶ 6.5 使用组策略锁定账户

▶ 7.5 使用Unlocker删除顽固木马文件

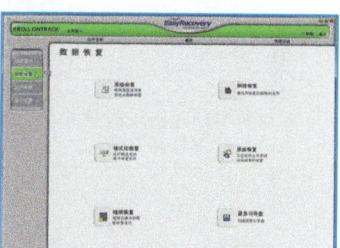

▶ 8.9 恢复被格式化的分区上的文件

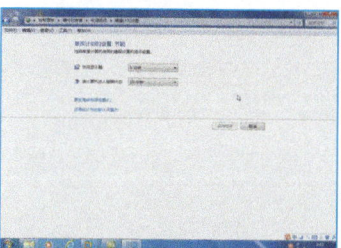

▶ 9.1 笔记本屏幕的维护方法

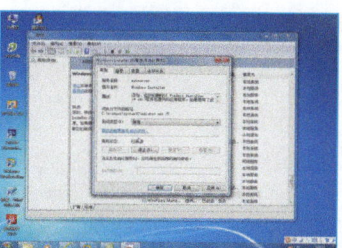

▶ 10.5 解决Windows 7系统下的Installer服务冲突

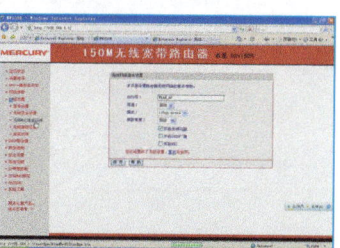

▶ 11.2 解决无线网络被人盗用问题

图书阅读说明
How to use the Book

7.1 店铺的基本设置

海宝网提供的"店铺基本设置"功能可以帮助卖家快捷、方便地完成各项店铺设置操作，如店铺的介绍、店铺店标的更换、手机海宝店铺信息完善等等，下面分别来进行介绍。

章节标题
便于读者了解本节所讲的知识点和内容

7.1.1 店铺基本信息设置

我们在申请网店时，就需要设置店铺的一些基本信息。当店铺开张后，如果有更好的店名和介绍内容，那么随时就可以进行更换。

光盘同步文件
同步视频文件：光盘\同步教学文件\第7章\7.1.1.mp4

视频文件路径
标明本节教学视频在光盘中的位置

① 单击"店铺基本设置"链接。

在"我是卖家"的"店铺管理"栏目下，单击"店铺基本设置"链接，如下图所示。

② 设置搜索关键字。

① 输入店铺名称；② 单击"上传图标"按钮，上传自己的店铺标志，如下图所示。

操作步骤
以一步一图的方式对实例进行详细操作讲解，其中的 ❶、❷……为子步骤操作，与图中的 ❶、❷……对应

③ 设置其他信息。

按照开店时介绍的方法，进行其他店铺信息修改即可。

店铺基本设置说明

知识加油站　与实体店不同，在经营过程中，卖家可以随时修改自己的店铺类型、公告说明等，这不需要一点成本。另外，最开始开店是不称的，开店成功后也需要返回这里设置店铺名称。

136

疑难解答　问：什么是店铺店标？

答：所谓店标，就是店铺的标志，也就是我们常说的LOGO标志，如腾讯网的QQ标志、搜狐网的孤狸标志等。

疑难解答
对讲解中随时出现的技术点或疑难问题进行重点解答说明

7.1.2 开通2级免费域名

所谓域名，就是指平时我们打开网站的网址，如www.taobao.com，就是一个顶级的域名。而这里我们开通的2级域名，则是在顶级域名下，将www替换成任何我们所想要自定义设置的字母，如92on.taobao.com。

光盘同步文件
同步视频文件：光盘\同步教学文件\第7章\7.1.2.mp4

① 单击"域名设置"链接。

在"店铺管理"栏下单击"域名设置"链接，如下图所示。

② 设置自定义域名。

① 输入自己要自定义的字母或数字；② 单击"查询"按钮进行查询，如下图所示。

操作图注
要进行操作的位置与操作的方式，与操作步骤文字中的 ❶、❷……相对应

个性域名

知识加油站　域名只能由字母和数字组成，不能包含字符、空格等。另外，由于注册的人过多，因此重复的域名是不能通过的，大家在自定义设置时可以选择一些特别的域名。

知识加油站
对内容中涉及的知识点进行补充或扩展说明

③ 提示域名可以成功申请。

如果提示成功，则直接单击"申请绑定"按钮，如右图所示。

92on.taobao.com 申请绑定

137

目录 CONTENTS

Chapter 01 认识网上开店

Chapter 02 做一个合格的淘宝店长

Chapter 03 寻找自己要销售的货源

CONTENTS

Chapter 04 宝贝图片的美化与处理

Chapter 05 迈出网店经营第一步

Chapter 06 开通店铺并发布宝贝

Chapter 07 好的店铺需要一个好的门面

Chapter 08 淘宝网店营销与推广

Chapter 09 轻松卖出第一件宝贝

Chapter 10 好的包装、物流是
成功的一半

Chapter 11 完善网店的售后服务

Chapter 12 成就淘宝钻石皇冠之路

认识网上开店

本章导读

与实体店铺相比，网上开店不仅节约了成本，而且在商品进货、出售、管理等诸多方面也要明显优于实体店铺。不过，对于初涉网上开店的创业者来说，对网上开店的一些基础知识还是要先了解清楚的。本章将会详细介绍这方面的内容。

知识技能要求

通过本章内容的学习，读者主要学会网上开店的一些基础理论知识，以帮助大家在后面的学习过程中能够快速掌握相关操作。学完后需要掌握的相关技能知识如下：

❖ 电子商务基础知识
❖ 热门在线交易网站
❖ 网上开店的优势
❖ 网店的销售模式
❖ 网店货源的寻找

1.1 让我们从电子商务谈起

所谓电子商务，是指通过互联网，实现消费者的网上购物、商户之间的网上交易和在线电子支付及各种商务活动的新型商业运营模式。

1.1.1 电子商务的源起

我国的电子商务始于1997年，当时的电子商务主体正是一些IT厂商和媒体，它们以各种方式开展电子商务的"启蒙教育"，激发和引导人们对电子商务的认识、兴趣和需求。

经过这一阶段以后，1999—2000年，以"易趣"、"当当网"等网站为主的电子商务服务商在国外风险资本的介入下，成为中国电子商务最早的应用者，也是这一阶段中国电子商务的主体。

而随着电子商务应用与发展的深化，越来越多的购物网站如雨后春笋般成长起来，这其中就包含了如今大名鼎鼎的"淘宝网（www.taobao.com）"，如下图所示。

关于购物网站

知识加油站

购物网站是为买卖双方交易提供的互联网平台，卖家可以在网站上登出其想出售商品的信息，买家可以从中选择并购买自己需要的物品。

问：电子商务就是购物网站吗？

疑难解答

答：应该这么说，购物网站是电子商务的一种主要类型，就好比说京剧属于戏剧的一种，而不能说戏剧等于京剧一样。

1.1.2 电子商务的分类情况

从交易双方类型上面来看，电子商务可以分为4种形式。

- **第一种是B2C：** 商家对顾客的形式（如当当网、卓越亚马逊等）。
- **第二种是C2C：** 顾客对顾客的形式（如淘宝、易趣、拍拍、有啊）。
- **第三种是B2B：** 用于企业之间的购物交易（如阿里巴巴、慧聪网等）。
- **第四种是B2F：** 电子商务按交易对象分类中的一种，表示商业机构对家庭消费的营销商务、引导消费的行为。它的营销模式一般以"品牌推荐＋目录＋导购＋店面＋网络销售＋送货＋售后"为主，是C2C、B2C的一种升级商务模式。越来越多的购物网站将会最终向这种类型靠拢。

自1997年底诞生我国第一家专业电子商务网站——中国化工网以来，目前我国已有包括阿里巴巴、网盛生意宝、焦点科技、慧聪网等在内的多家B2B电子商务上市公司；eBay易趣、淘宝网、腾讯拍拍网、百度有啊等C2C公司；卓越亚马逊、当当网、新蛋中国、京东商城、VANCL、乐淘网、红孩子、走秀网、唯品会、时尚起义、马萨玛索、麦包包等B2C服务公司。

疑难解答

问：这几种分类中各字母分别代表什么含义？

答：其中B是指商家，C是指个人。B2B是指商家对商家的商业关系，如阿里巴巴为商家合作提供的平台；B2C是指商家对个人的商业关系，如国美等网上商城；C2C则是指个人对个人的商业关系，如淘宝、易趣等就是为个人提供销售的平台。

1.1.3 让人人成为老板的C2C网站

说起C2C网站，相信很多人不知道，但是说起淘宝，相信只要是上网的朋友都有所了解。它就是一个典型的C2C网站，也是目前国内做的最好、普及度最高、受众度最广的购物网，已经成为很多朋友网上开店的首选阵地。

C2C网站是指服务商（如淘宝网）提供一种服务，让在自己网站注册的一部分人成为卖方，而另一部分人成为买方。同时这两批人之间可以进行自由的网络交易，购买、出售自己的商品。

为了避免买卖双方的其中一方产生欺诈行为，一般的C2C网站都提供了免费的担保交易平台，例如顾客A从卖家B处购买商品，顾客会将钱打进交易平台C的账户上，当卖家B向顾客A发货，并且在顾客A确认收货的情况下，平台C才会将钱转入卖家B的账户，从而实现整个交易过程。

知识加油站

第三方支付平台

基本上国内大的C2C网站都拥有自己独立的第三方平台，这其中知名的主要有支付宝、财付通、百付宝、贝宝、快钱、易宝支付等。

1.1.4 了解电子商务安全法规

熟悉了电子商务基础知识，我们再来了解一下国家对电子商务在线交易专门制定的各类法规。只有熟读并了然这些规则，才能帮助我们更好地在网络中开拓自己的一片天地。

1 电子商务类法规

- 国务院办公厅：《关于加快电子商务发展的若干意见》（2005年1月）。
- 商务部：《关于网上交易的指导意见（征求意见稿）》（2006年6月）。
- 商务部：《关于网上交易的指导意见（暂行）》（2007年3月）。
- 商务部：《关于促进电子商务规范发展的意见》（2007年12月）。
- 商务部：《电子商务模式规范》（2008年4月）。
- 商务部：《关于加快流通领域电子商务发展的意见》（2009年11月）。

2 网络购物类法规

- 全国人民代表大会常务委员会：《中华人民共和国消费者权益保护法》（1993年10月）。
- 全国人民代表大会常务委员会：《中华人民共和国商标法》（2001年10月）。
- 商务部商业改革司：《网络购物服务规范》（2008年4月）。
- 国家工商行政管理总局：《网络商品交易及有关服务行为管理暂行办法》（2010年5月）。

3 电子支付类政策

- 中国人民银行：《支付清算组织管理办法（征求意见稿）》（2005年6月）。
- 中国人民银行：《电子支付指引（第一号）》（2005年10月）。
- 中国人民银行：《关于加强银行卡安全管理预防和打击银行卡犯罪的通知》（2009年4月）。
- 中国人民银行：《非金融机构支付服务管理办法》（2010年6月）。

问：去哪里阅读这些法规详细信息呢？

疑难解答

答：这里我们针对网上交易过程中国家各部门制定的法规进行了罗列。大家最好在百度中搜索相关信息条目，然后找到详细内容并下载保存，以便随时查阅了解这些规则的详细信息。

1.2 网上最热门的线上交易网站

初次在网上开店需要有一个好的网购平台，创业者通过注册成为网站会员，然后就可以在其网站上开设店铺了。店铺的管理和宣传都可以依靠大型网站进行，所以在人气高的网购平台上注册建立网店是店铺经营成功与否的第一要素。目前常见的有淘宝、易趣、拍拍、京东商城和百度有啊这五大网上开店的平台可供选择（本节仅介绍前3种）。

1.2.1 淘宝网

淘宝网是当前国内最大的个人电子商务平台，由知名的B2B网站阿里巴巴所投资创办。目前淘宝网已经成为国内最成熟的购物网站，汇聚了数千家网上店铺，以及数以千万计的商品。可以说，只要是用户需要的商品，就能够在淘宝网上购买到。淘宝网采用了支付宝付款模式，为广大购物用户提供有效的保障。

在国内，淘宝网基本成为网上购物的代名词，只要说到网上购物，广大上网用户自然而然就会想到淘宝网，如下图所示为淘宝网的页面。

淘宝网的成功源于其比较好的用户体验和布局分明的页面，商品分类清晰且提供多种搜索方法，有自己的聊天工具（淘宝旺旺），而且淘宝网的商品资讯及网购社区等周边服务也做得比较好，如下图所示。

1.2.2 易趣网

1999年8月，易趣（www.eachnet.com）在上海创立；2002年易趣与eBay结盟，更名为eBay易趣，并迅速发展成国内少有的几个在线交易平台之一。然而随着淘宝的崛起，易趣网的市场份额逐渐被淘宝所取代。

为了重新获得昔日的霸主地位，2006年易趣与本土无线互联网公司TOM在线携手组建成为一家合资公司。通过整合双方优势，凭借易趣在电子商务领域的全球经验及TOM在线对本地市场的深刻理解，新的交易平台将带给国内买家和卖家更多的在线与移动商机。

相比淘宝网来说，虽然易趣网购平台的知名度也比较高，但由于其网上店铺的申请分免费和收费两种，且针对免费店铺的服务项目还不是很丰富，所以它仅是网上开店经营者的一个备选平台，其网页界面如下图所示。

Chapter 01
Chapter 02
Chapter 03
Chapter 04
Chapter 05
Chapter 06
Chapter 07
Chapter 08

知识加油站

易趣的商品购买对象比较多元化

从购买群体而言，易趣的商品购买对象多元化，店内商品也多元化，这与它成立的时间长有关。淘宝的购买群体偏向年轻化，店主们也很年轻，商品偏于时尚化，商品种类相对集中。

1.2.3 腾讯拍拍网

腾讯拍拍网（www.paipai.com）是腾讯旗下知名电子商务网站。拍拍网于2005年9月12日上线发布，2006年3月13日宣布正式运营；依托于腾讯QQ超过7.417亿的庞大用户群及3.002亿活跃用户的优势资源，拍拍网目前的用户群仅次于淘宝网，其页面如下图所示。

目前拍拍网中的商品也非常丰富多样化，而且上网用户通过QQ就能方便地关联到拍拍网，同时与拍拍网商家使用QQ进行沟通。

知识加油站

方便的拍拍购物

拍拍网最大的特点就是登录和买卖都很方便，因为登录腾讯QQ即登录了拍拍网，通过QQ图标即可购物；相比淘宝网而言，拍拍网的年轻化、潮流化体现得更为明显。另外，拍拍网的虚拟商品管理也比较有特点。

1.3 网上开店有哪些优势

网上开店，具体来说就是经营者在互联网上注册一个虚拟的网上商店（以下简称网店），将待售商品的信息发布到网页上，对商品感兴趣的浏览者通过网上或网下的支付方式向经营者付款，经营者通过邮寄等方式，将商品发送至购买者。

网购人群的不断发展、壮大和越来越多的人想自己创业等因素的共同作用，促使了网上开店的火爆。那么相对于实体店铺而言，开网店有哪些优势呢？下面就来对其进行分析。

1.3.1 投资更少

与实体店铺相比，网上开店可大大节约开店成本，而且网店也可以根据顾客的订单进货，不会因为积货占用大量资金。此外，网店经营主要是通过网络进行，不需要专人时时看守，同时就可以省下房租、雇工费、水/电/气等各类杂费，这样初期投资成本自然就非常低。只需要准备一台联网用的电脑即可（商品可摆放在家）。下表所示为网店与实体店资金投入的明细对比。

资金项目	网店	实体店
店铺租金	无（有押金）	高昂（视位置而定）
店铺招牌	无	需要通过广告公司付费制作
内部装修	自由（可以定制模板）	需要通过装修公司付费装修
商品陈列（货架、展柜等）	自由（有推广费用）	需要付费订做
日常开销	少（电费）	视店铺规模与位置而定
员工工资	自由（可自营，可请人）	每月需要支付一定工资
商品库存	无，或库存量少	需要具备一定库存

通过上表可以看出，相对实体店铺而言，网店仅仅需要支出商品的进货费用，而其他都是免费或者相对较少的。当然，具备一定规模的网店，可能会聘用员工、定期维护店铺页面、网上大力推广，需要一定的费用。但一般的网店只要自己利用空闲时间经营即可，基本上不需要投入太多的人力。

至于网店的进货与库存资金方面，我们知道网店中所展示的只是商品实物图片，可以等待买家下订单后，再去进货，还可以做商品分销代理，这样的网店甚至能做到零库存。

1.3.2 无地域限制

如果说一家实体店铺，其购买群体仅限于店铺周边的人群，那么网店就完全没有地域限制，网店中所针对的购买群体可以是在自己所在城市或省外，甚至全球。可以说，只要我们的商品有吸引力，就要做好随时接待来自各地买家的准备。

由于无地域限制及购买群体的广泛分布性，我们在开网店后，可以将自己所在地的特色商品、特色小吃等在网店上销售，这样其他地区的人群也就能够方便地买到卖家所在地的各种特产了，如下图所示。

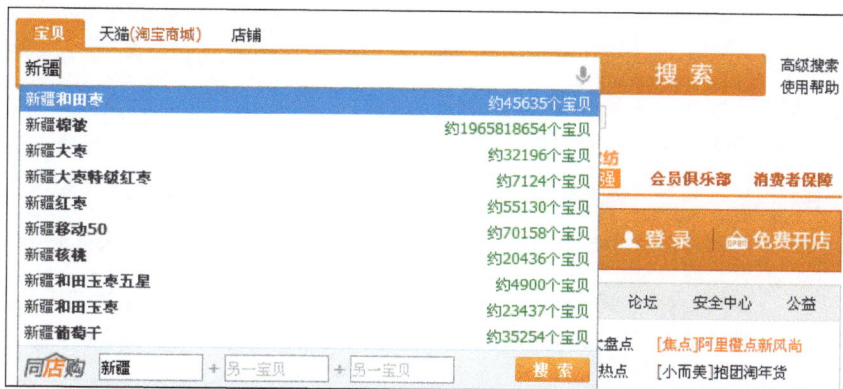

1.3.3 时间限制少

　　网店的经营是借助互联网进行的，经营者可以全职经营，也可以兼职经营，只要有一台能上网的电脑就可以开网店；营业时间也比较灵活，只要可以及时查看浏览者的咨询并给予及时回复就不影响营业。

　　首先，卖家并不需要时时守候在店铺中，顾客也可以在任意时间段浏览店铺中的商品并购买，而卖家只要在收到购买信息后，抽时间准备并尽快发货即可，如下图所示。

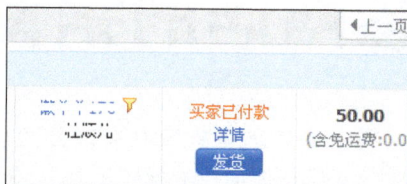

　　另外，对于销售虚拟物品的网店来说，当买家购买虚拟物品后，后续的发货、收款等一系列流程都是自动的，卖家只需定时到网店收钱并补充库存就可以了。

　　因此，绝大多数能经常上网的朋友都可以开设自己的网店，只是要记得定时去网店查看销售状况。

1.3.4 经营方式灵活

　　网上开店不需要像网下开店那样必须要经过烦琐的注册登记手续，网店在商品销售之前甚至不需要存货或者只需要少量存货，因此可以随时转换经营项目，可进可退，不会由于积压大量货物而无法抽身。

> **定时查阅网站规则**
>
> 知识加油站　　每个购物网站都对商品的销售有一定的要求，因此在转换经营方式时，应该仔细检阅相关的规则。

1.3.5 网店与传统商店的比较

下面通过对比下表来集中理解网上开店的诸多特点与优势。只要做好了充分的前期准备，实现网上开店的梦想并不遥远。

比较项目	网上商店	传统商店
开办手续	网上注册（个性设计）＋商品信息上传	商品店面＋工商注册＋装修＋进货＋专人看店
成本开支	商品采购成本＋网店担保金＋装修费用＋网上交易费用＋网上广告宣传费用	商品采购成本＋库存仓租费＋库存商品资金占用利息＋营业员工资＋商场场地租用费＋税金
营业地点	选择一个合适的购物网站即可	营业地点的选择与客流量、投入资金有紧密关系
营业面积	店面的大小与实际的销售额没有对应关系	面积增大需要大幅增加资金投入
营业范围	全世界任何有网络的地方，没有地域限制	本商店就近的一些消费者，明显受地域限制
营业时间	24小时全天候接受订单	正常的开门营业时间内

1.4 熟悉网店的销售模式

从属性上来分，目前网上商店出售的商品可以分为虚拟商品和实物商品两类。但如果从功能上分，则还有一种全新的代理商品。下面分别针对这几种不同的销售模式进行介绍。

1.4.1 自有产品销售

自有产品，通俗地讲，就是拥有自主权利的商品，可以自主进行商品定价、出售。一般这类商品都以实物为主，通常是目前市场上所有能够看到，并且能够通过交易进行正常接触使用的商品。

实物商品的范围很广，基本覆盖了人们生活的方方面面。大到汽车、电器，小到服装、铆钉；从米、油、盐、酱、醋到衣、食、住、穿、行，都囊括其中。

这种销售模式适合拥有独立的实体店铺，或者全职从事淘宝店铺经营的用户。他们通过去批发市场或者直接从网络批发中心购买需要的实体货物，然后进行拍照，最后上传商品到网店进行经营。

自主经营模式

知识加油站 一般实体批发完全是自己找货、定价、上货，这种方式需要一定的资金和库存，占用时间较多，也比较辛苦，但是经营利润也是最大的。目前皇冠级别的大卖家都是这种销售模式。

1.4.2 虚拟产品销售

这类模式一般是通过平台或者软件，在淘宝网上出售虚拟商品。顾名思义，这类产品就是眼中不可见的物品，通常是指网络游戏点卡、网游装备、QQ号码、Q币、手机话费等。淘宝网对虚拟商品的定义为：无邮费，无实物性质，通过数字或字符发送的商品，如下图所示。

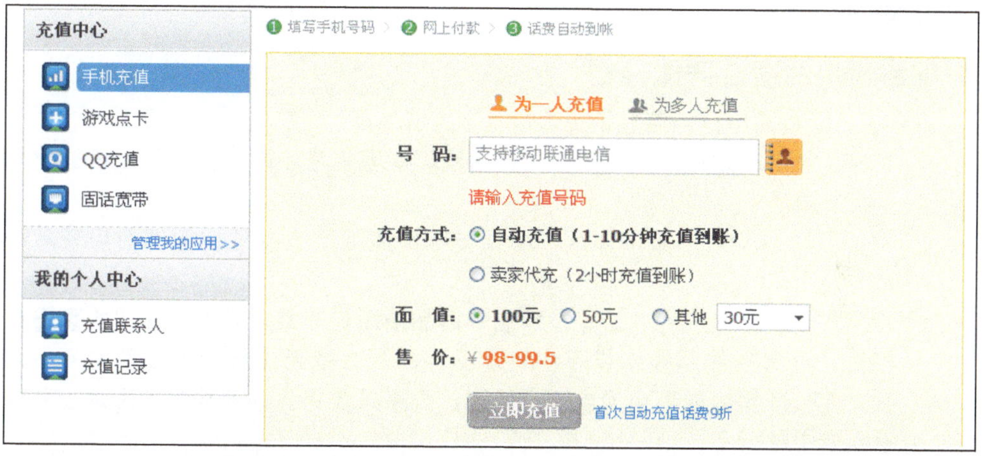

由于虚拟商品无实物性质，因此一般在网上销售时默认无法选择物流运输，通常是当买家买下后就自动发货。也正因如此，一般销售虚拟物品的网店店主通常都能短期内相比实物更快地积累较高的店铺信誉。

虚拟商品主要有如下几类。

- 网络游戏点卡、网游装备、QQ号码、Q币等。
- 移动/联通/小灵通充值卡等。
- IP卡/网络电话/软件序列号等。
- 网店装修/图片存储空间等。
- 电子书、网络软件等。
- 各种辅助功能商品等。

1.4.3 分销产品销售

分销商品是指通过上架供货商提供的商品进行出售，然后从销售利润中提取差价的一种经营模式。这是一种全新的销售模式，目前在淘宝新人圈内非常红火。下图所示为代销流程图。

代理销售属于零投资、零库存的销售方式，专门的供应商为代销卖家们提供了商品货源、商品发货及商品售后的服务，代销卖家只要在自己的店铺中发布所代理商品的信息，当有买家下单后，代销卖家同步与供应商下单，供应商就会根据代销卖家提供的地址将商品发送给买家。而这个过程中产生的利润差价，就是代销卖家所能够赚取的利润。

1 网络代销的适合群体

在众多货源方式中，网店代销更适合以下人群采用。

- **上班人士：**固定的工作场所与工作时间，能够经常上网，但没有足够的时间寻找货源及发货的上班人士。
- **货运不便的地区：**城市郊区、小县城等快递不愿去接件或接件费用较高的地方。
- **不具备商品拍照条件的卖家：**网店中商品拍照是非常重要的，如果卖家没有相机、不具备拍照技术或不会处理图片，那么就无法展示出逼真的商品图片。而代理销售就不用考虑这个问题，卖家只要将代理商提供的图片放到自己网店中就行了。

2 网店分销的劣势

虽然分销卖家无需投入任何成本，但代理销售还是存在一定风险的。因为在销售过程中，货物是不经过卖家的，卖家同样只能通过供应商提供的商品图片和描述来了解产品，而无法看到最终发给买家的商品实物，所以卖家可能对自己销售的商品都不是很了解。

另外，一些不稳定的供应商可能让卖家网店无法经营下去，如卖家根据供应商提供的商品信息在网店中上架后，有买家对指定商品下单购买，但卖家联系供应商时却告知缺货，或者商品质量与图片上相差非常大。这些对卖家来说都是非常致命的，不但需要和买家解释协商，而且可能因此获得差评。需要知道的是，网店出现中、差评，将意味着买家的流失，是网店经营中的大忌。

合理选择代理

如果要代理销售商品，最好选择一些规模较大的供应商，并尽可能选择自己本地的供应商。这样卖家可以与供应商面谈并了解他们的具体情况，以后发生纠纷时，由于在同一个地区，相对来说也更便于解决。

1.4.4 服务产品销售

随着网店的盛行，很多专门从事各种服务的团体也开始在淘宝网上提供相应服务，如为卖家提供商业摄影、装修服务、本地婚庆包办、教育咨询等。总的来说，一般提供这种服务的都是有一定团队背景或者相应专业技术的卖家，如下图所示。

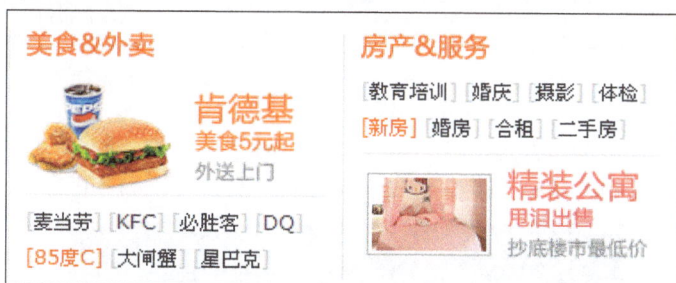

美食&外卖

肯德基
美食5元起
外送上门

[麦当劳] [KFC] [必胜客] [DQ]
[85度C] [大闸蟹] [星巴克]

房产&服务

[教育培训] [婚庆] [摄影] [体检]
[新房] [婚房] [合租] [二手房]

精装公寓
甩泪出售
抄底楼市最低价

1.5 要知道从哪里寻找货源

了解了网上销售的主要模式，还应该知道这两类货源的来源。正常情况下，虚拟货物都是通过网络进行销售的，因此其货源也主要通过网络获得；而实物商品则可以通过网络代理和实际购买两种方式获得。

1.5.1 实物商品的寻找

实物商品包罗万象，总的来说，可以分为线上寻找（网上批发/网上代理）和线下寻找（批发市场/厂家）这两种。

1 线上寻找

所谓线上寻找的方式，是指通过阿里巴巴（http://china.alibaba.com/）等全球批发网站，寻找自己中意的商品，然后进行批发购买。这种方式的好处是通常价格比较公道，比本地批发市场还便宜，如下图所示。

2 线下寻找

线下寻找货物的方式更多，二手收购、商场打折、批发市场、厂家等都可以作为自己实地寻找货物的目标，就好比我们传统做买卖一样，如下图所示。

大家不要怕麻烦，在寻货的时候一定要做到货比三家，相信只要找到了物美价廉的货源，那么网上开店就成功了一半。

疑难解答

问：在网上批发商品，价格更低、更实惠，为什么还要在本地进货呢？

答：网上进货虽然有明显的价格优势，但是需要一定的周期，比如今天进货，往往会隔2~3天才能到货，而且也不能现场查看实体货的质量、样式，只是通过网上图片对比往往容易先入为主。因此在本地寻找到合适的批发场所是货源稳定的基本保障。对于浙江、广州等沿海城市的朋友来说，实地批发则更具有优势。

1.5.2 分销商品的寻找

目前提供代销服务的商家和网站很多，如淘宝的供销平台（http://fenxiao. taobao.com/），只要成为平台分销商的代销店铺，就可以在自己的网店中销售他们提供的商品，从中赚取利润差价，如下图所示。

问：加入淘宝供销平台总是不被通过？

疑难解答

答：目前淘宝的供销平台审核较为严格，一般是要求钻石以上，对于新手来说，显得有点麻烦。解决的方法就是尽力游说分销商，说明自己的优势，有些分销商会让你通过的。另外就是参考一些其他网站上的分销信息，如就爱分销（http://fx.92on.com）就提供了很多优质分销货源。

1.5.3 虚拟货物的寻找

很多网上开店的新卖家通常会选择自己的第一家店铺来销售虚拟货物，因为它投资小、风险小、不用人工值守，而且信誉等级升得比较快。

那么该如何寻找这些货物，代理这些虚拟商品呢？其实这一切并没有大家想象中的复杂。只要代理一款充值软件，即可实现虚拟商品自动充值。基本上淘宝做虚拟物品的，都是依靠这种软件来实现的，它能够完全模拟智能化操作，不需要店主进行任何操作。下面以某智能代充软件为例，向大家说明虚拟货源的基本交易流程，如下图所示。

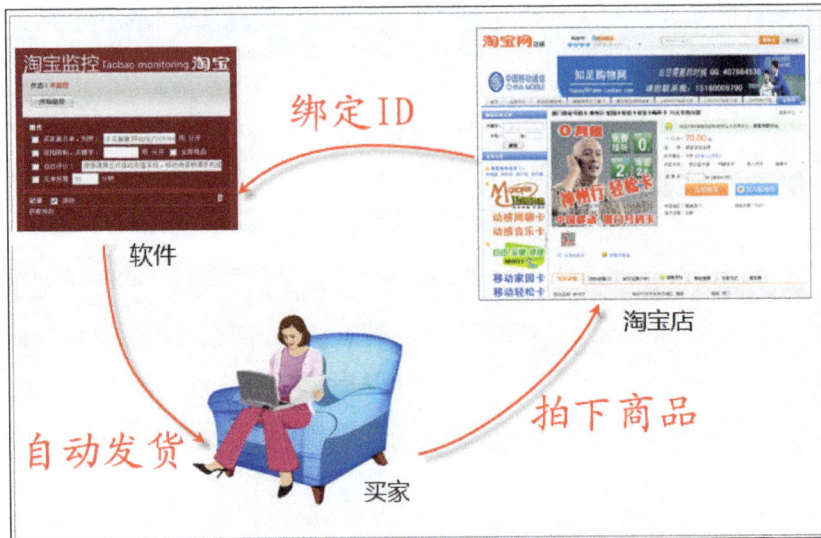

代理充值安全

知识加油站　　代理充值软件最重要的是安全性高。目前很多网站和私人提供许多免费或者低价的代理充值软件，它们虽然功能齐全，但是使用人数不多，未经过用户验证。对于新入行的朋友来说，最好谨慎使用。

用户只需要将淘宝店铺绑定到自己的捷易通软件ID，然后发布该软件提供的充值物品到自己的店铺，当有买家购买自己店铺货物的时候，软件即会自动进行商品的发送。一切的流程都是自动操作的，用户所需要做的只是打开电脑，保持软件正常运行即可（也可以脱机离线自动操作，不过需要额外向软件支付一定的费用）。

另外，由于目前基本上所有的代充值软件都是"上级扶持下级"的机制，一般情况下出现任何问题都是寻找上级代理来做解答的。因此寻找一家好的上级代理非常重要，新手用户千万不要贪图便宜随便选择一个代理，到时候得到软件却不知道怎么使用，或者在开店中遇到什么问题却得不到服务，往往得不偿失。

对于初涉网店的新用户来说，第一次开店通常什么都不懂，因此可以考虑先做虚拟店铺，了解一下网店业务，学习怎么宣传、怎么经营，等到有经验了再转行做实物店铺往往事半功倍。

问：为什么充值软件的价格不一样，会是骗子吗？

疑难解答　　答：有的卖家为了快速销售商品，可能会低于限制价格销售。但是也不排除部分不良商家通过虚拟软件进行诈骗，大家在进行这类软件购买时一定要提高警惕，以免上当受骗。

1.6 网上开店赚不赚钱

这里笔者就不长篇大论搬弄各种数据来证实什么了，只用通俗的道理向大家阐述。

我们生活在这个社会上，只要一毕业，就会面临就业的问题。而目前想赚钱无非两种，一种是上班帮人家赚钱；一种是自己做事自己赚钱。

上班就不说了，那么自己做事也有很多种，但不管做什么，如今的行业都非常饱和，比如开个服装店、开一家蛋糕店，稍微有过创业经历的都会知道，基本上每天每刻，都有无数人打电话找铺子，确立创业项目，开张营业。

那么他们能否赚到钱？没人能回答你，因为这就是市场，无限饱和，无限生机，有人欣然入场，有人惨淡收场。20%的人赚钱大赢，30%的人正常经营，50%的人可能不断换行。

淘宝开店赚钱不？当然赚。2012年11月11里一天，淘宝加天猫整个销售额达到几百亿，这都是淘宝卖家创造的。

淘宝卖家赚钱不？当然赚。随便搜索一个卖家，每天的销量都是传统行业的好几倍。

淘宝卖家百分百赚钱吗？很遗憾，这个肯定是否定答案。你看到的是成功的淘宝掌柜，还有更多掌柜在茫茫淘宝大军中沉沦。

是否赚钱的情况是多方面的，这里读者应该细想如何开店、如何打理店铺，而不应该纠结于淘宝开店是否赚钱这个问题。因为当你在此纠结的时候，也许有人已经先你一步踏上了成功之路。

要知道开一家网店很容易，正常经营一家网店很难，使网店做大就更难了，这需要不断地学习、进步。而你通过购买我们的图书，关注我们的博客http://www.02zu.com等，都会为你自己提供开店学习的机会。这才是你眼下最应该做的事情。

做一个合格的淘宝店长

本章导读

准备在购物网站中开网店之前，我们需要先进行相应的规划，包括了解网店有哪些优势、自己是否适合开网店、该卖什么商品等，如果没有货源，还需要了解如何寻找网店货源。考虑并分析了上述因素后，就可以着手开自己的网店了。在本章中将会向大家介绍有关网上开店的初期策划及软/硬件准备方面的知识。

知识技能要求

通过本章内容的学习，读者将学会网上开店之前需要熟练掌握的一些必备知识，以帮助大家在后面的开店过程中能够快速进入角色，成为一名合格的店铺掌柜。学完后需要掌握的相关技能知识如下：

- ❖ 网上开店的必备要素
- ❖ 自我评审是否适合开网店
- ❖ 熟悉网上开店的流程
- ❖ 网上开店前的思路和计划
- ❖ 精确定位自己的网店
- ❖ 精确定位自己要销售的商品

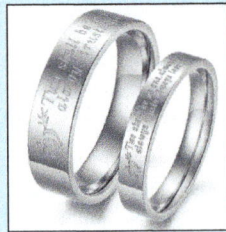

2.1 淘宝开店的必备要素

网上开店是一件需要不断学习、不断进步的快乐事业。当然，要享受到更多的快乐，那么网店的软/硬件配置设施也得跟上。虽然免去了实体店的选址、装修等环节，但网上店铺的相关操作也得步步为营，做好准备。

2.1.1 网上开店的硬件准备

要开网店，一台能够上网的电脑是必需的，可以是自己家中的电脑，也可以是公司电脑，只要能够保证可以经常上网即可。

对于需要自行拍摄商品图片的卖家来说，一部性能优良、像素较高的数码相机也是必需的。一般来说，普通的家用数码相机就可以满足商品拍摄需求，如果要获取更好的拍摄效果，那么可以使用专业的单反相机。如果具备条件，还可以拥有自己的摄影场所，以及拍摄商品图片需要用到的各种辅助器材等。

1 关于电脑的硬件配置

电脑只是起到和互联网信息的接通工作，所以实际的硬件配置不用太高端，一般主流的家用电脑即可胜任，如下图所示。

电脑的特殊需求

知识加油站　如果对电脑有一些特别的应用要求，可以根据实际的需求来升级硬件。

当网店发展到一定规模后，商品势必会越来越丰富，相关的产品介绍文档、图片等都会增多。加上电脑还同时满足着我们娱乐、学习的需求，所以可以考虑增大硬盘存储空间，比如增加一块硬盘或是配置移动硬盘等。

如果卖家比较喜欢自己制作商品图片，那势必会进行一些图片处理工作，就要求电脑的显卡及内存能够满足需要。可以考虑增配内存条和更换性能更好的显卡，这样制作图片也能有更好的效果。

> **笔记本电脑**
>
> **知识加油站**　由于笔记本电脑轻巧、易于携带，因此作为淘宝卖家，配备一台主流的笔记本电脑是最好的选择。它可以方便用户在不同场合处理淘宝店铺管理工作。

2 关于数码摄影设备

对于拥有实物商品的卖家来说，最好能够拥有一款专业的数码相机。而对于图片有特殊需求的用户，具备条件的话，还可以搭建专业的摄影场所，准备拍摄商品图片需要用到的各种辅助器材，如反光伞、背景布、灯光等，如下图所示。

简易影棚设备

数码照相机

越是独特的商品，越要进行独立的拍摄，只有这样，才能使自己的产品在淘宝为数众多的同类商品中鹤立鸡群，显得与众不同。

> **数码相机**
>
> **知识加油站**　目前的数码相机大多数是1000万像素以上的，因此购买一款家用主流的数码相机即可应对一般的图片拍摄，而对于需要专业摄影的用户，则最好购买单反数码相机。

当然，如果是作为代理销售或者销售虚拟商品的用户，则数码相机可有可无。

3 多功能一体机的准备

多功能一体机最开始可以不考虑配备，但当网店达到一定规模后，需要打印和扫描的相关文档资料也就会多起来。比如发货时需要打印大量的包裹单，需要将厂商提供的商品图片批量扫描到网店，这时准备一台集打印、复印、扫描于一体的设备就显得很有必要了，如下图所示。

知识加油站

多功能打印机

　　在选购多功能打印机时，一定要选择功能齐全的，最好能够胜任自己开店铺所需要用到的所有功能，以免因为少了某一样功能而额外购买单独的设备。

　　最后还有就是卖家要有一个长期固定的、便于快递上门接货的地址。一般来说，只要在各大中小城市市区中，快递都可以免费上门接货。如果卖家是网店代销，那么就不用考虑这个问题了。

2.1.2　网上开店的软件准备

　　网店是通过联网的电脑进行管理和经营的，因此卖家需要具备一定的电脑使用技能，包括在线与买家交流、对自己网店商品的更新等。时常要用到的软件包括即时聊天工具、免费电子邮箱、图片处理工具、**Office**办公软件等，下面一一介绍。

1　即时聊天工具

　　"阿里旺旺"是淘宝网官方指定的在线交易沟通工具，阿里旺旺的聊天记录可以作为交易纠纷的依据之一，所以在淘宝网上开店的卖家一定要下载安装此聊天工具。

　　旺旺通过官方网站（http://www.taobao.com/wangwang/）即可下载到。需要注意的是，这里提供了买家版、卖家版和手机版3种不同类型的旺旺，如果是打算网上开店的用户，一定要选择"卖家专用版"，如下图所示。

阿里旺旺 Aliwangwang

网购交流　买家必备

卖家旺旺　旺你买卖

Chapter 01
Chapter 02
Chapter 03
Chapter 04
Chapter 05
Chapter 06
Chapter 07
Chapter 08

疑难解答

问：卖家版和买家版旺旺有什么区别呢？

答：实际上，它们之间的基本功能都差不多，只是在用户使用习惯上做了区别，比如卖家版就增加了交易方面的模块，而买家版注重娱乐方面的模块开发，以提高不同用户的体验认识，大家可以按照自己的情况选择。

2 免费电子邮箱

要注册淘宝，除了使用手机注册，还需要拥有一个自己的电子邮箱，这是淘宝官方做了硬性规定的。通过旺旺与买家即时交流虽然方便，但是买家也不可能时时在线；在其余时候，就可以通过电子邮箱来与买家进行联系，如下图所示。

知识加油站

免费电子邮箱

由于电子邮箱是注册淘宝店铺的重要因素，因此在本书第3章，将详细地向大家介绍有关电子邮箱的申请方法。

3 图片处理软件

用数码相机拍摄的商品图片是要上传到网店的，但为了让商品图片更吸引买家一点，所以在上传之前一般要再处理一下，比如添加文字说明、漂亮边框、多张图片组合等，这就需要图片处理软件来帮忙了，比如大名鼎鼎的Photoshop软件，如下图所示。

其他图片处理软件

知识加油站　　除了美图淘淘，还有光影魔术手、美图秀秀、可牛图片处理等软件。当然，最权威的还是Photoshop，它能够实现所有能想到的任何图片后期处理效果，但由于其操作上比较专业，因此建议普通用户还是选择便于上手、操作简单的图像处理软件。

4 Office办公软件

在网店开设过程中，不管是对店铺的日常管理，还是对商品的文字描述，都需要用到各种办公编辑软件，其中最普遍的就是文字处理软件Word和数据管理软件Excel，如下图所示。

2.2 自我评审是否适合开网店

对开网店的货源及其他因素进行分析后，还有重要的一点需要考虑，那就是自己适合开网店吗？虽然网店开张很简单，但要想通过网店获取收益，就得用心来经营网店，这需要占用我们一定的时间和精力来寻找货源、经营网店及与快递公司打交道。作为店主的你，真的想好了吗？

2.2.1 宝贝货源是否稳定

当我们决定开网店并选择好商品后，就应该考虑所寻找的货源是否稳定，在日后的经营过程中是否会影响网店销售。货源稳定的主要因素包括是否缺货、供货是否及时、货物质量是否参差不齐、售后服务是否完善等，这些因素对网店的经营有着至关重要的影响。

准备开网店之前，往往货源已经基本确定下来，这就需要进一步对供货商家进行分析与考察。供货商的规模与实力在一定程度上决定了货源是否稳定，如果要长期经营其商品，那么供货商的发展与前景也是需要关注的。

即使我们已经联系好了供货商，在开店之前，也要对供货商进一步了解才行。如果没有稳定的货源支持，我们只有延缓网店的开张时间，并继续寻找新的供货商了。

商品货源是网店的根本，如果无法找到稳定的货源，那么即使其他方面具备再好的条件，也是无法开网店的。

库存量要充足

知识加油站　一般某一个商品，至少要有3件货源才能够正常销售，否则就很可能出现断货、供应不及时等问题，影响店铺的正常经营。

2.2.2 在线时间是否充足

网店是在网上经营的，这就需要我们有足够的时间来上网，而且在经营过程中，必不可少地要涉及与各种买家的网上交流。所以我们开网店之前，必须要考虑自己上网是否方便，以及是否有足够的上网时间。因为无论是经营还是与买家的交流，都是一个长期的过程。

还有就是网店的进货、发货也需要占用一定的时间，尤其是网店生意好起来之后，这就需要我们有足够的时间寻找货源、进货、打包商品以及联系快递公司发货等。

这些因素也是开网店需要考虑的，我们举个简单的例子，如办公室在职人员，多数具备了可以长时间上网的条件，而且可以利用休息日去进货，但发货就成了最大的问题。一是因为在公司上班时间，一般不允许员工经常发货；二是快递服务的工作时间和我们上班时间大致相同，所以考虑下班后发货又不大可能。因此，开店之前，一定要考虑时间因素，而不能等店铺开张并有买家下单后，才发现自己时间不足。

那么，是不是这类人群就不适合开网店了呢？答案是否定的，是否有充足的时间只是一个方面，我们需要结合其他条件综合分析。如果没有足够时间，那么可以选择网店代销的方式，这样就无需为货源、发货而费神了。

疑难解答

问：我时间充足，但是没有上网条件，只能经常到网吧上网，这样是否适合经营网店呢？

答：网店的目的是销售商品，而销售商品又必须涉及交易，为了保障交易资金的安全，建议有条件最好有自己的私人上网场所，最好不要在网吧等公共场合经营网店，或者管理交易状况。

2.2.3 联系物流是否方便

物流是网店经营中非常重要的一个环节，如果我们自己进货并在网店中销售的话，那么快递的方便与否就是必须要考虑的。目前快递服务在一些大中城市市区是非常方便的，但对于城市郊区或一些小县城，就需要考虑快递是否方便了，一般有以下两种情况。

- **快递无法到达**：如果我们所在地快递无法上门服务，那么发货就是非常麻烦的事情了，尤其是对于生意较好且经常需要发货的卖家，所以如果自己不在各大快递公司的服务范围，那么可能就无法开网店了。

- **快递费用高昂**：对于城市郊区等偏远地方，有些快递上门是可以加价上门服务的，但也就意味着买家需要支付更多的用费。在充满竞争的购物网站中，如果自己的运费高于其他卖家，那么多半是无法留住买家的。除非我们的商品利润非常高，可以通过高利润来抵消快递费用的高出部分。

同时，对于货物快递而言，自己最好拥有一个固定的联系地址，便于快递上门取货，并且最好能够在众多快递公司中选择一家服务、信誉均良好的建立长期合作关系，这样不但以后发货及时方便，而且货物发生损坏、丢失等情况，解决起来也会省事点。

快递公司的联系方法

知识加油站　　　通过Google地图搜索所在城市的快递公司，能够快速、准确地找到相关信息，如下图所示。当确认快递公司以后，最好能够长期合作，这样不但可以节省快递费用，而且对快递服务质量也可以很好地进行监控。

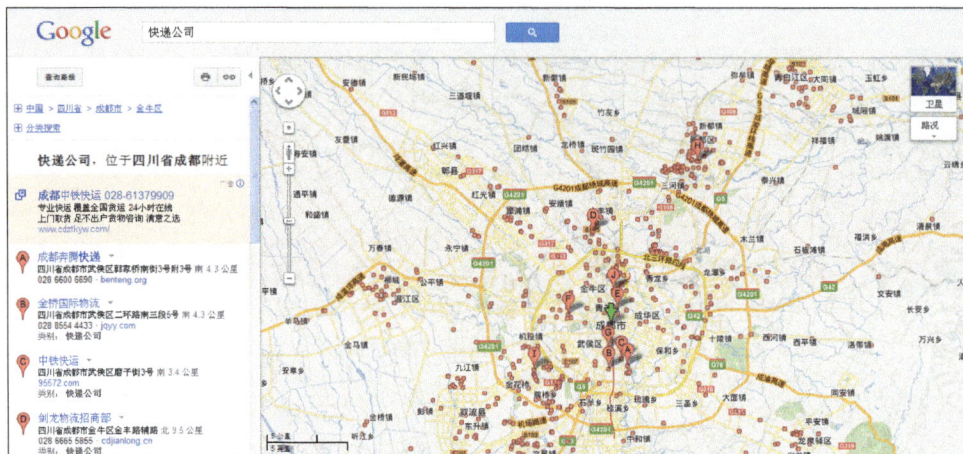

2.3 熟悉淘宝网上开店的流程

虽然现在互联网上有多个网购平台，不过想要在这些网购平台上开设自己的网上店铺，所要进行的流程操作大多是类似的，主要包括店铺定位规划、选择开店平台、提出开店申请、进货与登录商品、商品的营销推广、交易与售后服务这六大方面。

1	2	3	4	5	6
店铺定位规划	选择开店平台	提出开店申请	进货与登录商品	商品的营销推广	交易与售后服务

1 店铺定位规划

要在网上开店，首先就要有适宜通过网络销售的商品，这就是对自己网上店铺定位的前期规划；并非所有适宜网上销售的商品都适合个人开店销售。

2 选择开店平台

目前可供店主选择的网上开店平台比较多，比较常见的包括淘宝网、拍拍网、易趣网等。就当前来说，不管是知名度还是安全性上，淘宝网都算是一枝独秀。因此，很多新开店的卖家都选择淘宝作为首选阵地。

3 提出开店申请

确定开店平台以后，就需要了解该平台的开店申请规则了。比如淘宝网就规定，注册账号必须通过实名认证，再成功上传10件商品即可免费开店，个人店铺也会自动生成。同时，还应该通过各种方式学习如何装修自己的店铺，将自己的店铺打造得更有特色。

4 进货与登录商品

最好是从熟悉的渠道和平台进货，控制成本和低价进货是关键。有了商品就准备登录到自己的网店，注意要把每件商品的名称、产地、所在地、性质、外观、数量、交易方式、交易时限等信息填写清楚，最好搭配商品的图片。商品名称也要尽量全面，突出其优点。

5 进行营销推广

为了提升自己店铺的人气，在开店初期适当地进行营销推广是非常必要的，而且要网上网下多种渠道一起推广。比如，通过购买"热门商品推荐"的广告位、与其他店铺和网站交换链接等方式来扩大自己店铺被消费者关注到的可能性。当然，如果有条件的话，最好的推广方式还是使用如淘宝网提供的直通车、阿里妈妈推销等。

6 交易与售后服务

顾客在购买商品时会通过多种方式和店主沟通交流，这时就应充分做好交流工作，具体交易方式则可根据双方交流约定办理。而售后服务则是体现自己店铺形象的无形资产，需要店主在建店初期就规划到位，力争为顾客提供最好的售后服务。

> **可变动的开店流程**
>
> 知识加油站　　以上是大体的淘宝开店流程，实际上大家可以根据自己的情况进行调整，如开店和进货，可以先开店，也可以先进货，只要目标明确、方向正确就是开店最大的保障。

2.4 淘宝开店前的思路和计划

在开通网店以前，首先应该进行一个思路统筹和详细的计划安排。所谓"知己知彼，百战不殆"，进行一些市场考察，看哪些东西在网店里卖得好，看自己适合做哪方面的网店，这是一定要做的事情。经过一番考察后确定好了一个开店计划，就可以开始联系货源，进入实质性的工作日程了。

2.4.1 进行仔细的网购人群分析

"没有调查就没有发言权"，对于网上开店而言，由于随意性更大，所以更要做好前期的市场调查工作，其中主要就是对网购人群的分析与调查。

1 网购人群的年龄分布

网上用户中，从用户的年龄分布来看，18~24岁的人群比例最高；其次是30~34岁的人群。18岁以下和40岁以上的用户则相对不怎么偏好网上购物，如下图所示。

年龄分布		
序号	年龄	成交人数
1	18岁-24岁	23668
2	30岁-34岁	3287
3	40岁-49岁	775

2 网购人群的性别差异

在网购人群的性别特征方面，女性则明显要比男性更偏好于网上购物。从目前常见的几个网购平台来看，用户均呈现女多男少的局面。下图所示为淘宝"数据魔方"工具提供的男女消费者比例图示。

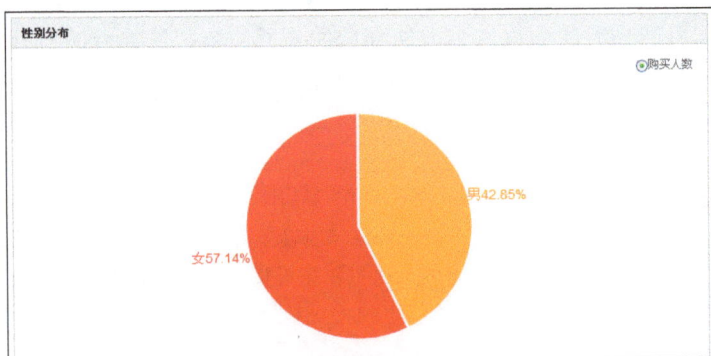

性别分布

男42.85%
女57.14%

3 网购人群的地域分布

最后值得推敲的是，在淘宝、拍拍等进行购物的用户群体，大多来自一些经济较发达地区，或者传统休闲城市的地方。而一些偏远地区，如新疆、内蒙等相对网购人群要少一些，如下图所示。

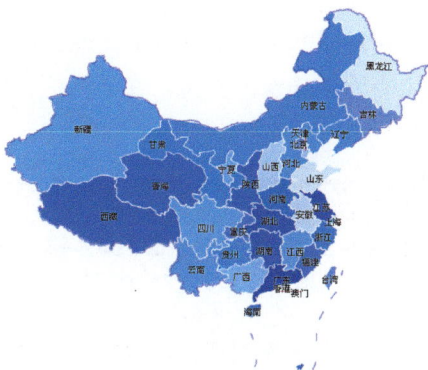

年轻的消费群体

知识加油站 通过分析不难看出，年轻一族是网购最大的消费群体，并将其视为时尚的象征。出现这种情况是因为一方面网购需要互联网知识，另一方面也与年轻人追求新鲜事物的心理有关。

2.4.2 明确自己的经营方式

网上开店有多种方式，不同的开店方式需要的开店成本也不同，对销售赢利的结果也会产生一定的影响。要选择适合自己的开店方式，首先需要对各种不同的网上开店方式进行性价比的分析和比较。

1 兼职网上开店

这是最易实施的一种经营方式。经营者将经营网店作为自己的副业，以增加更多的收入来源为目的。比如，现在许多在校学生就喜欢利用课余时间经营网店；也有不少上班族利用工作的便利开设网店。

兼职经营方式

知识加油站 这种兼职类型的店主由于时间少，因此最适合经营虚拟类的物品，只需要很少的时间进行店铺打理、上货、充值收账，即可全面实现店铺的运转。

2 全职网上开店

这就相当于是投资创业了，经营者会将全部的精力都投入到网店的经营上来，将网上开店作为自己的事业来做，将网店的收入作为个人收入的主要来源。因此，这种经营方式所要付出的精力及财力也较多，网上店铺的经营效果也会更好一些。

知识加油站 **全职经营方式**

这种类型的店主时间比较多，为了节约成本，可以考虑网络代销和实体批发相结合的方式来经营自己的店铺，这样做到了时间和成本的双重保障。

3 实体店兼营网上店铺

已经拥有实体店铺的经营者，为了扩大生意的受益面而兼营网上店铺，这也是现在比较普遍的一种开店模式。此种网店因为有网下店铺的支持，在商品的价位、销售的技巧方面都更高一筹，也容易取得消费者的认可与信任。

知识加油站 **实体经营方式**

这种类型的店主通常都有自己的固定货源，所以最缺少的不是本钱，而是时间。通常可以请专业的客服来打理自己的店铺，只需要定时收账即可。

综合对比了解了以上几种网店经营方式，再结合自身的情况，就能轻易地判断出自己适合选择哪种经营方式来营造自己的网店了。

2.5 准确定位自己的网店

准确定位自己的网店，其实也就是确定要卖什么商品的问题。在考虑卖什么的时候，一定要根据自己的兴趣和能力而定，尽量避免涉足不熟悉、不擅长的领域。同时，要确定目标顾客，从他们的需求出发选择商品。

2.5.1 以卖家为导向进行定位

首先，我们要问问自己喜欢什么，究竟对哪些商品感兴趣，如果我们自己都不喜欢，又怎能让买家喜欢我们的商品？同时，也挖掘一下自己擅长什么，做自己擅长的，无疑就是一种竞争优势。这就是我们定位的第一步：专业才能专注。

如果喜欢钻研淘宝，那么可以开一家面向淘宝卖家的综合性服务店铺，专门为开店有困难的卖家提供相关服务，如开店咨询、货源提供、装修服务等，如下图所示。

突出专业特长
的网店类型

2.5.2 切合时尚又独特的商品

目前主流网民有两大特征：年轻化和白领化。了解了这个就可以根据自己的资源、条件，甚至是爱好来确定是随大流考虑最大的消费群体，还是独辟蹊径寻找一些特色或鲜见的商品。当然，特色店铺到哪里都是受欢迎的，如果能寻找到切合时尚又独特的商品，如自制饰品、玩具DIY、服饰定做等商品或服务，将是网上店铺的不错定位选择。

时尚又独特的商品

知识加油站　　在如今追求个性的年代，加上网购人群的年轻化，具备时尚又独特的商品当然会受到消费者的更多关注。然而，选择这些商品时也要考虑价格因素，毕竟网购人群的购买指导方向就是价廉物美。

2.5.3 充分挖掘网购人群的需求

先确定主要面向哪类消费人群，再把人群细分，寻找这类人群的物质需要：从衣、食、住、行、乐等方面开始挖掘。为了让网店有更好的定位，不仅要满足这些消费人群的物质需求，还要多多关注他们的心理需求，比如对有实惠心理的买家而言，就要用"特价"来应对；更看重方便的买家，那我们的商品在使用和保养上一定要尽量简单。

2.6 精确定位自己要销售的商品

这也是困扰很多准备开店朋友的问题，我们可以方便地在网上开张自己的店铺，但是该卖什么商品呢？哪些商品在网上好卖呢？当然，在开店之前，这个问题也是我们应该认真分析与考虑的。

2.6.1　寻找进货的突破点

理论上来说，任何商品（虚拟类、实物类）都可以在网店中进行销售，但事实上我们寻找网店销售商品时，还需要综合各种因素进行分析。下面简单分析在选择进货时需要考虑哪些因素。

1　商品的体积与重量

网店销售的商品多是通过邮寄或快递方式发送到买家手中的，因此卖家在选择销售的商品时，商品的体积是必须要考虑的。网店销售的商品体积不宜太大，而且易于包装，从而方便快递运输及节约运输费用，如下图所示。

一般商品的体积与重量是成正比的，而快递运输计费是将商品重量核算到其中的。我们知道，网店商品总价=商品实际售价+运费，如果商品太重，运费过高，而导致商品总价与买家在网下购买差异不大，那么很多买家就没必要在网上购买了。所以在选择商品时，一些较重的商品可以不做考虑，除非该商品优势非常明显。

2　商品价格和附加值

如今在淘宝上购物，图的就是便宜，同样的一件衣服，其中一家卖50元，你要是卖55元，顾客怎么选？这答案明摆着。因此，在选货时一定要选择利润率高的商品，以便把利润让给顾客，把商品的售价降下来。

另外，好的商品还能带来好的附加值，而不是通常情况下的便宜无好货。比如，我们的这本书就是一本价格便宜却拥有无穷附加值的商品，能够为买家提供远大于实际价值的帮助。

3　商品的独特与时尚性

在网上销量较好的商品，均具有各自的独特性与时尚性。所谓独特性，就是商品本身独具特色，有亮点，这样才能吸引买家的注意。如果商品太过普通或大众化，或者现实中随处可见，那么其在网上销售的价值就很低了。

所谓时尚性，就是商品能跟上时代主流，是当前所热门追捧的类型，如服装类的商品是否流行、数码类商品配置是否为当前主流等。很多买家在网上购买商品时，也都会对商品的时尚性非常关注，尤其是一些具备很强时尚性的商品，如服装、化妆品等。

广大卖家在选择商品时，必须分析所选的商品是否具备一定独特性与时尚性。如果商品太过平庸，则应分析网上买家的需求，判断该商品在网上是否有销路。

4 能引起买家购买欲望

在网上交易过程中，买家都是通过卖家所提供的商品图片和描述来选择与确定购买商品的，这就要求卖家必须通过图片与描述就能让买家详细地对商品产生一定的了解，并引起买家的购买欲望。如果指定商品必须由买家亲自见到实物并进行检测才会购买，就不太适合在网上销售了。

5 只能在网上买到的商品

如果具备条件的话，尽可能选择网下没有，而只能在网上才能买到的商品，如外贸订单商品，或者从国外带回来的等。这类商品的优势在于，首先购买者只有在网上才能买到；其次竞争度相对较小，更容易销售。

6 分析购买群体的需求

从目前的网上交易情况来看，在网上购物的群体主要分为两类，一是学生群体，二是年轻的上班族。当我们准备开网店时，可以和身边经常网上购物的学生或者上班族进行交流，多听听他们的意见，因为这些人就在一定程度上代表了网上购物的潜在客户；当然也可以咨询开网店的朋友，结合更多的意见来选择自己将要销售什么商品。

这里需要注意的是，网上开店也得遵守国家相关法律，不可销售法律所禁止销售的商品。禁止销售的主要有以下几个类型。

- 法律法规禁止或限制销售的商品，如武器弹药、管制刀具、文物、淫秽品、毒品。
- 假冒伪劣商品。
- 其他不适宜在网上销售的商品，如医疗器械、药品、股票、债券和抵押品、偷盗品、走私品或者以其他非法来源获得的商品。
- 用户不具有所有权或支配权的商品。

2.6.2 关注"他们"在卖什么

目前各大购物网站中都有着大量的高级卖家，所销售的商品种类也非常多。我们在选择自己的商品时，也可以进入这些网站中，看看自己将要销售的商品有没有其他卖家销售，如果有的话，就说明该商品在网上有市场需求，这个时候就要对商品的品牌、价格进行对比，看看自己将要销售的商品在品牌和价格上是否有优势。

以淘宝网为例，目前淘宝网中共有数万卖家，涉及数千个商品分类，包括服装、化妆品、数码等，也就意味着我们不论选择销售什么商品，都存在同类商品的竞争。这里我们可以通过淘宝Top排行榜来查询畅销的商品排行，然后选择销量高的产品进行参考，如下图所示。

淘宝排行榜

目前淘宝网共有几百万卖家，其中皇冠卖家的比例为0.3%左右。以此为基准，我们可以认为如果某类商品的卖家低于0.3%，那么说明该商品在网上依旧有很大的市场。2013年10月31日，国务院总监李克强主持召开由专家学者和企业家代表的经济形势座谈会，会议中阿里巴巴集团董事长马云透露并提到：淘宝到目前为止开店店铺数量在900万家，其中活跃的有300多万家。

总之，通过购物网站中其他卖家的分布，在一定程度上可以分析出网上交易市场的需求，某类商品的卖家越多，就间接说明其市场需求越大；某类商品卖家中的皇冠卖家越多，就说明在网上购买这类商品的群体越大。

2.6.3 自己的商品优势

了解选择商品的依据，分析购物网站的卖家分布，只能作为我们在选择自己所销售商品时的参考，具体该选择什么商品，还需要由自己所拥有的资源来决定。每个人所在地区不同，能够接触的商品货源渠道也不同；准备开网店前，我们就应该对自己的各种货源渠道进行分析，然后从中选择最具有优势的商品。

如果是已经拥有实体店铺的商家，那么本身就占有了商品优势（将自己实体店铺的商品在网店中销售，所有商品都是现成的，无须单独寻找货源、进货），同时还扩大了自己商品的销售区域，而且实体店与网店经营两不误。对于实体店而言，通过网店可以增加宣传力度，吸引潜在顾客；对于网店而言，由于具备了实体店铺的支持，因此将会在很大程度上增加网上买家的信任度。

如果是仅准备开网店的朋友，那么应该选择自己所熟悉的行业或渠道，这无论对于商品的利润还是进货或者日后的退换货，都是有一定便利性的。如自己在服装行业工作，对特定的服装渠道比较熟悉，就可以经营服装；对化妆品行业较为熟悉或熟悉其渠道，就可以经营化妆品。

下面来分析自己所选择商品的优势，主要体现在以下几个方面。

1 品牌

自己所选择商品的品牌，是具备一定影响力，还是不知名的小品牌？品牌在网上购物中的影响比现实中更为重要。由于无法看到商品实物，因此很多买家在选购商品时对品牌的依赖是非常大的。毕竟一个影响力大的品牌在一定程度上间接体现了其产品的优良性，下图所示为淘宝首页的品牌店铺。

品牌店铺

2 价格

将要销售商品的价格在同类商品中是否有优势？绝大多数买家选择网上购物，就是因为网上销售的商品价格要明显低于现实中的价格，也会在同类商品中进行对比，如果商品各方面都一致，只是价格存在差异，那么价格低的卖家无疑更容易把自己的商品卖出去，如下图所示。

价格优势

商品价格的影响

知识加油站　　　很多买家在类似淘宝网等网站购物时，通常都会选择"价格从低到高"的搜索显示方式。也就是说越便宜的商品，就显示在最前面，也最容易出售。所以说商品的价格是决定买家是否购买的最直接因素。

在利润固定的情况下，能找到价格更低的货源渠道，就意味着商品的销售价格可以更低一些，在同类商品中就更具有竞争力，更容易吸引买家。

商品的销售价格=卖家的进货价格+卖家的利润

3 售后

商品的售后服务是非常重要的，尤其是一些售后需求显著的商品，如手机、电脑等。购买这类商品的顾客，在选购商品的同时，也会关注商品的售后服务，如果卖家能提供更加完善的售后服务，那么无疑可以打消买家的后顾之忧，让买家更放心地选择购买自己的商品。

而商品的售后服务，同样是来自卖家进货渠道商所提供的服务，因此在选择商品渠道商时，同样需要关注渠道商所能提供的商品售后服务。常见商品的售后服务，包括服装类的调换及数码电器类的包退、包换和保修时间等。

寻找自己要销售的货源

货源是开网店的最大问题所在，如果自己没有熟悉的货源渠道，那么就很难找到合适的货源。网上店铺本来就很薄利，因此如何在进货方面降低成本，就直接关系到网店的赢利问题。那么，该如何寻找到价廉物美的商品进货渠道呢?下面就来介绍网店主要的货源途径，以及如何行之有效地寻找适合自己的货源。

通过本章内容的学习，读者能够学习到如何进行商品的批发。它包括线上实物批发和虚拟商品的批发，同时还包括线下实体批发等内容。学完后需要掌握的相关技能知识如下:

❖ 网上卖什么东西最火
❖ 寻找实物货源
❖ 批发实物货源的技巧
❖ 到阿里巴巴网站批发
❖ 如何寻找分销服务
❖ 虚拟货源的寻找

3.1 网上卖什么东西最火

都说热销的产品才能挣到钱，那么在网上该卖什么样的商品才能热销呢？这需要从现有的几个网购平台及网购用户两个方面去综合考察。

3.1.1 网上热销产品的特点

分析网上热销产品的特点，有利于自己开店时参考，选择网店定位，同时也能方便网店卖家及时调整自己的经营策略。目前，网上热销产品主要具有以下特点。

1 价格便宜

网购用户的购买理念，很大程度上都要归功于网店产品价格的低廉，比如在淘宝网上的"秒杀"商品、相比实体商场来说更实惠的日常用品等，都体现着这样的特点。因此，从产品价格出发来寻找优质货源是最重要的方向，如下图所示。

2 视觉效果好

由于不能事先接触到实物，所以网上购物对商品最直观的体验就是图片了。那些由真人试用、高清实物、经过美化处理后的产品图片呈现出来的视觉效果更好，那相比同类产品而言，该商品就会更畅销了。如下图所示就是淘宝网女店主亲自穿戴拍摄的衣物，这样就可以有比同类商品更好的销售量。

3 无需售后服务

网购用户大多是异地购物，如果购买家用电器这类商品都会担心产品的售后问题。而如果是购买网游点卡、电话卡、电影票，乃至餐饮外送服务等商品，则基本不需要买卖双方为了售后问题而苦恼。

3.1.2 目前网上最畅销的宝贝种类

根据国内最具影响力的3个网购平台（淘宝网、拍拍网、易趣网）在2013年1月初的统计来看，目前网上最畅销的、最受人关注的商品种类有十大类。

1.化妆用品	2.女装女鞋	3.电子类产品	4.女式箱包	5.虚拟产品
6.流行饰品	7.家居日用	8.地方特色产品	9.各类书籍	10.男式精品

下面挑选其中几类比较受关注的产品，进行相应的市场分析。

1 化妆用品

女人爱美从古至今都有，而且在现在物质水平日益提高后，这种精神层面的追求越发在攀升。化妆用品也属于消耗品，随时都在用；而一旦觉得某店里的某品牌产品好用就会一直用下去。所以从客户群的消费力度上来说，化妆用品是网上最畅销的商品之一。下图所示为化妆品分类广告。

化妆品类商品的劣势

知识加油站

化妆品类商品消费群体巨大，需求量也大；经营得好，回头客也多，任何时候都属于畅销类产品。而不足之处在于存在过期变质的问题，而且物流发货也会麻烦一些。

2 电子类产品

电子类的产品在网上热销最主要的原因是低廉的价格，并且其消费群体也是非常巨大。电子类产品永远都是代表潮流的产品，自然可以随时保持"热销"的头衔。不过，此类产品的售后问题也是大家最担心的，只是相对低廉的价格让大家忽略了这部分开支而已。只要解决好售后服务，网售电子类产品的优势将更加明显。

3 虚拟产品

电话充值卡、网游点卡、电子机票等，都属于虚拟产品。此类商品最大的优势就是不存在运输问题，而且也很少出现交易纠纷，即时交易即时消耗。只是此类商品的利润比较微薄，主要靠量取胜。

3.2 寻找实体货源

在网上开商铺最重要的一个问题就是解决产品供货渠道的问题。在形形色色的各种批发商和商城之间，需要网店店主根据自己的经营状况来选择真正适合自己的货源渠道。

3.2.1 大型批发市场

全国各地都布满了大大小小的各类批发市场，如浙江义乌、广州十三行、成都荷花池、重庆朝天门批发市场等。一般这类综合市场云集了服装、化妆品、首饰、食品、餐饮用具及各种生活用品等，基本上涵盖了人们日常生活所涉及的商品。因此有一定经济基础的卖家，可以选择去这类批发市场进货。下图所示为成都金荷花国际时装批发市场。

推荐指数：★★★★☆

适合人群：位于批发市场附近或不远的卖家，有一定经济基础

不适宜：离省城比较偏远的人群

3.2.2 寻找厂家货源

厂家货源永远是一手货源，通常情况下也是市面上能拿到的最低价格。因此有实地店铺或者其他分销渠道的卖家，可以直接联系相关厂家进行货源的寻找。下图所示为某制衣工厂内部现场。

推荐指数：★★☆☆☆

适合人群：有一定经济实力，有其他分销渠道（实体店铺）

不适宜：厂家对进货数量有一定要求，对拿货量小的卖家有限制

正规的厂家货源充足，信用度高，如果长期合作，一般能争取到产品调换或更低的进货价格，但是厂家规定的起批量较高，不适合小批发客户。如果有足够的资金储备、分销渠道，并且不会有压货的风险或不怕压货，那此种渠道就比较好。

3.2.3 关注外贸产品

目前许多工厂在外贸订单之外或者为一些知名品牌生产之外会有一些剩余产品处理，价格十分低廉，通常为市场价格的2~3折，品质做工有保证。但一般要求进货者全部购进，所以要求有一定的资金实力。下图所示为某品牌外贸指环。

推荐指数： ★★★☆☆

适合人群： 有一定货源渠道，同时有一定的识别能力

不适宜： 对质量无法进行有效掌控的人群

问：为什么很多服饰商品都没有品牌吊码呢？

疑难解答

答： 外贸产品一般是厂家根据国外客户需要生产的商品，因此有一定的知识产权。要在国内进行销售，就必须避免引起侵权，所以一般的外贸商品会去掉原有商品的品牌标志，但是其质量与原单货物是一样的。

3.2.4 国外新潮宝贝

一般欧美和日韩的商品总是走在流行前沿，国内很多商品都是跟进或仿制的，因此如果能够在国外采购到第一手的商品，快速引入国内进行销售，生意通常会十分火爆。下图所示为淘宝店出售的日韩流行服饰代购宝贝图。

推荐指数： ★★★★☆

适合人群： 有一定经济实力，国外有一定的人脉关系

不适宜： 没有国外人脉关系的人

另外，国外的某些一线品牌在换季或节日前夕，价格非常便宜。如果卖家在国外有亲戚或朋友，可请他们帮忙拿到诱人的折扣在网上销售，即使售价是传统商场的4~7折，也有10%~40%的利润空间。

3.2.5 品牌积压库存

　　有些品牌的商品库存积压很多，所以每到节假日的时候，都会在商场进行低价促销，如下图所示。每逢节假日，大家就可以留意自己所在城市是否有商场进行促销打折，通过现场实地购货，然后转战网络中进行销售，相信有不少的利润空间。

推荐指数：★★☆☆☆

适合人群：有一定的经济能力，经常关注商场打折

不适宜：数量有限，容易断码缺色

疑难解答

问：打折商品好卖吗？

答：不少品牌虽然在某一地域属于积压品，但网络覆盖面广，完全可使其在其他地域成为畅销品。只要把握好时机，一定能获得丰厚的利润。

3.2.6 民族特色宝贝

　　此类商品的进货渠道有一定的限制，首先需要该地区具备一定的民族文化底蕴，才可能有相对特色的民族商品；其次也需要卖家能够发掘和拓展出这些民族特色商品的独特性。有这两点作为基础，网上经营此类商品的利润是相当可观的，如下图所示。

推荐指数：★★★★☆

适合人群：当地有民族特色资源，卖家有一定的市场洞察能力

不适宜：不具备审美眼光的人

3.2.7 二手跳蚤市场

从二手闲置与跳蚤市场发现货源则比较简单，当地的一些综合网站、论坛都不乏这样的转让信息，各地也有相当规模的二手产品集散地。低价买进成色好的商品，再转到自己的网上店铺出售，也能获得比较可观的利润，如下图所示。

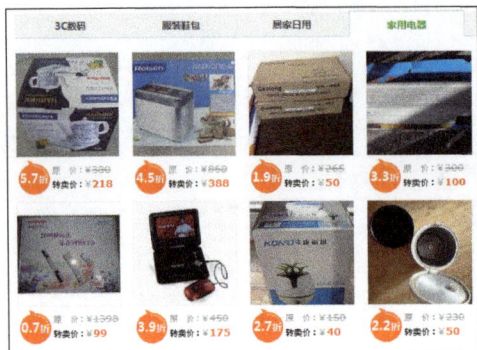

推荐指数：★☆☆☆☆
适合人群：对某行业（如电脑）比较熟悉的相关从业人士
不适宜：需要大量积压商品

3.3 批发实体货源

学会了如何寻找实物货源，作为合格的店长，还应该知道如何与批发商家讨价还价，为自己争取更多的利润空间。

3.3.1 实体货源批发实战

一般批发市场开市时间很早，对于批量小的新卖家而言，为了能够以适宜的价格购买到合适的商品，最好在凌晨4点左右就去市场探寻。因为这个时候批发商一般给出的价格都是批发价，而过了这个时间段，商品的批发价格都会比较高，甚至会达到零售价格。

另外，需要注意的是，批货的时候口气、神情也很重要，记得说话时要有底气，不要畏畏缩缩。就拿笔者来说，最开始淘货，就显得底气不足，问话也很蹩脚，如"请问这件衣服多少钱"、"不知道这个能不能换货"等，礼貌用语过多反而显得生疏，精明的批发商一眼就能看穿你是新手，所以给你的价格也不会很低。

而通过多次进货以后，每次拿货都会转变说法，比如用"这个多少"、"能换吧"等更简单明了的表达。要记住，这个时候不需要过于礼貌，你越是表达得高傲，批发商对你越是刮目相看。

疑难解答

问：为什么我大清早去批发市场，感觉拿货价格比零售价格便宜不了多少？

答：这是很多新手卖家通常会遇到的问题。除了在凌晨去批货以外，还要准备一些必要的装备，最主要的是为自己配备一个大号的黑口袋，而且里面最好装一点东西，这样批发商一眼就会知道你是来批货，而不是选时间淘便宜货的。

3.3.2 如何挑选好的宝贝

除了语言表达及与商家洽谈外，在挑选货源的时候，大家还应该注意商品的质量。要知道淘宝价格是"王道"，但是在价格便宜的基础上，不能忽视质量的作用；就算卖得再多，如果你的商品质量很差，那么会造成很多退款和中、差评，这样往往得不偿失，反而造成更严重的后果。

如果是现场进行实物批发，那么任何东西都需经仔细检查，比如衣服，重点看看面料如何、接缝处是否有漏洞、纽扣是否掉落等；如果是电器，就可以直接连接电源测试结果；如果是饰品，这个就要仔细看看、掂掂重量、摩擦一下看是否褪色等。

知识加油站

在线批发技巧

总的来说，实物批发还是比较可控商品质量的，那要是网络批发，该怎么办呢？

要知道一般网上批发，只能通过图片来查看款式，质量却很难看得出来，10元和500元价格的宝贝基本上图片都是无差别的。这种时候，就需要注意价格了。一般市场有自己的规律，"一分钱一分货"，这是永恒的真理。

作为新手，在网络上进行货物批发时，一定要根据自己平时在市场中进货的价格来定，比如平时市场进货价格是50~100元，那么网络上你在这个基础上往下降价5~10元拿货，如果低于这个价格，可能质量就不是你所期望的了。

3.4 到阿里巴巴网站在线批发

阿里巴巴网（china.alibaba.com）中有很多产品种类，它是厂商进驻最多的一个在线供需平台。用户可以在首页直接以关键字或以网站分类来搜索想要批发的商品，也可以在"创业加盟"频道的"网上创业"分类中寻找想要的商品。

3.4.1 注册阿里巴巴账号

要在阿里巴巴批发货物，首先得进行注册，下面来看具体的方法。

光盘同步文件

同步视频文件：光盘\同步教学文件\第3章\3.4.1.mp4

① 进入阿里巴巴网站。

① 输入阿里巴巴网址，按Enter键打开网站；**②** 单击"免费注册"链接，如下图所示。

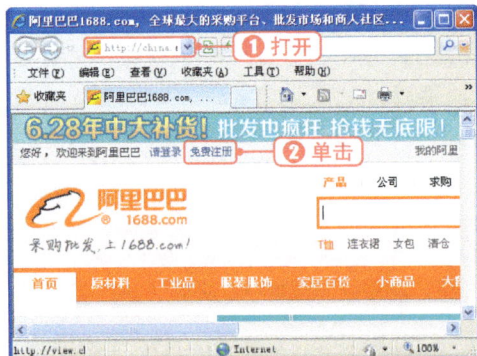

② 输入注册信息

① 进入新用户注册页面，输入会员名、密码等个人信息；**②** 单击"立即注册"按钮，提交申请，如下图所示。

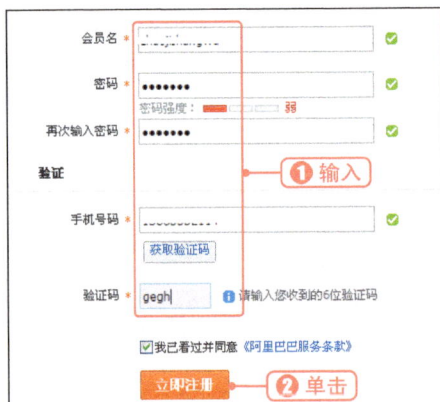

③ 提示注册成功。

稍等之后，提示注册成功，同时提示验证手机号与邮箱，以方便使用更多方式登录，如下图所示。

④ 单击"登录"链接。

返回网站主页，单击"登录"图标，如下图所示。

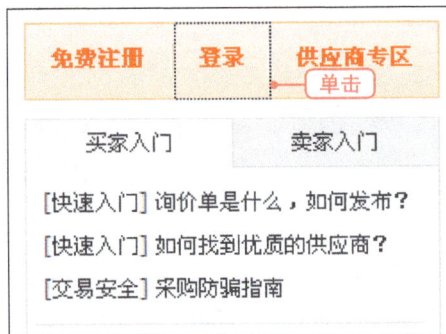

开通邮箱登录功能

知识加油站　　　建议大家在进行注册的同时开通邮箱登录功能，这样当忘记登录用户名时还有其他解决办法。

⑤ 登录注册账号。

❶ 打开登录页面，输入注册账号和密码；❷ 单击"登录"按钮，如下图所示。

⑥ 登录成功。

返回网站主页，显示已登录成功，如下图所示。

3.4.2 在阿里巴巴寻找货源

和淘宝网一样，在阿里巴巴网站上寻找商品的方式也是多种多样的，比如关键字查找、分类查找、使用类型查找等。下面一一介绍。

光盘同步文件

同步视频文件：光盘\同步教学文件\第3章\3.4.2.mp4

1 关键字查找

关键字查找是比较简单、方便的一种货物查找方法，具体操作步骤如下。

① 搜索实物商品。

❶ 在主页面上方输入搜索关键字；❷ 单击"搜索"按钮，如右图所示。

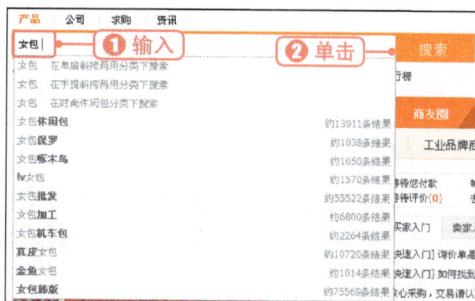

② 选择搜索结果。

进入搜索结果页面，单击相关类目筛选搜索结果，如下图所示。

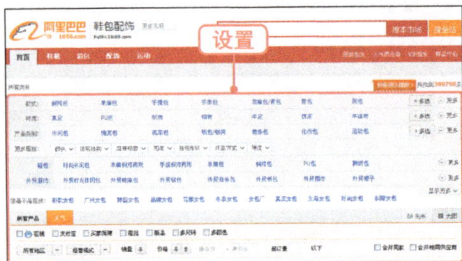

③ 单击商品。

稍等之后，返回筛选结果列表，查看并单击需要的商品图标，如下图所示。

关键字搜索技巧

知识加油站

和所有的网络搜索一样，在使用关键字搜索需要的信息时，更佳的关键字组合可以获得更丰富的搜索结果，比如两个关键字之间加空格、使用热门关键字等。

④ 查看商品。

进入商品详情页面，查看相关信息，如右图所示。

2 分类查找

相比关键字查找来说，此类方式更适合不定向的筛选商品时使用。同时，通过阿里巴巴网站的商品分类，也能看到现在热门的一些产品类型，对自己的网店商品定位有帮助。

① 单击分类。

找到网站商品分类栏，单击想要查看的商品分类名，如下图所示。

② 选择搜索结果。

进入分类搜索结果页面，滑动右侧滑块浏览页面；寻找到合适的分类类目后，单击相关产品，如下图所示。

③ 查看商品。

打开选择的商品详情页面，在这里可浏览该商品的详细信息，如右图所示。

3 发布进货需求

如果没有在网站上找到合适的商品，也可以通过阿里巴巴网站发布进货需求，这样符合条件的厂家会自动和你联系，而且你也占据了购买的主动性。

① 发布询价单。

在阿里巴巴主页右上方单击"发布询价单"链接，如右图所示

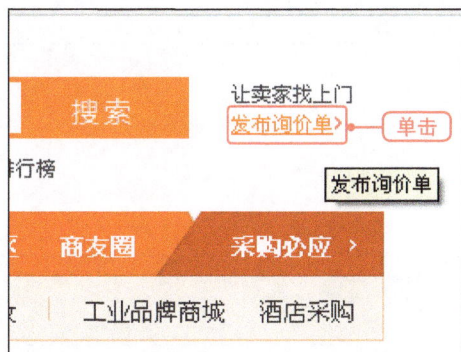

② 输入求购信息。

❶ 进入"发布询价单"页面，输入相关求购信息；❷ 单击下方的"已阅读以下规则，我要提交"按钮，如下图所示。

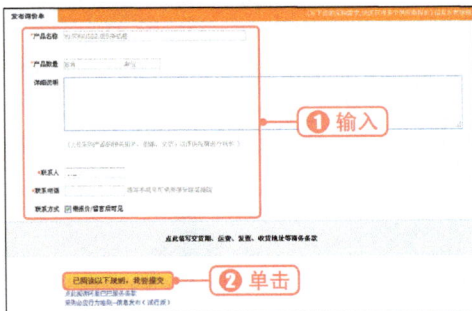

❶ 输入
❷ 单击

③ 提交审核。

提示信息已提交审核，等待系统审核通过即可，如下图所示。

发布成功，您的信息已提交审核！
您的信息将在工作时间（周一到周五 9：00-17：00）2小时内发布上网，非工作时间24小时内发布。审核不通过的信息，将通过邮件通知。

3.4.3 在线批发货源

通过仔细地搜索和查看商品详情，确定需要的商品及价格后，即可进入和厂商的谈判环节，预备下单进货了。

光盘同步文件

同步视频文件：光盘\同步教学文件\第3章\3.4.3.mp4

① 选择订购数量。

❶ 找到要购买的商品，并查看详细的信息，如批发价格、数量、运费等，然后在右侧输入要批发的商品数量；❷ 单击"立即订购"按钮，如下图所示。

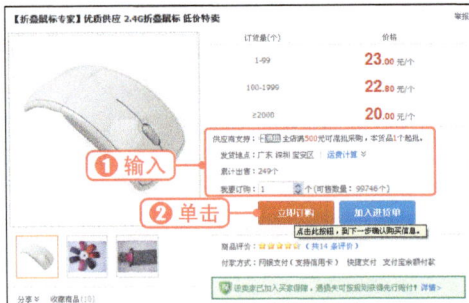

❶ 输入
❷ 单击

② 设置收货信息。

❶ 进入收货地址确认页面，设置所在地区、街道地址、联系电话等信息；❷ 单击"提交订单"按钮，如下图所示。

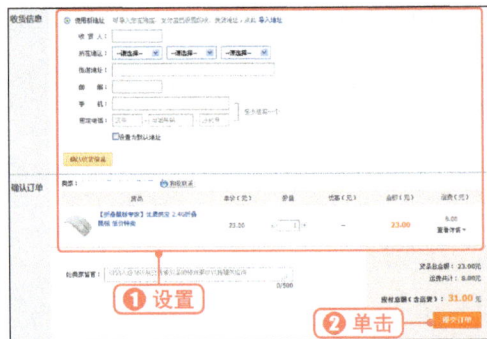

❶ 设置
❷ 单击

与商家协调运费

知识加油站 　　确定购买意向以后，可以通过阿里旺旺（与淘宝旺旺操作一样，在后面章节将单独进行介绍）与商家进行沟通，特别是运费，由于数量的不同，运费价格也是有区别的，一定要提前和卖家商量好。

③ **确认付款。**

❶ 选择支付方式；❷ 选择银行类别；❸ 单击"确认无误，付款"按钮即可完成付款操作，如右图所示。

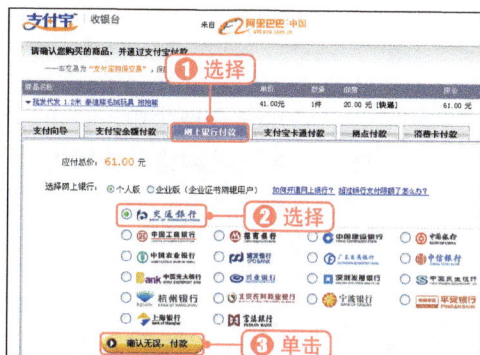

问：这里的支付宝和淘宝的支付宝是一样的吗？

疑难解答 　　答：是一样的。阿里巴巴是主公司，淘宝是阿里巴巴旗下的C2C在线交易网站，而支付宝则是阿里巴巴旗下的支付平台，因此它们之间的支付宝是通用的。

3.5 实物货源分销

　　在本章中，我们已经介绍过关于实物分销模式的相关内容。这是一种仅需要付出时间和精力管理店铺的淘宝开店方式，深受淘宝新手的欢迎。下面我们就来介绍实物分销货源的寻找与使用方法。

3.5.1 实物分销平台介绍

　　目前主流的分销网站有3类，第一类就是阿里集团掌控的旗下多家分销频道，包括阿里巴巴的"代理加盟"频道和淘宝（天猫）的"供销平台"。

"代理加盟"频道

"供销平台"频道

- 阿里巴巴的"代理加盟"频道并非是绝对的分销网站；部分商家只提供线下加盟，而不支持网络代销发货。
- 淘宝（天猫）"供销平台"是淘宝独立的分销频道，一些大品牌厂商均选择在这里推出货源。不过对分销商要求较高，钻石级别以下的新手卖家基本不予提供代理请求。

问：淘宝自家的分销系统肯定是最好的吧？

疑难解答

答：也不尽然。不管是阿里巴巴还是淘宝的分销系统，其品牌商品和一般商品相当丰富，但竞争大、要求多的淘宝分销系统一般对新手卖家限制多，很多大供货商都只接收有相关经验的卖家进驻。

　　除了阿里集团的分销网站以外，还有很多其他网站提供分销服务。通过百度可以发现目前这类网站不在少数，但是由于网络分销平台数量较多，质量参差不齐，新手卖家一定要选择一些比较正规的分销网站，如就爱分销网（fx.92on.com），如左下图所示。

分销网站类型

知识加油站

　　一般独立的分销网站又分为两类：一类是综合性推荐网站，这类网站通过介绍一些供货商的商品来帮助会员实现分销；另一类是由品牌供货商搭建的分销网站，主要提供直接的货源，让代理卖家销售。

问：为什么打开百度搜索前几个分销网站的商品都评价好差？

疑难解答

答：经常上网的用户会知道，百度等搜索引擎不可尽信——它能够帮助大家获取一些知识，但很多排名较高的网站可能不是通过自身实力，而是通过违规手段获取高排名的，因此在搜索相关内容时，建议大家注意辨别。

另外，目前还有一些实物分销软件走俏淘宝市场，如"商为开店软件"。该类软件可以针对网络创业的用户，提供综合性的实物货源等（后面会介绍）。

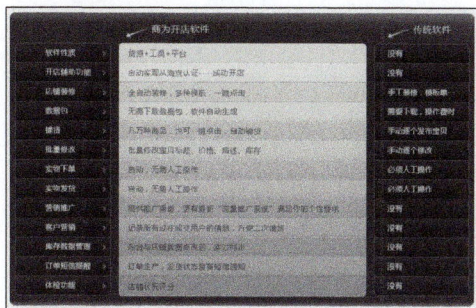

分销软件分析

知识加油站

目前淘宝很多工具都走向智能化，分销软件只是其中一款。相比传统分销软件，该分销软件更加人性化，但是必须先加入代理才行。

3.5.2 加入淘宝供销平台

下面我们以淘宝（天猫）"供销平台"为例，介绍如何申请分销商资格。

光盘同步文件

同步视频文件：光盘\同步教学文件\第3章\3.5.2.mp4

① 进行登录。

打开淘宝（天猫）"供销平台"（http://gongxiao.tmall.com）主页面，用自己的淘宝账号登录，如下图所示。

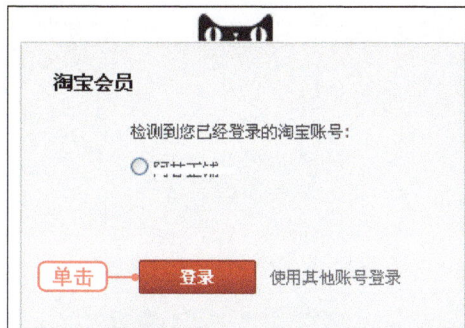

② 选择分类。

❶ 单击"品牌市场"；❷ 在左侧选择想要分销商品的分类，如下图所示。

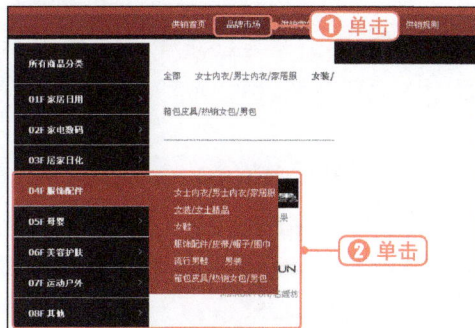

③ 单击进入。

查看搜索到的提供该类商品的供货商，单击任意供货商图标，进入查看相关信息，如下图所示。

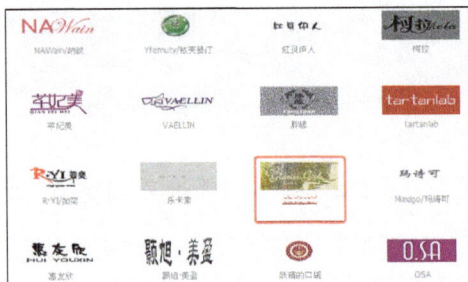

④ 申请合作。

进入该供货商招募页面，查看招募条件，如果觉得合适，单击"申请合作"按钮，如下图所示。

分销申请技巧

知识加油站

一般需要找到符合招募条件的供货商，再进行合作申请，才更容易通过；如果相差太远，则一般不予通过分销申请。另外，也可以直接联系供货商（如通过旺旺），和对方多沟通。如果对方觉得满意，还可以直接邀请你作为分销商，如下图所示。

3.5.3 进行商品分销

如果已成功加入所属平台的分销商行列，接下来就可以直接利用"供销平台"进行商品的上架管理操作了。

光盘同步文件

同步视频文件：光盘\同步教学文件\第3章\3.5.3.mp4

① 进入分销后台。

登录"供销平台"，单击首页的"进入分销商后台"按钮，如右图所示。

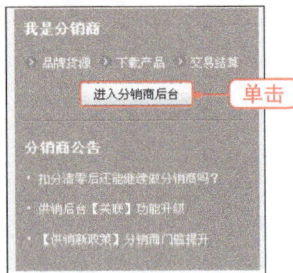

② 进入代销产品列表。

在左侧的"我是分销商"列表中，单击"产品管理"栏下的"代销产品列表"，如下图所示。

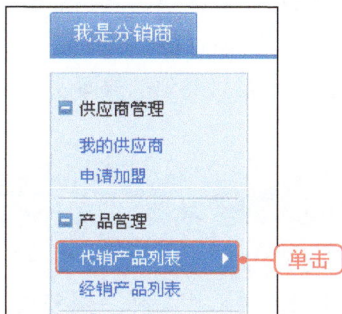

③ 发布到淘宝店。

❶ 显示当前供货商提供的商品列表，在这里勾选自己要出售的商品；❷ 单击右侧的"发布到淘宝店"按钮，如下图所示。

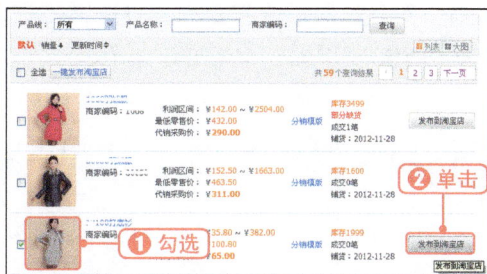

④ 我的分销商品。

在左侧单击"我的分销商品"，在右侧可看见刚发布的商品，如下图所示。

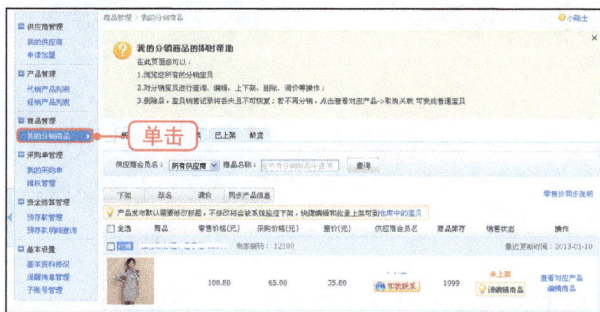

⑤ 修改上架。

❶ 在商品右侧，单击"编辑商品"按钮，对商品进行修改；❷ 完成修改后返回，单击这里的"上架"按钮，即可将当前商品直接发布到我们的淘宝店里进行出售了，如下图所示。

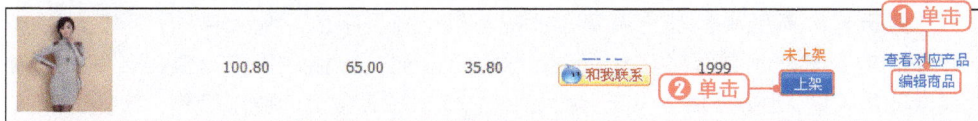

编辑后上架

知识加油站

这里必须先进行商品编辑，才能进行上架。编辑内容包括名称、价格、描述内容等，具体内容也可以参考本书第6章上传宝贝部分内容。

3.6 虚拟货源的批发

前面已经介绍过，虚拟货源由于投资少、收款/付款便捷、不用耗费人力/时间，而且能够快速积累卖家信誉度，因此备受新手卖家的青睐。那么该如何选择好的虚拟货源呢？相信通过本节的学习，大家就可以找到满意的答案了。

3.6.1 虚拟平台介绍

淘宝开店的卖家主要是通过代理虚拟充值平台来实现话费、游戏点卡、QQ业务充值的。目前市场上最流行、最稳定安全的主要有"第五代"和"捷易通"充值平台软件。

"第五代"充值软件　　　　"捷易通"充值软件

1 "第五代"充值软件

"第五代"是一款主流的充值软件。它对目前主流虚拟充值平台（如捷易通等）进行了优化，除了基本的虚拟充值功能以外，还第一个推出了实物代销功能，让卖家拥有一个平台，就能够同时出售虚拟商品以及实物商品，因此一经推出，便广受好评。

"第五代"充值平台基于淘宝、拍拍等电子商务平台，全天自动订单处理，产品覆盖国内各省的运营网络，支持全国移动、联通、电信话费的充值；各种主流游戏点卡充值；QQ业务充值以及部分地区的水/电/煤气缴费，操作简单、快捷。

"第五代"主要分为3个版本，分别为代理版、供货版和实物开店版本，具体如下。

- 代理版：最常用的版本，可以实现所有充值功能，可免费使用服装实物软件。
- 供货版：除了代理版的功能外，如果有货源，还可以成为经销商，直接供货到"第五代"，让其他代理分销商品。
- 实物开店版：是"第五代"母公司（商为）推出的独立实物版本软件，主要面向实物分销客户，提供服饰及各种生活用品等货源；让客户直接绑定淘宝店铺，实现根据订单自动发货、自动装修、自动推广功能。

2 "捷易通"充值软件

"捷易通"是目前国内最为流行的虚拟充值系统平台，集卖家自动发货、提交订单、顾客通知、自动评价、订单查询于一体。覆盖国内各省的运营网络，可以有效支持数字化游戏产品、各种虚拟业务充值以及话费代充等服务的交易支付。

"捷易通"目前主要分为无时限版和VIP版两种，具体如下。

- **无时限版**：终身免费代理使用、免费维护更新，支持自动充值、实物代销，可以离线托管（免费一年），提供免费装修功能。
- **VIP版**：目前最高版本，支持代理版的所有功能，能够永久免费使用离线托管，支持余额转账、余额提现，无任何使用限制。

要开通"第五代"或者"捷易通"，大家可以到官网注册并获得，也可以直接找拥有授权的捷易通代理商家购买，如下图所示。

安全代理

知识加油站　　目前网上代理软件鱼龙混杂，仿冒、造假的相关网站和代理商也非常多，大家要仔细筛选，不要误入不良人士的圈套。

问：我该如何避免购买到假的虚拟充值软件？

疑难解答　答：目前通过百度、谷歌搜索会发现很多相关网站，有一些是通过授权的代理商，还有一些则是通过造假手段仿冒的。这里推荐大家在本书合作伙伴http://cz.92on.com处咨询代理，同时可以获取相应的优惠价格。

3.6.2 虚拟平台使用

安装代理相关软件以后，就可以在淘宝店上出售各种虚拟商品了，如移动充值、Q币、魔兽争霸点卡、大话西游点卡等。下面我们来看看如何下载并在软件平台中帮助买家充值。

光盘同步文件

同步视频文件：光盘\同步教学文件\第3章\3.6.2.mp4

1 商品下载

成功代理并登录软件后，就可以直接使用软件中提供的数据包货源；将其下载到本地后，就可以通过淘宝助理上传到自己的淘宝店铺中进行出售了。

① 选择"下载数据包"。

虚拟充值商品种类繁多，如果要一件一件发布到自己的网店中，也是一件非常费神的事情。因此官方平台提供了统一的充值商品数据包，用户可以选择下载，如下图所示。

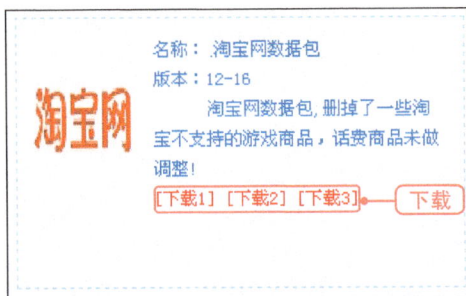

名称：淘宝网数据包
版本：12-16
　　淘宝网数据包,删掉了一些淘宝不支持的游戏商品,话费商品未做调整!
[下载1] [下载2] [下载3] ←下载

② 进行数据包保存。

❶ 打开"另存为"对话框，在这里为下载文件选择一个保存地址；❷ 单击"保存"按钮，如下图所示。

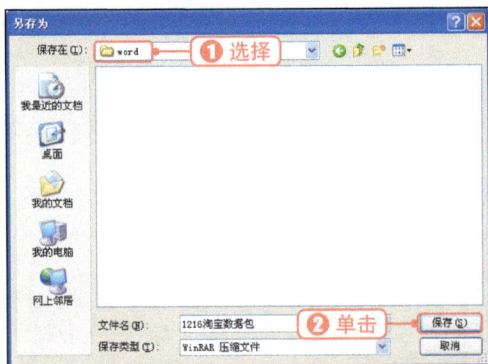

淘宝数据包

知识加油站

淘宝数据包是网店店主将自己网店中的所有商品进行整合，然后通过软件打包成一个独立的数据集合，其他卖家可以通过导入这个数据包来上传商品。代销和虚拟商品的卖家一般是通过官方（供应商）提供的数据包来经营网店的。

2 手动充值

当买家购买我们出售的虚拟商品以后，就可以为其充值，这里以为对方移动手机充值为例来介绍手动充值的方法。

① 设置充值条件。

❶ 确定买家付款以后，打开充值软件，在"充值产品"中选择"手机充值"；❷ 在"产品类型"中选择"自动分配"；❸ 输入充值手机号码和充值费用；❹ 单击"立即充值"按钮，如右图所示。

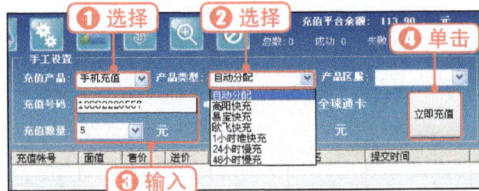

② **输入交易密码。**

在弹出的对话框中，❶ 输入前面设置的安全密码；❷ 单击OK按钮，如右图所示。

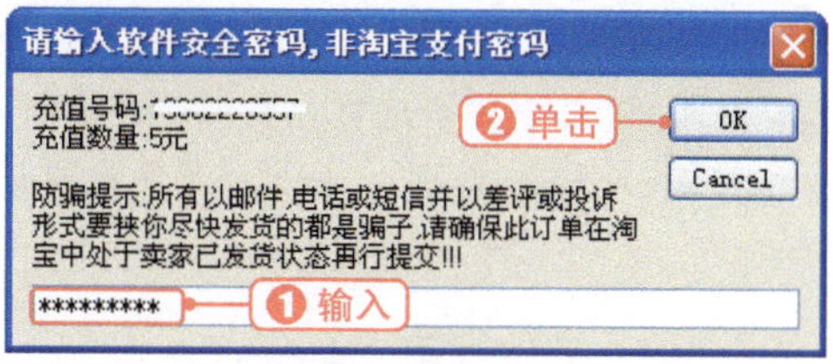

请输入软件安全密码,非淘宝支付密码
充值号码:13002220537
充值数量:5元
❷ 单击 → OK
Cancel
防骗提示:所有以邮件、电话或短信并以差评或投诉形式要挟你尽快发货的都是骗子,请确保此订单在淘宝中处于卖家已发货状态再行提交!!!
********** ← ❶ 输入

疑难解答

问：这里有几个不同的产品类型，选择哪个更好？

答：每一个产品类型，代表不同的充值渠道。一般情况下，选择"自动分配"，"捷易通"会自动调用最便宜的充值平台进行充值。

---

③ **提交充值订单。**

此时软件右侧页面中会显示当前的充值情况，如右图所示是"正在提交"和"充值成功"的状态，同时充值买家的手机也会收到短信，提示充值成功。

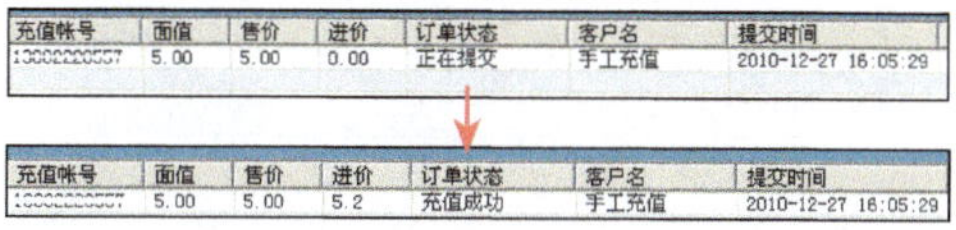

充值帐号	面值	售价	进价	订单状态	客户名	提交时间
13002220537	5.00	5.00	0.00	正在提交	手工充值	2010-12-27 16:05:29

充值帐号	面值	售价	进价	订单状态	客户名	提交时间
13002220537	5.00	5.00	5.2	充值成功	手工充值	2010-12-27 16:05:29

---

3 自动充值

如果每次买家购买我们出售的虚拟商品以后，都要进行手动充值，相当麻烦。而充值平台软件提供了"自动充值"功能，只要买家拍下商品并付款，平台就会自动为其充值，并且在充值成功后还能够进行自动评价，完全不用卖家进行任何操作。

---

① **选择"淘宝设置"命令。**

❶ 打开虚拟平台软件，单击"淘宝设置"菜单；❷ 这里选择"淘宝设置"命令，如下图所示。

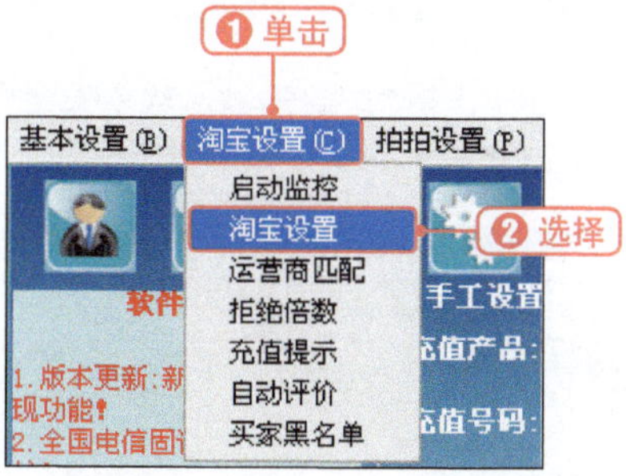

❶ 单击

| 基本设置(B) | 淘宝设置(C) | 拍拍设置(P) |
启动监控
淘宝设置 ← ❷ 选择
运营商匹配
拒绝倍数
充值提示
自动评价
买家黑名单

② **进行监控配置。**

❶ 输入标题关键字；❷ 输入自动评价内容；❸ 输入充值提示内容；❹ 单击"保存配置"按钮，如下图所示。

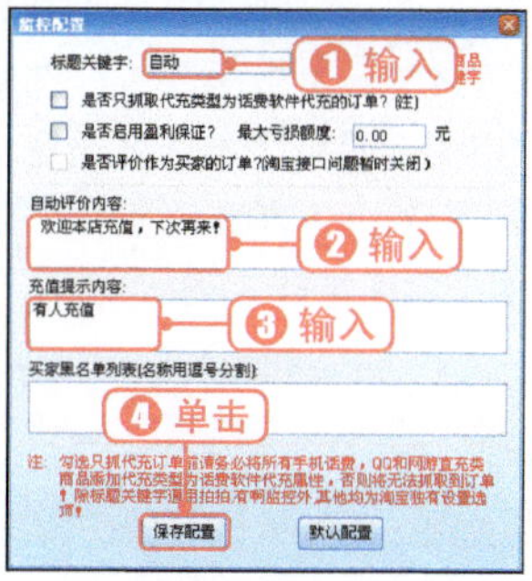

监控配置
标题关键字: 自动 ← ❶ 输入
☐ 是否只拦截代充类型为收费软件代充的订单? (慢)
☐ 是否启用暴利保证? 最大亏损数量: 0.00 元
☐ 是否评价为买家的订单?(淘宝接口问题临时关闭)
自动评价内容:
欢迎本店光临,下次再来! ← ❷ 输入
充值提示内容:
有人充值 ← ❸ 输入
买家黑名单列表(名称用逗号分割)
❹ 单击
注: 写您只拦截代充订单您必须所有手机信息、QQ和网路直充类商品接代充类型您有收费类项所有代充条件!请勿选择其关键字!请勿交易接口性您有收值!
保存配置 默认配置

标题关键字

知识加油站　　要实现自动充值，必须保证淘宝店铺中出售的商品里有这里包含的充值"关键字"。因此这里的设置非常重要，一定要正确设置。

---

③ 选择"充值提示"命令。

❶ 再次单击"淘宝设置"菜单；❷ 选择"充值提示"命令，如下图所示。

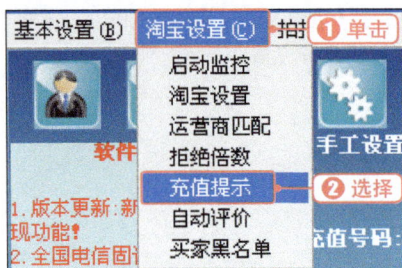

④ 确认开通充值提示功能。

弹出提示对话框，直接单击"是"按钮确认，如下图所示。

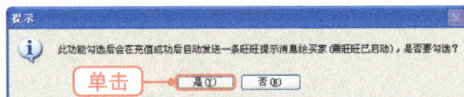

---

⑤ 选择"自动评价"命令。

❶ 再次单击"淘宝设置"菜单；❷ 选择"自动评价"命令，如下图所示。

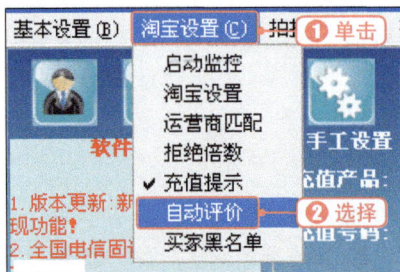

⑥ 选择"启动监控"命令。

❶ 再次单击"淘宝设置"菜单；❷ 选择"启动监控"命令，如下图所示。

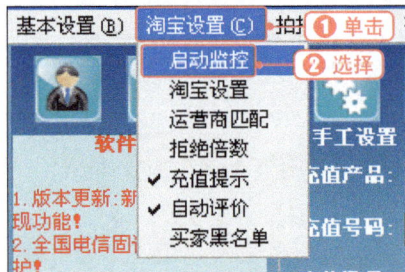

---

⑦ 登录淘宝绑定账号。

❶ 弹出淘宝登录页面，在这里输入淘宝的用户名和密码；❷ 单击"登录"按钮，进行登录，如下图所示。

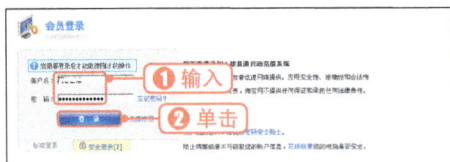

⑧ 输入软件安全密码。

在弹出的对话框中，❶ 输入安全密码；❷ 单击OK按钮确认，如下图所示。

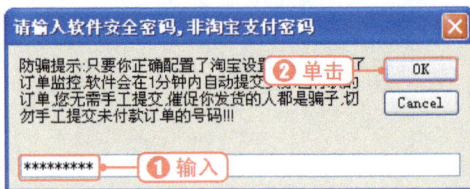

⑨ 显示已启动淘宝监控。

此时在软件下方会显示"已启动淘宝监控",如下图所示。

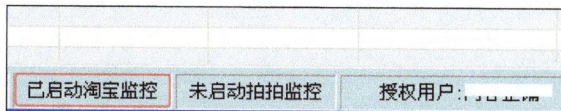

已启动淘宝监控	未启动拍拍监控	授权用户:

自动充值

知识加油站

　　要正常进行自动充值操作,首先需要保证自己的"捷易通"支付平台有足够的资金;否则,会提示充值失败。

Chapter 01
Chapter 02
Chapter 03
Chapter 04
Chapter 05
Chapter 06
Chapter 07
Chapter 08

宝贝图片的美化与处理

本章导读

网上店铺与传统店铺最大的区别就是没有实物，一切都在虚拟的世界里完成交易。网上买家对物品的第一印象来自于卖家放在网上店铺中的商品照片。因此，拍摄出好的商品图片并进行适当的美化处理，将直接关系到商品的受关注程度，而且会在很大程度上影响买家的购买意向。

知识技能要求

通过本章内容的学习，读者能够学习到如何使图片最大限度地还原商品的真实性，以吸引买家。学完后需要掌握的相关技能知识如下：

❖ 拍出赚钱的好图片
❖ 商品图片的美化方案
❖ 用"光影魔术手"来美化宝贝图片

4.1 拍出赚钱的好图片

要将商品展现得更逼真，首先需要拍出好的商品照片。虽然拍照人人都会，但拍出赚钱的商品图片，却不是一件简单的事情。因为这也需要一些拍摄的技巧做基础，当然也离不开相应的拍摄器材的支持。

4.1.1 选择合适的数码相机

数码相机是拍摄商品照片必需的设备，目前主流的家用数码相机像素都在1000万以上，完全可以拍出非常清晰的照片。当然，如果拥有专业或准专业的单反相机，那么拍摄出的照片质量会更好。下图所示分别为一款家用卡片相机与一款准专业相机。

家用卡片相机
专业单反相机

对于准备购买家用数码相机的朋友，在选择时主要考虑以下几个因素。

- **像素**：相机的像素越高，拍出照片的分辨率就越高，也就更清晰。在像素选择上，尽量选择当前主流像素级别，如目前相机的像素大致有800万、1000万、1200万等，可根据自己喜好与预算来选择。
- **CCD**：即相机的感光元件，这是衡量一款相机性能的重要标准。CCD尺寸越大，拍摄出的照片也就越细腻。目前主流家用相机的CCD尺寸多为1/2.3in，部分相机甚至达到了1/1.6in。
- **感光度**：感光度决定着相机在一些特殊环境中拍摄照片的质量。感光度越高的相机，即使在较黑暗的环境中，也能拍摄出清晰的照片。目前主流家用相机多支持一定范围，如160～3200，并且在不同范围内手动或自动调节。
- **微距拍摄**：在拍摄商品实物图时，不可避免地要拍摄商品的细节大图，这就要求相机具备较好的微距拍摄效果。目前主流家用相机都支持微距拍摄，在选购时可以实际拍摄，对比效果。

目前市场上相机种类繁多，并且各品牌主流相机的性能也大致相同。我们在选购数码相机前，可以先到专业数码类网站中了解并对比，然后结合自己对品牌的喜好，选购最中意的相机。

知识加油站　数码相机选择

现在的数码相机品牌众多，好品质的产品也比比皆是。对于一般的卖家而言，由于有后期图片处理软件来辅助，所以在此项硬件投资上持"实用"态度就行。一款1500元左右的主流家用型数码相机就能满足基本的需求了。

4.1.2　拍摄所需辅助器材要备好

拍摄网店商品的辅助器材主要有三脚架、灯光设备及摄影棚，其中三脚架是必需的。我们拍摄的商品图片都是静态图片，三脚架可以有效地稳固相机，避免由于手拿相机出现细微的颤抖而影响拍摄质量。对于需要拍摄大量商品图片的卖家而言，这一点尤为重要，如下图所示。

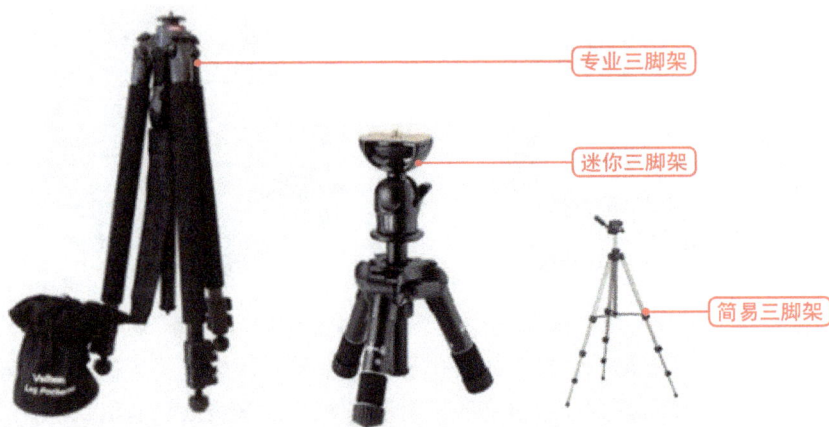

专业三脚架

迷你三脚架

简易三脚架

知识加油站　三脚架的选择

普通的三脚架价格一般只有几十块钱，但对于拍摄出好的商品图片是非常有用的。我们可以根据自己所销售的商品大小，选择高脚三脚架或者矮脚三脚架，且绝大多数三脚架均支持伸缩高度，这更便于我们确定拍摄角度与位置。

要获得更好的拍摄效果，灯光也是必需的。一般商品拍摄中，我们可以有效利用自然光和灯光，如白天取光线好的位置拍照、在室内利用灯光拍照等。

目前市场上的数码相机都带有内置闪光灯，不过其性能指标可能不够满足技巧拍摄的需要，这时候就需要外接闪光灯辅助，以达到更佳的拍摄效果。

疑难解答

问：为了获得更好的效果，每次室内拍摄都开启闪光灯好吗？

答：相机自带的闪光灯需要合理运用，某些商品如果使用闪光灯，那么拍摄出的色彩可能与实物偏差太大；而一些本身具备反光的商品，就更加不宜使用闪光灯了，如数码商品屏幕、家具或服饰等。

　　关于摄影棚，建议初期开店的朋友不用选择专业的设备，毕竟这些设备太过昂贵。大家完全可以根据自己商品的体积与类型，DIY一个摄影棚。

　　除了前面介绍的固定设备外，一个摄影棚还应该包括背景布（也可用白色广告纸、泡沫板、木地板）、主体光源（比较柔和的灯泡）、反光设备（反光板、反光伞都可以），如下图所示。

泡沫背景板　　反光伞　　摄影灯

知识加油站

反光设备

　　反光板（伞）的用处是很大的，通过该类反光设备可以让灯光更加均匀、柔和，对照片的色彩还原有很大影响。

4.1.3　摄影常用术语介绍

　　就算是普通的数码相机用户，在开设网上店铺需要自己拍摄商品图片时，掌握一些比较常见的摄影术语也有利于提升自己的拍摄技巧，以便获得更好的商品图片。下面就来看看一些用户比较关心的摄影术语含义。

　　（1）有效像素

　　有效像素数的英文名称为Effective Pixels。与最大像素不同，有效像素数是指真正参与感光成像的像素值。我们在购买数码相机时主要就是看其有效像素，而不是最高像素数值。

（2）焦距

透镜中心到其焦点的距离称为焦距，单位通常用mm（毫米）来表示。一个镜头的焦距一般标在镜头的前面，如f为50mm（通常所说的"标准镜头"）、28～70mm（最常用的镜头）、70～210mm（长焦镜头）等。

（3）快门

快门是指用于控制曝光时间长短的装置，目前最高快门速度可达1/12000s以上。快门一般可分为帘幕式快门、镜间叶片式快门以及钢片快门3种。

（4）景深

景深是指影像相对清晰的范围。景深的长短取决于3个因素：镜头焦距、相机与拍摄对象的距离、所用的光圈。比如，在同样的光圈、距离的情况下，28mm镜头的景深要远远大于70mm镜头的景深。

4.1.4 数码照片的拍摄技巧

在拍摄商品图片时，除了掌握一些比较常见的摄影术语外，也要掌握一些拍摄技巧。下面就来看看一些常见的拍摄技巧。

（1）保证相机的稳定性

这是最基础的注意点。手持相机按动快门时最容易晃动相机造成画面模糊，所以建议使用三脚架拍摄。三脚架的价格从几十元到几百元不等，可以根据实际情况购买。这里需要说明的是，节约成本固然重要，但低档的通常容易坏，能调整的角度也有限，拍摄的时候非常不方便，建议购买100元以上的产品。

（2）对焦要准确

对大多数朋友来说，"对焦"这个词可能很陌生。但众所周知，近视的人看东西要拿近了才能看清楚，不同程度的近视看清物品的距离不同，那么能看到的最清晰的距离就相当于相机的"对焦准确"。所有的数码相机都有自动对焦功能，对于初学者来说，只需要将镜头的中心对着拍摄物的主要部位，在显示屏里看到显示最清晰的时候按下快门即可。

（3）拍摄环境

在拍摄中，环境也是很重要的。拍摄环境的注意事项大致包括如下几点。

- 不要在阳光下拍摄，这样拍出的饰品会发红发黄。
- 拍摄饰品时，如果要用其他一些物品来衬托，要注意颜色的协调和摆放的主次。
- 最好不要在颜色很杂的房间内拍摄，有雪白墙壁的阳台是最好的选择。
- 拍摄银饰时最好在旁边放上深色的衬托品，这样拍出来比较有金属感。

（4）不要迷信自动模式

我们都知道傻瓜式的数码相机有自动拍摄模式，会根据当前拍摄的环境、光线来自动调节所需要的效果。不过，在一些复杂光线条件的室内或夜晚，自动模式并不能帮助我们拍摄出满意的照片，这个时候便需要通过一些简单的手动操作来解决了。

例如，在夜晚拍摄时，如果使用自动ISO，相机往往会使用最高的感光度来保证快门速度，从而带来了严重的噪点。其实，我们完全可以根据当时的光线情况，适当调整感光度，并开启内置闪光灯来应对。

4.2 常见商品的拍摄方案

目前网店中销售的商品，主要可以分为服饰类、化妆品类、数码类以及生活用品类。对于不同类型的商品，在拍摄方案、拍摄技巧上也各不相同。下面针对这4类商品来介绍相应的拍摄方案与技巧，广大卖家在拍摄商品图片时可以将其作为参考。

4.2.1 服饰类商品拍摄方案

在拍摄服装类商品时，一般选择两种拍摄方案：一种是真人试穿，另一种是将服饰水平摆放好直接拍摄。

对于真人试穿拍摄，建议在户外进行，因为一般户外的光照比较好，照出来的衣服色彩还原度也比较高，图片看上去真实可信。如果选择在室内进行拍摄，则最好能够提供一面纯白色的背景，如较为光滑的白色墙面、铺上白色绘图纸的墙壁等，相信绝大多数用户都能满足这个需求。

而对于仅衣服拍摄，这就会涉及衣服的摆放问题。一般情况下都是选择浅色的木地板作为背景，然后根据衣服的特性进行摆放，尽量让其看上去显得修身、富有立体感，同时可以在衣服旁边摆放一些其他物件，这样可以起到点缀的作用。下图所示为真人室外拍摄和室内摆放拍摄的不同效果。

对于室内拍摄而言，为了光线更加充足，有条件的用户可以采用1～2盏布光灯。一般来说，细腻质料的衣服适合用柔和光，而粗糙质料的衣服适合直接打光，以挽回质料差的印象。

为了通过照片更加逼真、全面地展现出实物，我们通常需要对服饰的各个角度进行拍摄。下面大致列出不同服饰需要拍摄哪些角度的照片。

- **外套类**：正面、背面、内里，细节图则为衣领、袖口、衣兜、拉链、扣子以及衣服材质细节。
- **毛衣类**：正面、背面，细节图则为衣领、袖口、工艺与材质细节等。
- **衬衫类**：正面、背面，细节图则为衣领、袖口、衣兜。
- **裤子类**：正面、背面，细节图则为拉链、裤兜。
- **鞋类**：正面、侧面、底部，细节图则为材质特写、特色设计等。

以上无论哪种服饰，拍摄时均要以如何能够全面地将服饰的各个层面展现出来为主；具体如何拍摄，卖家可以结合自己的经验来操作。如果是品牌服饰，那么可以单独拍摄品牌LOGO位置以及服饰吊牌。

4.2.2 化妆品类商品拍摄方案

化妆品类商品一般采用盒装或者瓶装，体积均较小，在拍摄环境选择上也非常方便，如一张桌子、一个凳子均可。为了彰显出质感，可以采用白纸作为底面，拍摄效果如下图所示。

另外，很多化妆品采用透明玻璃瓶盛装，拍摄时则可以采用黑色背景纸，从而突出商品的轮廓与层次。

在拍摄采光上，由于化妆品类本身体积较小，因此可以因地制宜来选择光源，如室内拍摄可以采用台灯、日光灯等。

4.2.3 数码类商品拍摄方案

数码类商品同样不需要太大的拍摄空间，这里建议大家可以采用鞋盒或者其他纸箱（内面为白色的）作为拍摄空间，这样拍摄出的照片布光均匀，并且可以避免由于数码类商品表面比较光滑而产生反光或倒影，如下图所示。

对于表面反光的数码商品，在拍摄时不建议使用相机闪光灯，而采用布光比较广泛的光源，同时光源距离商品不宜太近。

疑难解答

问：拍摄的图片中，为何总是出现数码相机的投影？

答：对于带有屏幕的数码类商品，在使用相机拍摄时，往往会在屏幕中留下相机的投影。对于这种情况，我们可以在一张白纸上剪出与相机镜头大小相同的孔，然后将纸套到镜头上来拍摄。

4.2.4 生活用品类商品拍摄方案

生活用品类商品覆盖的范围比较广，材质体积也各不相同，在拍摄照片时，就需要根据商品的特性来进行不同的拍摄了，如体积大的需要较大的拍摄空间、材质较亮的不宜采用闪光灯等。对于居家类生活用品，我们可以进行简单搭配后再拍摄，这样更容易展现出商品在实际使用中的装饰效果。

拍摄这类商品最重要的就是白平衡，也就是将商品的原色在照片中展现出来，这也需要读者根据不同商品不同环境来反复调整。下图所示为拍摄的保温桶。

4.3 商品图片的美化方案

使用数码相机拍摄商品照片后，接下来就需要将照片复制到电脑中，进而对照片进行修饰与美化。

4.3.1 常用的图片处理软件

对商品照片进行美化与修饰，都是通过相应的软件来实现的。目前常用的照片修饰软件主要有Photoshop、光影魔术手、美图秀秀、可牛影像、iSee图片专家。我们在处理照片之前，首先需要购买或从其他途径获取软件的安装文件并在电脑中安装，然后学习软件的基本使用方法。

1 Photoshop

Photoshop是当前最流行的专业图像处理软件，其应用领域也非常广泛，常见的平面广告、封面设计等作品均是使用Photoshop设计的。Photoshop提供的图像处理功能非常全面，只要我们能想到的，都可以通过Photoshop设计出来，是图片设计的首选。

2 光影魔术手

"光影魔术手"提供了绝大多数常用的图片处理功能，其智能化操作使得处理图片更加简单，毕竟我们要制作的图片只是在网店中传播，对处理水平及设计能力要求不是太高，因而使用光影魔术手基本能满足广大卖家的图片处理需求。

3 美图秀秀

"美图秀秀"是一款很好用的免费图片处理软件，新手不用学习就会用。它独有的图片特效、美容、拼图、场景、边框、饰品等功能，加上每天更新的精选素材，可以让普通用户做出影楼级照片，还能一键分享到新浪微博、人人网等。

4 可牛影像

"可牛影像"是新一代的图片处理软件，它包括图片编辑、管理、浏览及各类图片趣味应用服务。拥有一键磨皮、美白祛痘、瘦脸瘦身、魔术场景、图片去水印等多种编辑功能，更有百余种照片特效，可以让用户数秒制作出带有一些特殊效果的照片，使用非常简单。

5 iSee图片专家

"iSee图片专家"软件是 款功能全面的数字图像浏览、处理工具，除了看图软件常有的功能以外，还有改变图片大小、转换图片格式、查看.dll/.exe中.ico、生成图片说明、多画面浏览等功能。

4.3.2 商品图片需要进行哪些修饰

对于拍摄的商品照片，我们使用各种图片处理工具进行美化与修饰的目的是为了使得图片更加赏心悦目，同时照片中的效果更加接近实物，更吸引买家。但不能仅仅为了图片美观而过分美化，导致图片与实物出现较大差距，这样即使买家购买了，也可能出现后续纠纷。

针对网店中的各类商品，常用的修饰主要有以下几种。

- 更换图片背景：这是最常用的修饰方法。为了将商品从图片中更清晰地彰显出来，可以将图片的背景更换为纯色背景或者其他底纹背景。
- 调整图片色调：由于光线、相机以及显示屏等因素，拍摄出的照片可能与实物在色调上存在一定差异，这时就需要对图片色调进行调整，使其尽可能与实物相近。
- 调整图片大小：高像素相机拍摄出的照片，分辨率一般较高，而网店中商品图片尺寸为500～800像素就足够了，这时就需要对图片的大小进行调整。
- 添加其他元素：这一点主要用于对图片进行修饰。我们可以在图片中添加各种图形或文字对象，使得图片整体更加生动活泼，以吸引买家。
- 添加图片水印：为了防止自己的图片被别人盗用，一般网店中的商品图片都会添加自己店铺的水印。

4.3.3 将拍摄的照片复制到电脑中

目前的数码相机多数是通过存储卡来进行数码照片的存储的。要读取内容，最为简单的方法就是直接将存储卡通过读卡器接入电脑。

光盘同步文件
同步视频文件：光盘\同步教学文件\第4章\4.3.3.mp4

① 取出SD存储卡。

取出数码相机底部的SD存储卡，如右图所示。

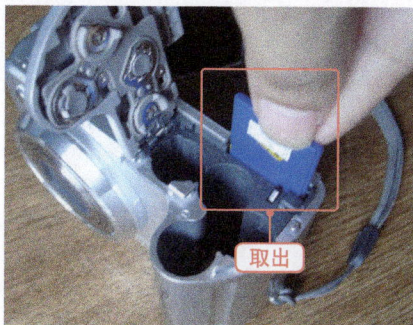

取出

② **插入读卡器。**

将SD存储卡插入专用的读卡器设备，如下图所示。

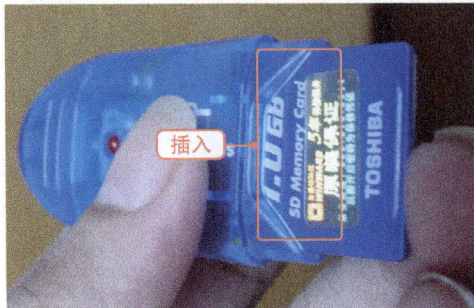

③ **连接到电脑。**

将读卡器插入电脑的USB接口中，系统会自动将存储卡识别为移动设备，如下图所示。

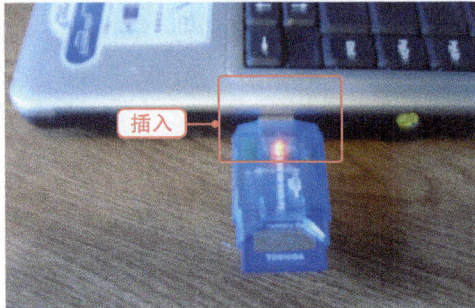

④ **打开磁盘。**

存储卡通过读卡器连接笔记本电脑以后，会在"我的电脑"窗口中显示一个移动盘符，双击打开当前磁盘，如下图所示。

⑤ **单击"复制所选项目"链接。**

❶ 打开磁盘中的image图像文件夹，选择要进行传送的图片；❷ 单击左侧的"复制所选项目"链接，如下图所示。

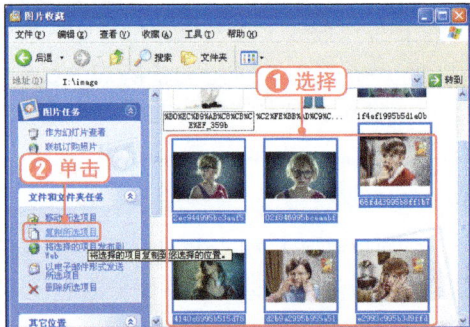

⑥ **选择复制地址。**

❶ 打开"复制项目"对话框，在这里选择图片的保存位置；❷ 单击"复制"按钮，如右图所示。

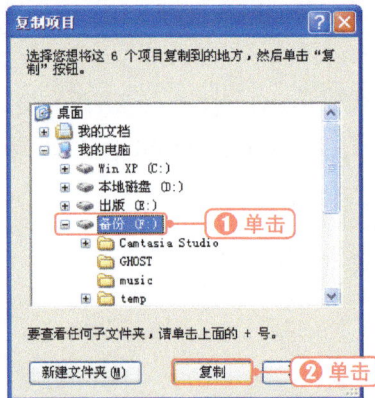

Chapter 01
Chapter 02
Chapter 03
Chapter 04
Chapter 05
Chapter 06
Chapter 07
Chapter 08

知识加油站

拍摄图像的选择

按住【Ctrl】键单击鼠标可以不连续选择多个图像文件，按【Ctrl+A】快捷键可以快速选择当前文件夹中的所有文件。

⑦ 开始复制图片。

开始复制当前选择图片到指定的保存位置，如右图所示。

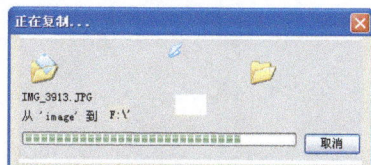

正在复制...

IMG_3913.JPG
从 'image' 到 F:\

取消

4.4 用"光影魔术手"美化宝贝图片

由于不是专业的摄影师，所以我们拍摄出来的商品图片难免会出现瑕疵，这就要靠后期的美化处理了。"光影魔术手"就是这样一款功能强大、简单易用的图片美化软件，并深受淘宝卖家们的喜爱。

4.4.1 "光影魔术手"软件的特点

"光影魔术手"是一款改善照片画质和进行个性化处理的软件。其特点是简单、易用，让每个新手用户都能够制作出精美的相框、艺术照以及各种专业胶片效果，而且完全免费。通过官方网站（http://www.neoimaging.cn/）可以下载到此款软件的最新版本。

（1）易上手的向导中心

启动软件后即会自动弹出"向导中心"窗口，其中包括对图片的修饰操作指引、曝光不足等照片的修复操作指引；对于初学者来说，这样的"向导中心"窗口将利于他们快速上手。"向导中心"、"诊断中心"及"礼物中心"窗口如下图所示。

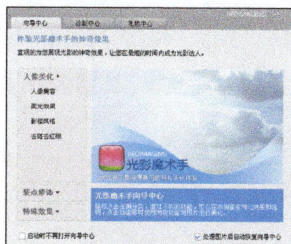

（2）一目了然的操作过程

在"光影魔术手"中对原图进行修饰处理时，会同时显示原图与处理后图片的对比，这样每一步操作都可以即时地查看到最终效果，非常方便我们及时纠正效果、对比效果等，如下图所示。

（3）实用工具非常多

在软件主界面的"工具"菜单或是界面右侧的快捷操作栏中，均可以发现许多实用的美化图片的工具，比如大头贴、日历、水印制作及证件照片冲印排版等，可以说提供的图片处理功能相当丰富。

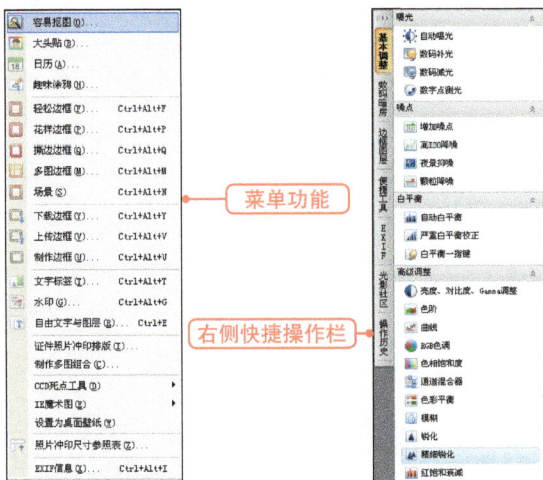

4.4.2　调整曝光不足的照片

因为拍摄时光线处理不好而导致的曝光问题照片，我们都会时常遇到。这其实是一个小问题，通常"光影魔术手"即可轻松修复。

光盘同步文件

同步视频文件： 光盘\同步教学文件\第4章\4.4.2.mp4

① 切换至"诊断中心"。

① 切换至"诊断中心"选项卡；**②** 单击"曝光不足"的照片图标，如下图所示。

② 打开一张图片。

提示导入要处理的图片，单击"打开一张图片"按钮，如下图所示。

③ 调整补光参数。

① 导入照片后，弹出"数码补光"对话框，根据需要拖曳滑块进行调整；**②** 完成后单击"确定"按钮保存，如下图所示。

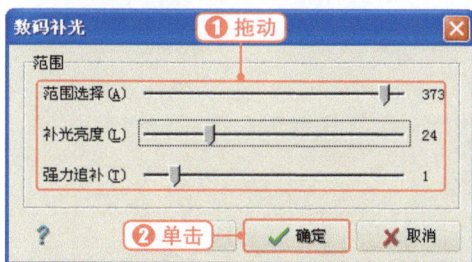

④ 调整完成后的对比效果。

调整完毕的宝贝图片前后效果如下图所示。

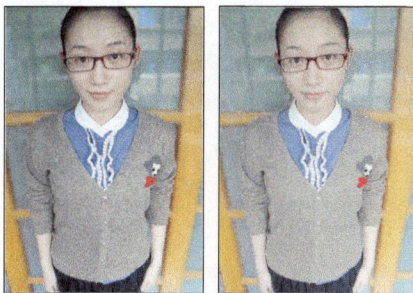

"诊断中心"的图片效果叠加

知识加油站

在"诊断中心"选项卡中，大家还可以根据图片效果的需要，再选择其他修复项继续进行调整，这些效果都是可以叠加的。

4.4.3 制作背景虚化照片效果

背景虚化效果是将除照片主体物品以外的其他景物模糊，以便突出主体物品并增加整张照片的观赏性。

光盘同步文件

同步视频文件：光盘\同步教学文件\第4章\4.4.3.mp4

① 单击"打开"按钮。

启动软件后，单击工具栏的"打开"按钮，如下图所示。

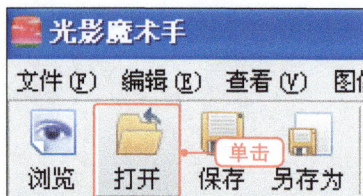

② 打开图片文件。

① 在"打开"对话框中，选择要处理的图片；**②** 单击"打开"按钮，如下图所示。

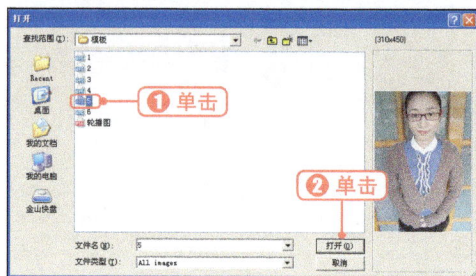

③ 单击"对焦魔术棒"图片。

① 在软件左侧功能界面中单击"数码暗房"标签；**②** 单击"对焦魔术棒"图片，如下图所示。

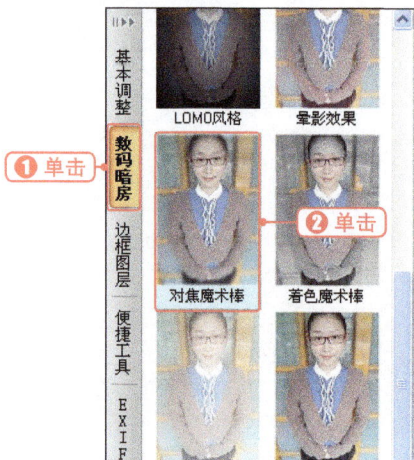

④ 进行对焦操作。

在打开的对话框中，**①** 设置对焦半径和背景虚化程度；**②** 在图片中单击要显示的部位；**③** 单击"确定"按钮，如下图所示。

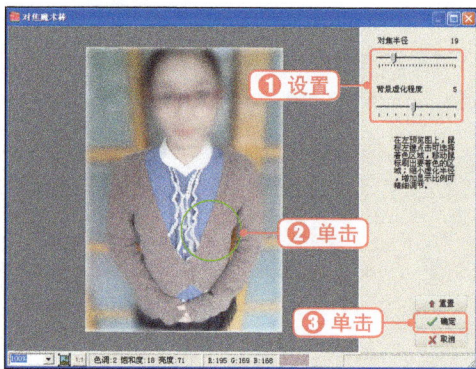

4.4.4 给图片添加美丽的边框

淘宝店铺中的商品图片，大多数被添加了一些美丽的边框，特别是饰品一类的商品，有了精美边框的装饰，这些饰品会变得更加耀眼夺目。

光盘同步文件

同步视频文件：光盘\同步教学文件\第4章\4.4.4.mp4

① 选择边框样式。

❶ 导入要处理的图片，单击上方工具栏中"边框"右侧的下三角按钮；❷ 选择"花样边框"命令，如下图所示。

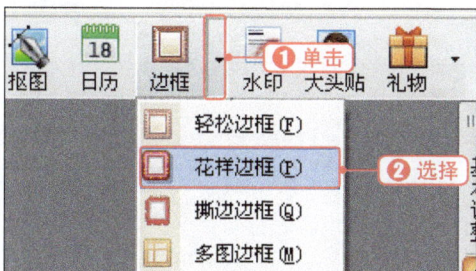

② 应用边框效果。

❶ 打开"花样边框"对话框，选择要应用的边框样式，预览区域内将显示添加后的效果；❷ 单击"确定"按钮，如下图所示。

在线素材

知识加油站　　　"光影魔术手"的效果素材基本是在线的，因此用户在使用时需要确保电脑已正常接入互联网。

③ 添加边框文字。

❶ 返回软件主界面，右击图片；❷ 选择"边框与文字"命令；❸ 选择"文字标签"命令，如下图所示。

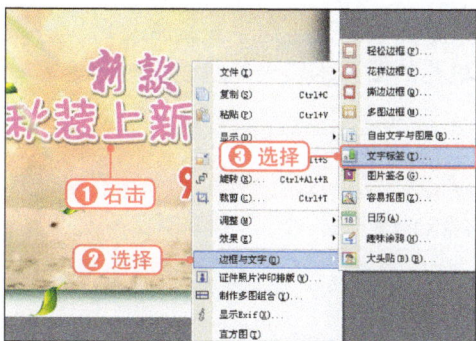

④ 设置文字标签。

❶ 打开"文字标签"对话框，勾选"插入标签1"复选框；❷ 输入文字内容；❸ 单击右侧的"文字设置"按钮，如下图所示。

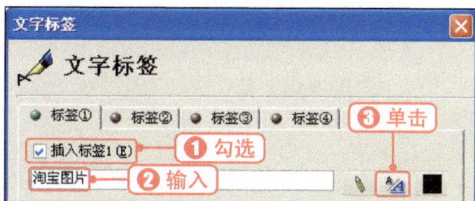

⑤ 设置字体大小等。

打开"字体"对话框，❶ 在这里设置字体、字形、大小等；❷ 单击"确定"按钮，如下图所示。

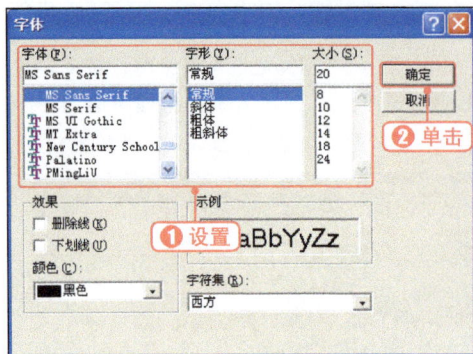

⑥ 设置文字位置。

❶ 设置文字显示位置；❷ 单击"确定"按钮，如下图所示。

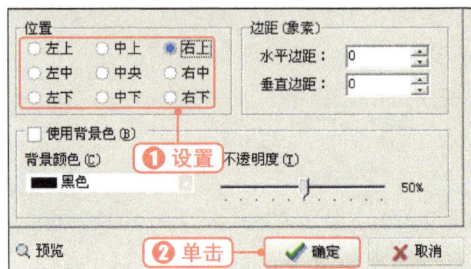

⑦ 查看设置完成后的效果。

设置完成后，进行宝贝图片的保存，具体显示效果如右图所示。

4.4.5 添加图片水印防盗用

为了避免辛苦拍摄的商品图片却被一些不劳而获的淘宝店主直接拿去用，这就需要为商品图片加上防盗水印；另外，制作精美的图片水印也能起到宣传自己店铺的作用。

光盘同步文件

同步视频文件：光盘\同步教学文件\第4章\4.4.5.mp4

① 单击"水印"按钮。

导入要处理的图片，单击上方工具栏中的"水印"按钮，如下图所示。

单击

② 单击"打开"按钮。

打开"水印"对话框，单击"水印图片"右侧的"打开"按钮，如下图所示。

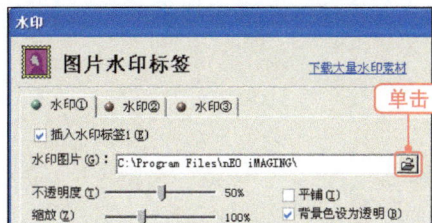

③ 选择导入的图片。

❶ 在打开对话框中选择要导入作为水印的图片；❷ 单击"打开"按钮，如下图所示。

❶ 选择

❷ 单击

④ 设置导入水印参数。

❶ 对导入的水印图片进行不透明度、缩放大小、位置设置；❷ 单击"确定"按钮，如下图所示。

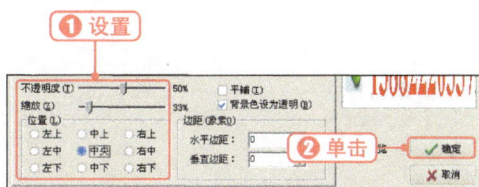

❶ 设置

❷ 单击

水印图片

知识加油站

电脑中的图片文件，大多可以作为水印添加到我们拍摄的图片当中。水印一般包含店铺名、LOGO联系方式等内容。

⑤ 查看设置完成后的效果。

设置完成后，保存当前图片，其水印效果如右图所示。

迈出网店经营第一步

本章导读

在淘宝网上开店，首先要做的工作就是开通相关的账户，包括网上银行卡、淘宝账号以及支付宝账号。其中，淘宝账号为管理个人网上店铺的使用账号，而支付宝账号则用于个人资金的管理。在本章中，将为大家详细讲解这方面的内容。

知识技能要求

通过本章内容的学习，读者能够学习到网上开店前所需要进行的一些必备操作。学完后需要掌握的相关技能知识如下：

❖ 开通网上银行
❖ 注册免费邮箱
❖ 注册淘宝账号
❖ 支付宝实名认证
❖ 支付宝的个人管理
❖ 打造防火墙让网店更安全

5.1 轻松开通网上银行

网上银行（Internetbank或E-bank）就是银行提供的，让客户能够在网络中自助查询、办理各种金融业务的服务。而要开通网店，首先就得拥有一张银行卡，并且开通网上银行功能。

5.1.1 新手如何选择网上银行

目前国内银行均开通了网上银行服务，主要包括中国银行、中国工商银行、中国农业银行、中国建设银行为代表的四大国有银行；招商银行、交通银行、民生银行、光大银行为代表的商业银行；上海银行、温州银行、北京银行、天津银行为代表的地方银行；花旗中国银行、汇丰中国银行、渣打中国银行、香港汇丰银行等为代表的外资银行。

这其中商业银行的服务做得最好，网上银行各种功能也相对完善，建议大家首选此类银行。毕竟作为客户，良好的用户体验及优质的客户服务才是最重要的。

作为国有银行，其优势在于网点众多，基本上什么地方都有；而作为地方性的银行，在网银方面发展得不是很完善，一般服务于当地金融业，针对网上这块比较欠缺。

最后说说外资银行，一般做淘宝的很少有去外资银行开网银的，除非是做天猫品牌的商业用户。

网银选择经验谈

知识加油站　建议大家尽可能选择招商、交通等银行来开通自己的第一个网银，如果当地没有商业银行，可以优先考虑农行，其次是建行或者工行。当然，各地不一样，具体还要自己多了解。

5.1.2 网上银行的一般申请流程

网上银行又称网络银行、在线银行，它可以帮助银行利用Internet技术，向客户提供开户、销户、查询、对账、行内转账、跨行转账、信贷、网上证券、投资理财等传统服务项目，使客户可以足不出户安全、便捷地管理活期或定期存款、支票、信用卡及个人投资等。

目前国内银行均推出了网上银行业务，优点各不相同，但是它们的开通申请流程基本上是一样的，即直接到柜台向银行申请开通网上银行及电子支付功能。开通网上银行的一般流程如下图所示。

第一步：银行柜台咨询。

第二步：填写网银开户申请。

第三步：按照网银提示进行操作。

直接网上开通

知识加油站　　直接在银行网站申请开通网上银行虽然方便，不过这种账户只能进行账户查询，而不能在线转账，所以需要开店的朋友最好还是直接去银行柜台开通。

5.1.3 申请并开通交通银行网上支付

下面以交通银行为例，为大家详细介绍网上银行的开通步骤。

光盘同步文件

同步视频文件：光盘\同步教学文件\第5章\5.1.3.mp4

① 申请开通网上银行。

在交通银行柜台办理一张交行借记卡，然后与服务人员沟通办理并签署"开通网上银行服务协议"，申请为借记卡开通网上银行功能。每个银行的办理流程基本一样，具体的收费标准及功能开通方法，可以咨询银行相关服务人员。

② 进入交通银行主页面。

❶ 输入网站地址www.bankcomm.com，进入交通银行官方网站；❷ 单击"短信密码用户登录"按钮，如下图所示。

③ 申请新用户。

打开登录页面，单击"新用户点击这里注册"链接，如下图所示。

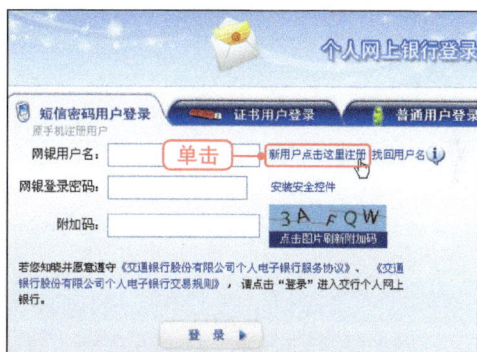

选择合适的网银用户

知识加油站　　这里应根据自己在银行柜台申请开通的网银类型，选择要激活的账户类型（短信密码用户、证书用户、普通用户）。

④ 填写银行卡号等。

❶ 填写银行卡号、查询密码及附加码；❷ 单击"确定"按钮，如下图所示。

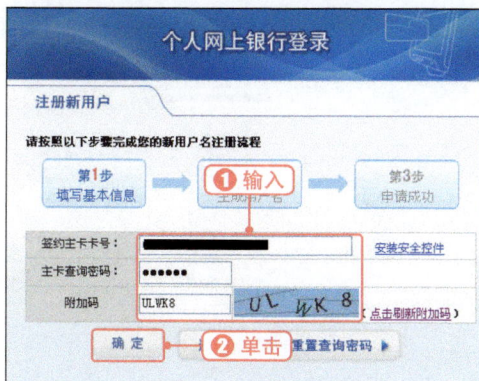

⑤ 输入注册信息。

❶ 填写查询密码、证件号码等确认信息；❷ 单击"确定"按钮，如下图所示。

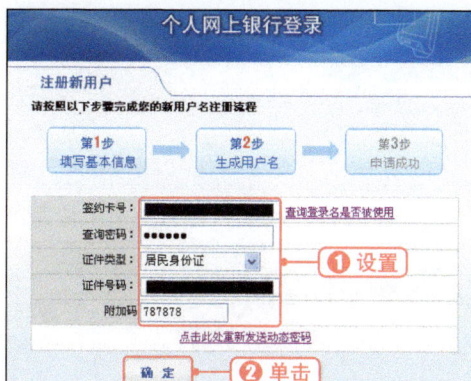

疑难解答

问：这里输入的查询密码和申请银行卡时的交易密码有什么区别？

答：查询密码是用户登录自己的网上银行时需要使用的密码；而交易密码是在进行现金交易时输入的密码。

---

⑥ 成功注册用户。

提示注册成功，单击页面下方的"返回登录"链接，如下图所示。

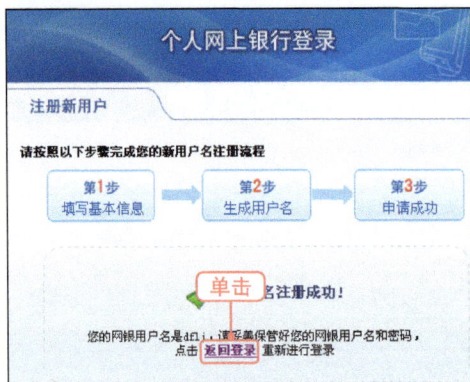

⑦ 登录网上银行。

❶ 输入网银用户名、登录密码及附加码；❷ 单击"登录"按钮，如下图所示。

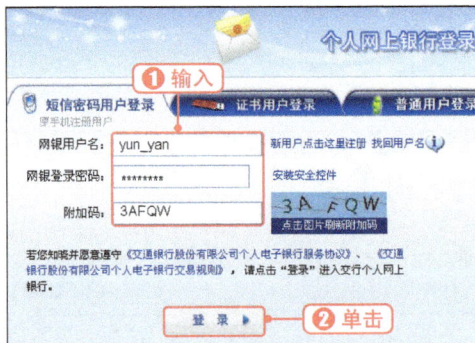

---

⑧ 熟悉网银功能。

登录到个人网银管理页面，在这里可以查看并熟悉各个功能选项，如下图所示。

⑨ 申请开通在线支付功能。

❶ 单击"客户服务"标签；❷ 单击"业务功能开通"图标；❸ 单击"网上支付"选项右侧的"开通"链接，如下图所示。

在线支付功能

知识加油站

在线支付是指卖方与买方通过因特网上的电子商务网站进行交易时，银行为其提供网上资金结算的一种业务。它不仅能够帮助网店店主实现销售款项的快速归集、缩短收款周期，同时也为个人网上银行客户提供了网上消费支付结算方式，使客户真正做到"足不出户，网上购物"。

⑩ 设置账户信息。

❶ 设置证件号码、交易密码、日支付额度等信息；❷ 输入手机动态验证码；❸ 单击"提交"按钮，如下图所示。

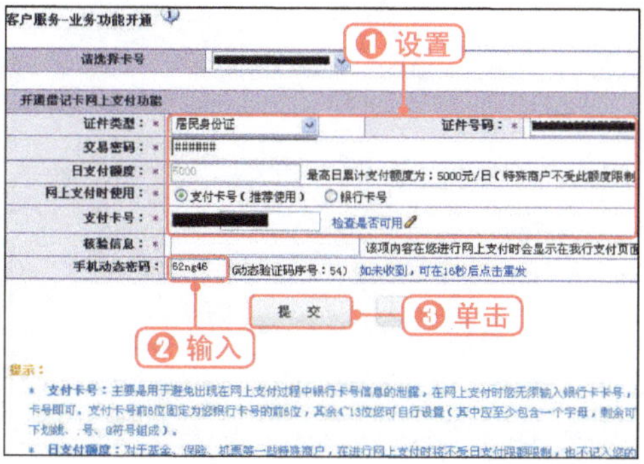

⑪ 成功开通在线支付功能。

提示网上支付功能已开通，同时会显示已设置的支付卡号及日累计限额等信息，如下图所示。

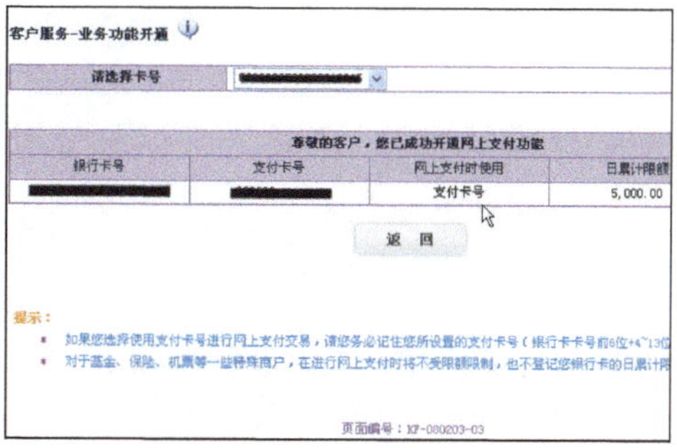

手机动态口令

知识加油站

目前网上银行开通了多种安全功能以保护网上银行客户的账户安全，其中最方便的莫过于手机动态口令。它可以帮助用户在进行网上交易或者转账时，自动以手机短信形式发送包含6位随机数的动态密码到用户的手机上并请求输入该密码；当用户输入此动态密码以后才能正常进行交易，从而最大限度保障系统身份认证的安全性。

5.2 注册免费邮箱

无论是到哪个购物网站购买商品，都需要先注册成为网站会员，其注册方法也大致相同。例如，注册淘宝网会员时，用户需要通过手机或邮箱进行注册，由于电子邮箱更便于接收来自淘宝的各种信息，因此推荐使用邮箱注册淘宝账户。

5.2.1 选择适合的免费邮箱

电子邮件一般被惯称为E-mail，是一种用电子手段提供信息交换的通信方式。用户可以在几秒钟之内，发送文字、图像、音/视频等内容到世界任何一个角落的用户邮箱中。

免费邮箱则可以为任何人免费提供这种电子邮件传输服务。当然，作为平台，在服务商提供的邮箱页面中一般会显示一些广告。126网易邮箱登录界面如下图所示。

目前提供免费邮箱服务的网站很多，如网易163邮箱、网易126邮箱、网易188邮箱、网易Yeah邮箱、新浪邮箱、Foxmail、QQ邮箱、TOM邮箱、搜狐闪电邮、雅虎邮箱等。

现在用户最常使用的信箱有76.3%为免费邮箱，关于邮箱的好坏，相信不同的用户都有自己不同的答案。而对于普通用户而言，选择使用人数最多的、人气最高的邮箱无疑是很好的选择。

知识加油站　**网易邮箱**

网易邮箱是目前国内人气最高、容量最大的电子邮箱提供商。它同时拥有163、126、188、Yeah等多个子邮箱品牌，是新手用户注册邮箱的不二之选。

5.2.2 申请126免费邮箱

淘宝网会员需要通过邮箱账号进行支付宝注册，因此在注册之前，我们先来申请一个电子邮箱。下面以申请126邮箱为例介绍具体申请方法。

光盘同步文件

同步视频文件：光盘\同步教学文件\第5章\5.2.2.mp4

---

① 进入126邮箱主页面。

① 输入http://www.126.com/网址，进入126邮箱主页面；② 单击登录框下方的"注册"按钮，如下图所示。

② 输入注册用户名和密码。

① 为申请的邮箱输入用户名；② 选择邮箱类型；③ 继续输入邮箱的安全密码，如下图所示。

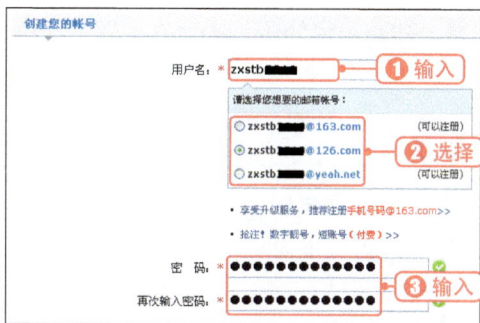

③ 设置邮箱安全信息。

① 设置密码保护问题以及答案；② 选择自己的性别、出生日期以及手机号等信息，如下图所示。

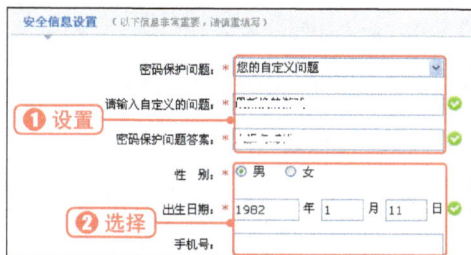

④ 验证并注册。

① 输入注册验证码；② 确认无误后，勾选"我已阅读并接受……"复选框；③ 单击"创建账号"按钮，如下图所示。

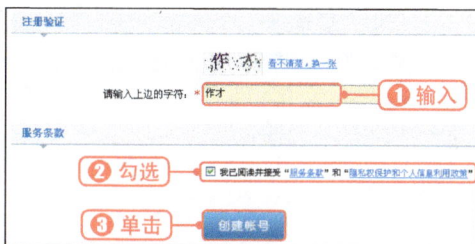

注册手机号

知识加油站　这里的手机号可以填写，也可以不填写，完全根据自己的需要进行选择。

⑤ 邮箱申请成功提示。

稍等片刻，网站自动进行邮箱的注册。完成后弹出提示页面，让用户牢记自己设置的邮箱信息，以备不时之需，如右图所示。

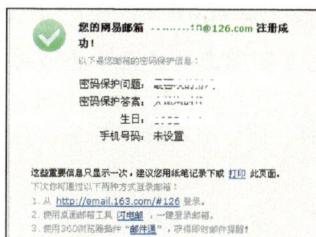

5.3 申请并登录淘宝网

要在淘宝网上开店，当然需要先注册成为淘宝会员，然后以注册会员身份登录，才能申请开店。本节内容即会介绍淘宝会员注册及登录的详细方法。

5.3.1 申请与激活淘宝账号

无论在淘宝网中买商品，或者准备以后开店卖商品，都需要先注册淘宝账号。它的申请方法很简单，只需根据提示一步步操作即可，其具体操作方法如下。

光盘同步文件

同步视频文件：光盘\同步教学文件\第5章\5.3.1.mp4

① 进入淘宝官方主页面。

❶ 输入http://www.taobao.com/网址，进入淘宝官方主页面；**❷** 单击如下图所示的"免费注册"链接。

② 输入注册信息。

❶ 输入要申请的淘宝用户名并设置安全密码；**❷** 输入验证码；**❸** 单击"同意以下协议并注册"按钮，如下图所示。

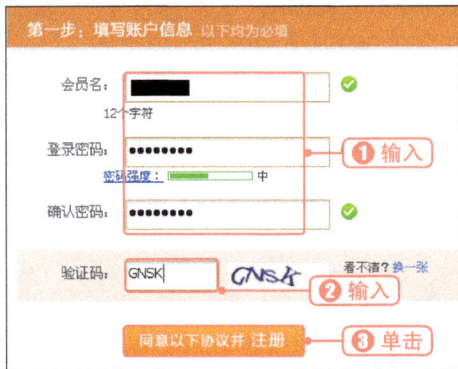

③ 选择验证方式。

在这里可以选择使用手机或者邮箱来进行验证。为了便于支付宝的注册，这里单击下方的"使用邮箱验证"链接，如右图所示。

④ 提交邮箱信息。

❶ 输入前面申请的邮箱；❷ 单击"提交"按钮，如下图所示。

第二步：验证账户信息

<< 返回手机验证

❶ 输入

您的电子邮箱：`jsgsjgsji`@126.com ✓

提交 ❷ 选择

☑ 同意《支付宝协议》，并同步创建支付宝账户

⑤ 获取短信校验码。

❶ 输入手机号码；❷ 单击"发送"按钮，如下图所示。

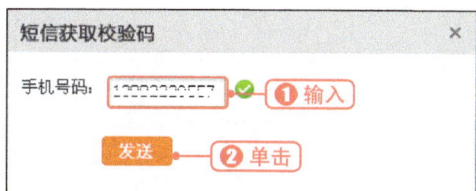

短信获取校验码 ×

手机号码：`19888880557` ✓ ❶ 输入

发送 ❷ 单击

⑥ 反馈校验信息。

❶ 确认上一步输入的手机号码，输入手机上接收到的校验码；❷ 单击"验证"按钮，如右图所示。

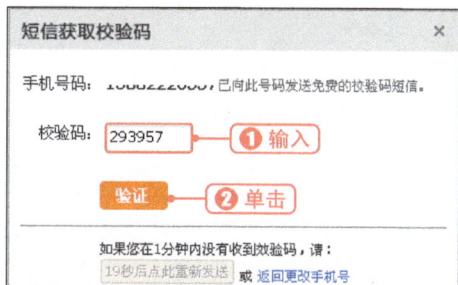

短信获取校验码 ×

手机号码：`100822000`，已向此号码发送免费的校验码短信。

校验码：293957 ❶ 输入

验证 ❷ 单击

如果您在1分钟内没有收到有效验证码，请：

19秒后点此重新发送 或 返回更改手机号

校验码

知识加油站

校验码是淘宝网推出的一种防恶意注册的方式。它通过手机进行认证，从而有效避免有人恶意注册淘宝账号，造成资源浪费。另外，这里输入的手机号码必须真实有效；否则，无法接收淘宝网发送的校验短信，也就无法继续注册步骤。

---

⑦ 激活注册的淘宝账户。

注册成功，提示用户进入邮箱进行激活，这里单击"去邮箱激活账户"按钮，如下图所示。

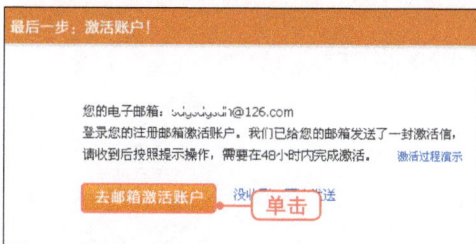

最后一步：激活账户！

您的电子邮箱：`wjwwjwj`@126.com

登录您的注册邮箱激活账户。我们已给您的邮箱发送了一封激活信，请收到后按照提示操作，需要在48小时内完成激活。 激活过程演示

去邮箱激活账户 没收到激活邮件重新发送

单击

⑧ 登录邮箱。

打开前面申请的126邮箱主页面，❶ 在这里输入用户名和密码；❷ 单击"登录"按钮，如下图所示。

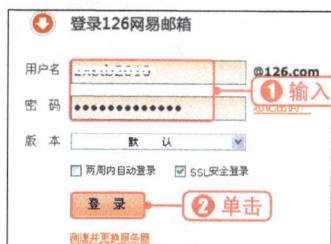

🔴 登录126网易邮箱

用户名 `jsotb2010` @126.com

❶ 输入

密 码 ●●●●●●●●●●●

版 本 默 认 ▾

☐ 两周内自动登录 ☑ SSL安全登录

登录 ❷ 单击

阅读并更换服务器

⑨ **打开接收到的验证信件。**

进入我们申请的邮箱，查看"收件箱"中的邮件，单击如下图所示的邮件链接。

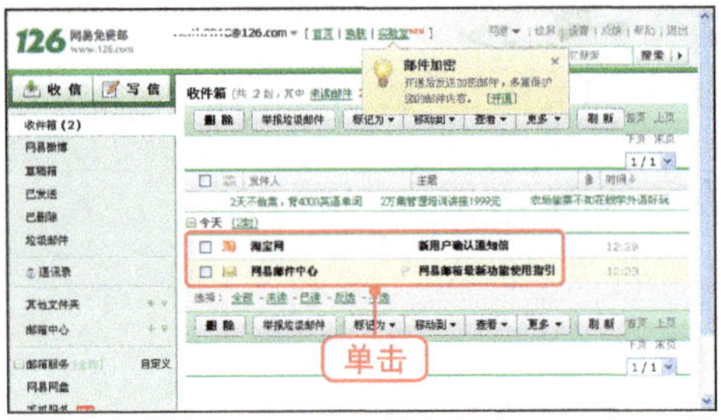

⑩ **打开验证链接。**

打开当前信件，单击下方的验证链接，如下图所示。

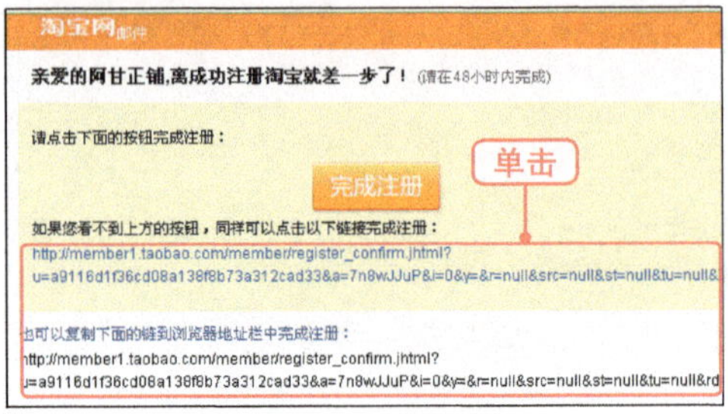

⑪ **淘宝账号注册成功。**

打开淘宝注册页面，提示当前账号注册成功，并自动生成支付宝账户，如下图所示。

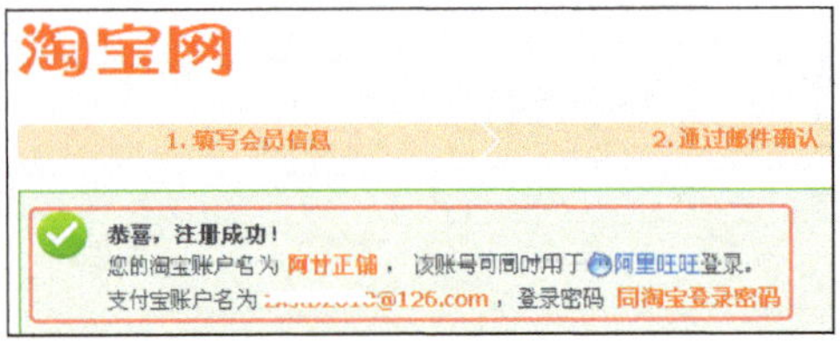

⑫ **自动开通支付宝账户。**

重新切换到注册邮箱，此时会发现收到如下图所示的信件，提示自动将我们注册的邮箱ID注册成为支付宝账号。

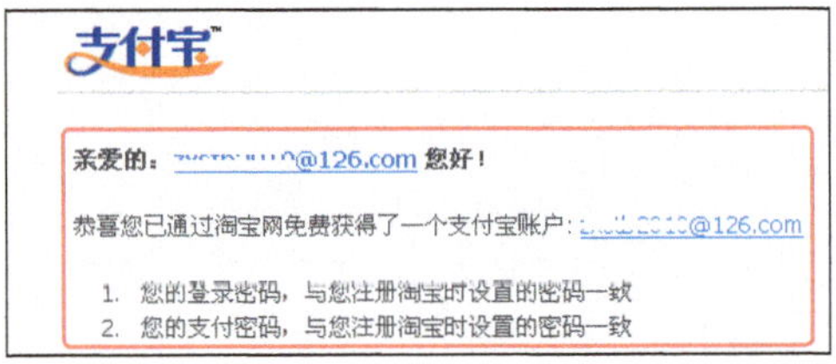

5.3.2 使用会员账户登录淘宝网

完成淘宝会员注册后即会自动登录淘宝。当我们注销下次再登录时，则应按以下步骤操作。

> **光盘同步文件**
> **同步视频文件：**光盘\同步教学文件\第5章\5.3.2.mp4

① 进入淘宝官方主页面。

❶ 输入http://www.taobao.com/网址，进入淘宝官方主页面；❷ 单击如下图所示的"登录"链接。

② 输入注册信息。

❶ 输入刚申请的淘宝用户名和密码；❷ 单击"登录"按钮，如下图所示。

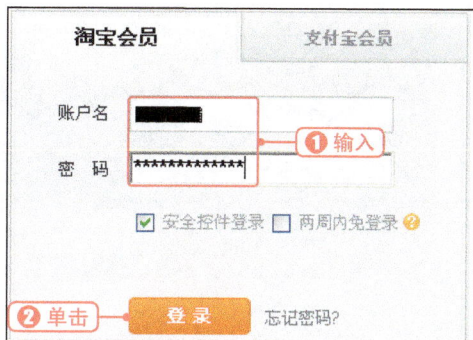

③ 成功登录淘宝。

成功登录后，在页面左上方会显示登录名。要进行操作，可以单击页面右侧的"我的淘宝"链接，如下图所示。

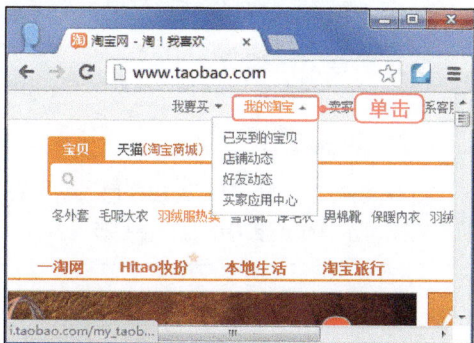

④ 进入"我的淘宝"页面。

进入到淘宝网个人管理页面，在这里显示了还未申请成为卖家前的相关操作项，同时也有个人注册账户的相关信息，如下图所示。

5.4 申请支付宝实名认证

默认情况下，在申请淘宝账号以后，会为每位淘宝用户自动开通支付宝账户。但对于经常网上购物或打算网上开店的用户来说，还需要进行支付宝认证。

Chapter 01
Chapter 02
Chapter 03
Chapter 04
Chapter 05
Chapter 06
Chapter 07
Chapter 08

5.4.1 什么是支付宝

简单地说，支付宝就是淘宝网上保障交易双方安全的一种机制。其运作的实质是以支付宝为信用中介，在买家确认收到商品前，由支付宝替买卖双方暂时保管货款的一种增值服务。

支付宝最初是淘宝网公司为了解决网络交易安全所设的一种功能。该功能使用"第三方担保交易模式"，由买家将货款打到支付宝账户，由支付宝向卖家通知发货，买家收到商品确认后，支付宝将货款打给卖家，至此完成一笔网络交易。

5.4.2 激活支付宝账户

激活注册淘宝时自动开通的支付宝账户，其具体操作方法如下。

① 进入淘宝"卖家中心"。

❶ 登录淘宝，进入"卖家中心"页面；❷ 单击页面中的"我要开店"按钮；❸ 单击"免费开店"选项，如下图所示。

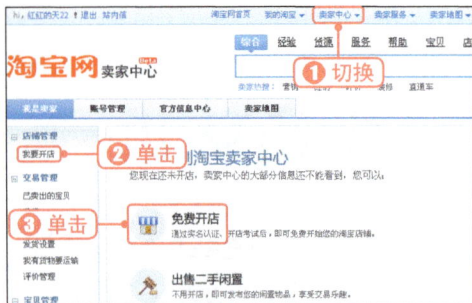

② 进行准备工作。

打开准备工作提示页面，在这里单击"立即申请支付宝认证"链接，如下图所示。

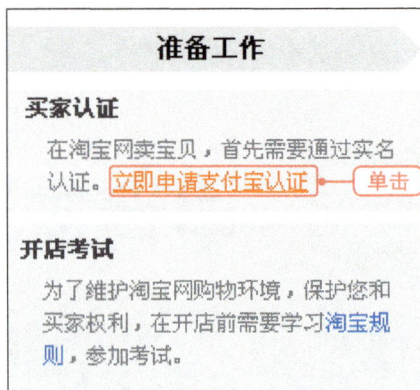

③ 输入验证信息。

❶ 在打开页面中，选择用户类型和输入真实姓名；❷ 设置安全保护问题和答案，以保护账户安全，如下图所示。

您只需要补全信息，就可以进行付款、充值等操作了。

支付宝账户：xxxth2019@126.com
*用户类型：◉ 个人 ○ 公司
*真实姓名：____
请填写您的真实姓名，方便今后客服与您核实身份。
登录密码：与注册淘宝时设置的淘宝登录密码相同，建议您修改登录密码
支付密码：与注册淘宝时设置的淘宝登录密码相同，建议您修改支付密码
*设置安全保护问题：自定义问题
安全保护问题可用于找回登录密码等。
*自定义问题：____
*您的答案：____
限2-32个字符组成。

❶ 设置
❷ 设置

④ 提交验证信息。

❶ 输入自己的身份证信息（一定要真实有效）；❷ 单击"确定"按钮，如下图所示。

*证件类型：身份证
请选择证件类型。
*证件号码：____
请填写真实的证件号码。身份证号码为15或18位数字。
联系电话：____
请填写您的真实号码，方便今后客服与您联系。

确定

❶ 输入
❷ 单击

身份证认证

知识加油站

需要注意的是，这里输入的身份证一定要是真实有效的，因为后面会向淘宝提交身份证扫描图像以进行确认。如果证件号不符合，就无法进行支付宝认证了。

⑤ 完成支付宝账户激活。

稍等片刻，页面中即会出现如右图所示的提示"补全账户信息成功"。

支付宝 | 补全信息

补全账户信息成功

✓ 您的支付宝账户xxxth2019@126.com的信息已补全。
您已可以享受到支付宝更多服务。
我的支付宝

5.4.3 开通支付宝实名认证

"支付宝实名认证"服务是由支付宝（中国）网络技术有限公司提供的一项身份识别服务。支付宝实名认证同时核实会员身份信息和银行账户信息。通过支付宝实名认证后，相当于拥有了一张互联网身份证，可以在淘宝网等众多电子商务网站开店、出售商品。

光盘同步文件

同步视频文件：光盘\同步教学文件\第5章\5.4.3.mp4

① 进入"我的账户"。

❶ 紧接上一步的操作，进入"我的支付宝"页面，单击"我的账户"图标；❷ 单击下方的"申请实名认证"链接，如下图所示。

② 同意实名认证。

❶ 自动打开提示页面，在这里勾选"我已阅读并同意《支付宝实名认证服务协议》"复选框；❷ 单击下方的"立即申请"按钮，如下图所示。

③ 选择认证方式。

❶ 在打开的页面中，勾选认证方式，一般选择第二种；❷ 单击"立即申请"按钮，如下图所示。

④ 输入认证信息。

输入自己的姓名和身份证信息等（一定要真实有效），如下图所示。

⑤ 导入身份证件。

❶ 在下方输入身份证到期时间；❷ 在"身份证图片正面"的右侧单击"点击上传"按钮，如右图所示。

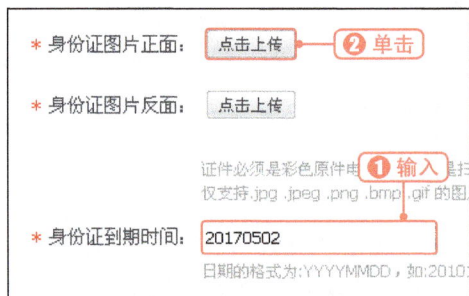

6 选择身份证图片。

❶ 选择电脑中的身份证扫描件正面；❷ 单击"打开"按钮，如右图所示。

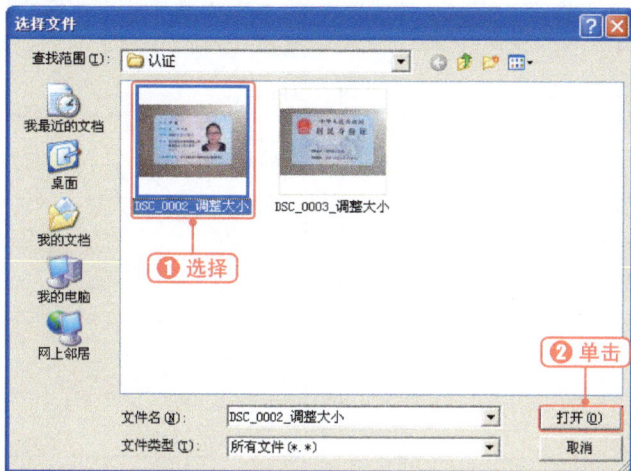

疑难解答

问：只有第一代身份证，可以进行验证吗？

答：支付宝能够支持第一代和临时身份证的验证，但是通常银行现在已经不支持除第二代身份证以外的证件进行银行卡申请。而为了验证支付宝，后面必须通过银行卡来进行操作，因此如果没有银行卡的用户就不能使用第一代身份证进行支付宝认证了。

---

7 导入身份证反面图片。

在"身份证图片反面"的右侧单击"点击上传"按钮，上传反面身份证图片，如下图所示。

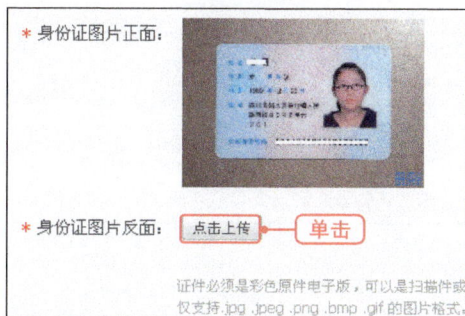

8 输入联系地址认证信息。

❶ 继续输入联系地址和校验码；❷ 单击"下一步"按钮，如下图所示。

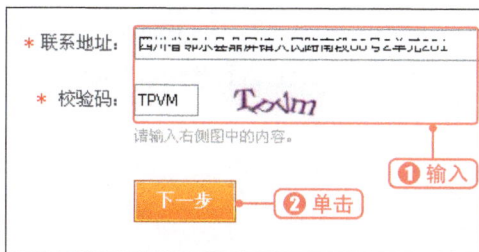

9 输入银行卡信息。

❶ 在此页面中，输入银行卡开户名、开户银行、开户城市以及银行卡号；❷ 完成后单击"下一步"按钮，如下图所示。

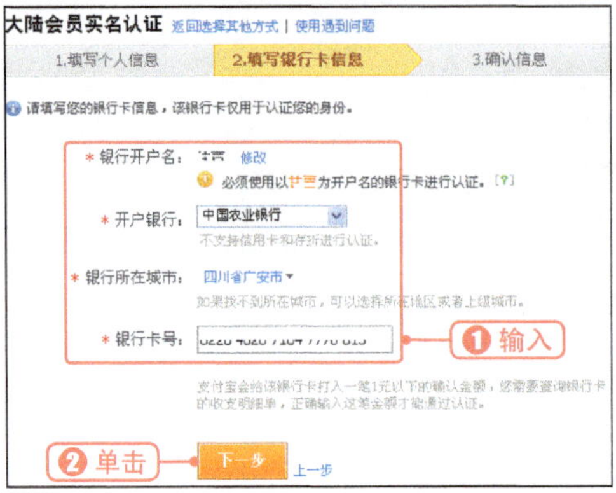

10 确认认证信息。

输入的各种认证信息确认无误后，直接单击"确认信息并提交"按钮，如下图所示。

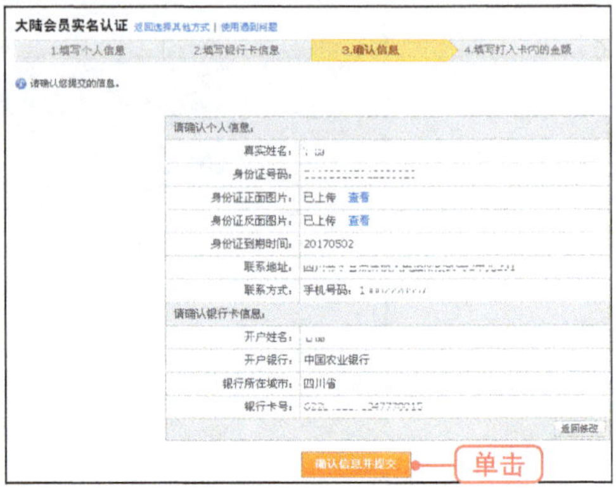

等待支付宝打款

知识加油站

确认提交认证信息后，支付宝会在24小时内向我们提供的银行卡中汇入1元以下验证金，用户只有在收到这笔钱后，才能继续下面的操作。

问：支付宝打入我银行卡的认证款，需要返还吗？

疑难解答

答：不需要。当用户认证后，通常会定期通过支付宝购买、销售商品，这样就间接为支付宝赚取了一定的费用，因此这点钱（通常为一到几分钱）可以看成是支付宝向用户推销的一种手段。

11 确认打款金额。

再次登录支付宝，会自动转入认证页面，在这里单击"输入打款金额"按钮，如右图所示。

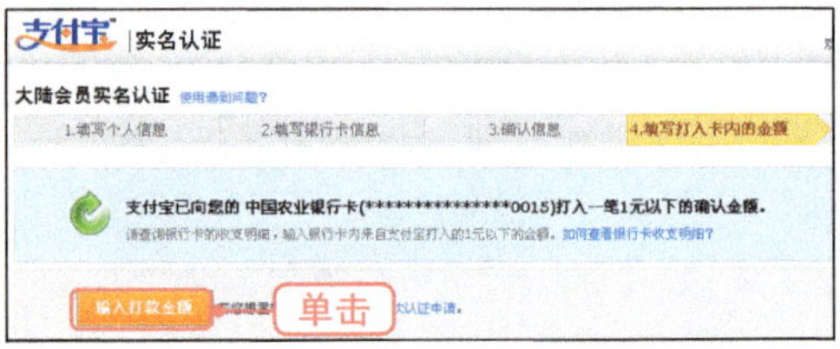

⑫ **进行金额验证。**

❶ 输入银行卡中收到的金额；❷ 单击 "确认" 按钮即可，如下图所示。

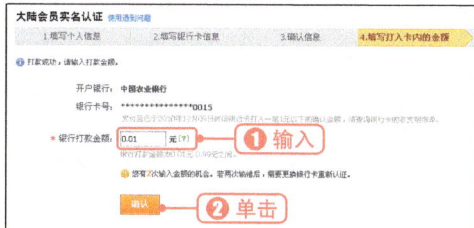

⑬ **完成支付宝实名认证。**

稍等片刻，转入认证成功提示页面，如下图所示。

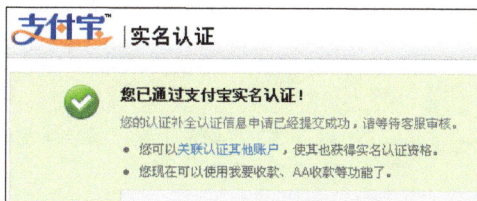

5.5 支付宝的个人管理

支付宝的相关管理操作其实是比较简单的，主要是完成银行账号与支付宝的关联、开通便利的服务以及申请安全保护等。淘宝卖家可以根据自己网店的实际规模来选择开通不同的服务类型。

5.5.1 向支付宝充值

在经营过程中，有时候需要在线支付货款。为了方便，可以提前将银行卡的钱充值到支付宝中，以便调用。

光盘同步文件

同步视频文件： 光盘\同步教学文件\第5章\5.5.1.mp4

① **进入 "我的账户"。**

登录支付宝页面，单击右侧的 "充值" 按钮，如右图所示。

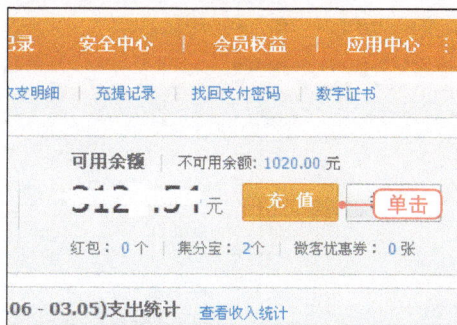

② 选择网上银行卡。

❶ 打开网上银行页面，在这里选择银行卡类型，如中国建设银行；**❷** 单击"下一步"按钮，如右图所示。

网上银行：

○ 中国农业银行　　　　● 中国建设银行

下一步　　**❷** 单击　　　　**❶** 选择

支付宝提现

知识加油站　　这里的银行卡开户名必须要和支付宝认证时的真实姓名一致，否则是无法进行提现操作的。

---

③ 输入充值金额。

❶ 输入充值金额；**❷** 单击"登录到网上银行充值"按钮，如下图所示。

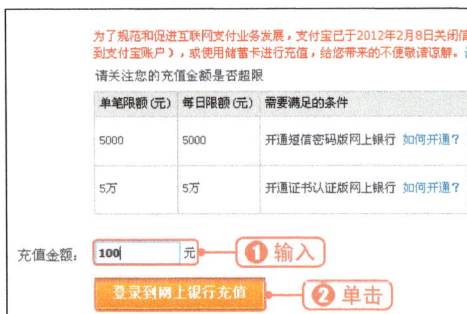

为了规范和促进互联网支付业务发展，支付宝已于2012年2月8日关闭到支付宝账户，或使用储蓄卡进行充值，给您带来的不便敬请谅解。请关注您的充值金额是否超限

单笔限额（元）	每日限额（元）	需要满足的条件
5000	5000	开通短信密码版网上银行 如何开通？
5万	5万	开通证书认证版网上银行 如何开通？

充值金额：100　元　←　**❶** 输入

登录到网上银行充值　　**❷** 单击

---

④ 输入卡号和附加码。

❶ 输入网银卡号和附加码；**❷** 单击"下一步"按钮，如下图所示。

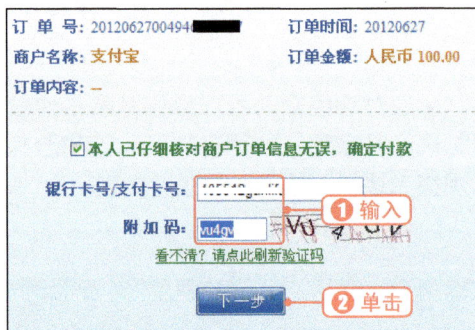

订 单 号：2012062700494　　订单时间：20120627
商户名称：支付宝　　　　　　订单金额：人民币 100.00
订单内容：—

☑ 本人已仔细核对商户订单信息无误，确定付款

银行卡号/支付卡号：　　　　　**❶** 输入

附 加 码：Vu4qv　　　　**❶** 输入

看不清？请点此刷新验证码

下一步　　**❷** 单击

---

⑤ 输入交易密码和动态密码。

❶ 输入交易密码和动态密码；**❷** 单击"确定"按钮，如下图所示。

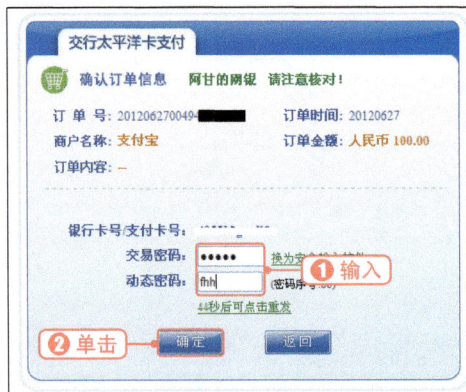

交行太平洋卡支付

确认订单信息　阿甘的网锯　请注意核对！

订 单 号：20120627049　　订单时间：20120627
商户名称：支付宝　　　　　订单金额：人民币 100.00
订单内容：—

银行卡号/支付卡号：
交易密码：　　　换为安　　　**❶** 输入
动态密码：fhh（密码序号 100）

44秒后可点击重发

❷ 单击　　确定　　返回

---

⑥ 提示充值成功。

如果输入无误，稍等片刻，即可提示充值成功，如下图所示。

支付宝 | 收银台

✓ **成功充值100.00元！**

点此查看您的账户余额

● 继续给您的账户充值；
● 如果您有未付款的交易，点此查看并付款。

5.5.2 添加银行账户方便提取货款

对于卖家而言，有了支付宝除了安全性有保障外，货款的提取也会变得更加方便。提现的详细操作步骤如下。

光盘同步文件

同步视频文件：光盘\同步教学文件\第5章\5.5.2.mp4

① 进入"我的账户"。

登录支付宝页面，单击右侧的"提现"按钮，如下图所示。

② 添加银行卡。

① 打开银行卡添加页面，在这里选择银行并输入新的银行卡号；② 单击"保存账户"按钮，如下图所示。

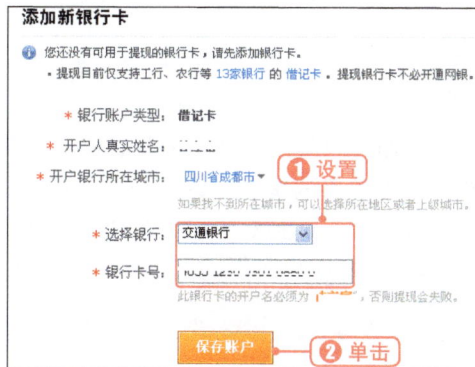

添加新银行卡

③ 输入提现金额。

① 输入提现金额；② 单击"下一步"按钮，如下图所示。

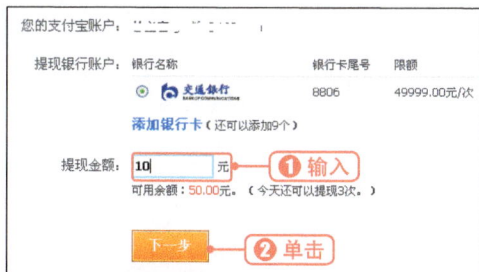

④ 确认提现操作。

① 输入支付宝密码；② 单击"确认提现"按钮，如下图所示。

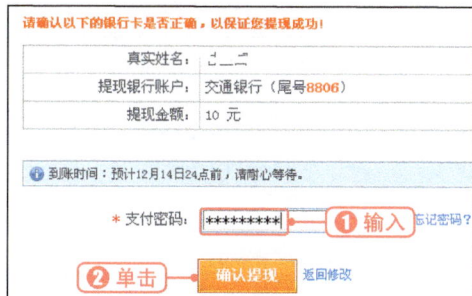

⑤ 款项提现成功。

　　如果输入无误，支付宝会提示提现成功，并显示会在多长时间内将钱转入银行卡，如右图所示。

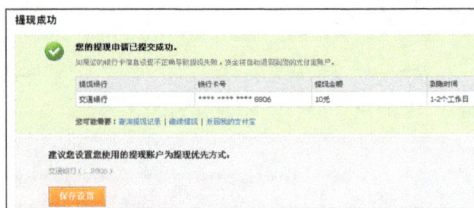

疑难解答

问：有办法将钱提现到其他人名义下申请的银行卡吗？

　　答： 正常情况下，支付宝要求必须提现到认证时填写的银行卡。如果用户打算将钱提现到其他人办理的银行卡，可以单独再注册一个支付宝账户并绑定该银行卡。然后将当前支付宝款项直接转到新注册的支付宝中，再通过新注册的支付宝进行提现操作。

5.5.3 绑定免费的手机动态服务

　　开通支付宝的手机服务后，即可享受到手机直接登录、手机密码管理、手机动态口令等免费的服务。这对于要在网店投入巨大精力的卖家来说，无疑是一个方便的好帮手。下面就来看看简单的开通步骤。

光盘同步文件

同步视频文件： 光盘\同步教学文件\第5章\5.5.3.mp4

---

① 开通手机账户服务。

　　登录支付宝页面，在"我的账户"中单击"开通手机账户服务"链接，如下图所示。

② 输入手机号码。

　　❶ 输入要绑定的手机号码；**❷** 单击"免费绑定"按钮，如下图所示。

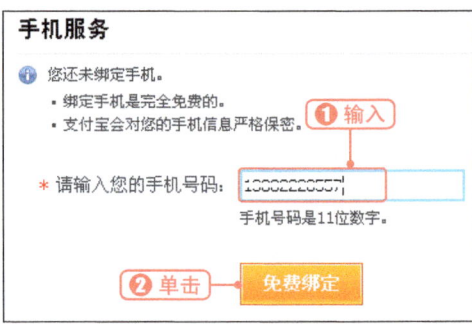

③ 确认绑定信息。

❶ 输入支付密码和校验码；❷ 勾选"我已阅读并同意《手机支付协议》"复选框；❸ 单击"确认绑定"按钮，如下图所示。

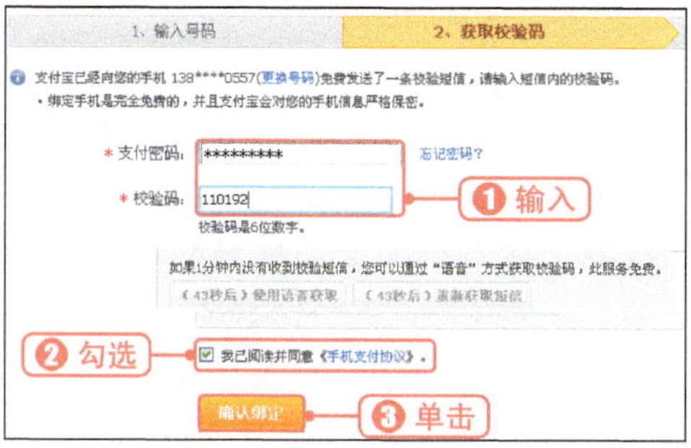

④ 提示绑定成功。

稍等片刻，即会弹出绑定成功提示信息，如下图所示。

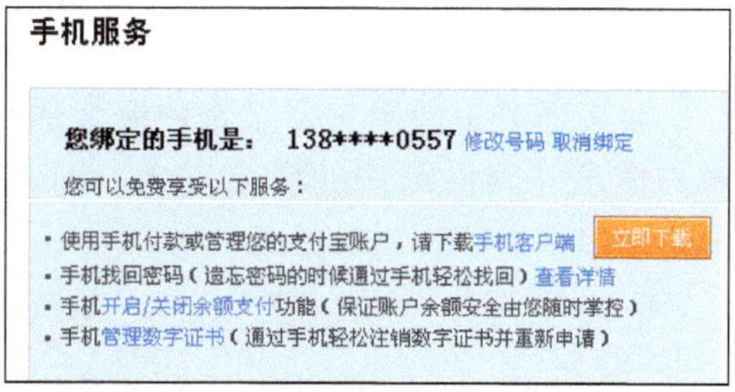

⑤ 开通手机动态口令。

在下方选择可以免费开通的各项功能，如这里选择"手机动态口令"，单击右侧的"开通"链接，如下图所示。

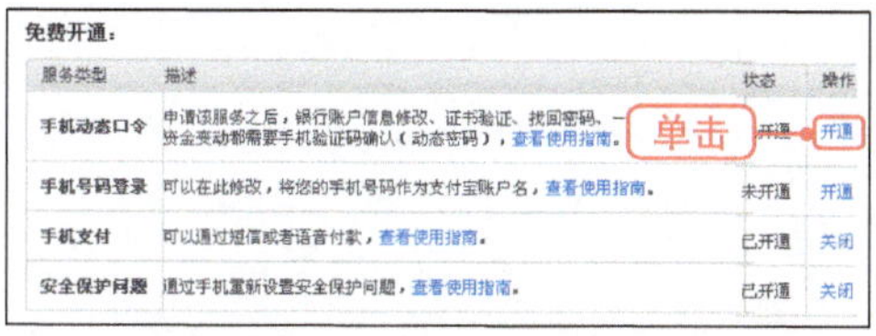

⑥ 设置支付额度等。

❶ 设置单笔支付额度和每日支付累计额度等；❷ 单击"同意协议并立刻开通"按钮，如下图所示。

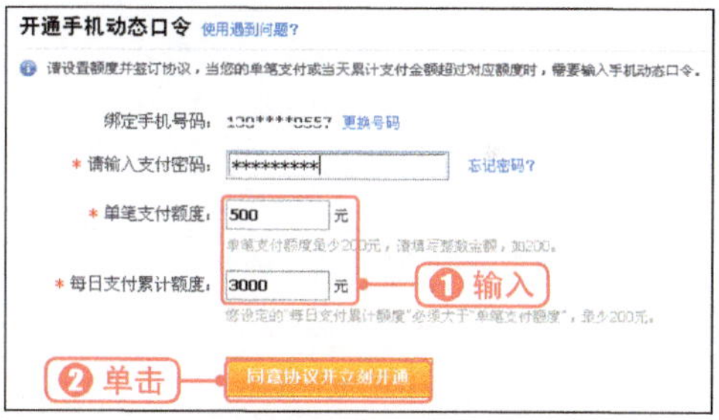

知识加油站

手机动态口令

申请此服务之后，银行账户信息修改、证书验证、找回密码、一定额度的账户资金变动都需要手机验证码确认（动态密码）。

疑难解答

问：交易中哪些操作需要手机动态口令？

答：如果交易的限额符合设置，在您确认支付或收货、买家撤销退款、卖家同意退款、卖家确认收到退货等操作时需要使用手机动态口令服务（通过手机收取校验码的方式验证后）才能操作成功。

疑难解答

问：我可以修改之前所设置的限额吗？

答：可以。用户在"安全中心—安全产品—手机动态口令"中单击"点击修改额度"链接即可重新设置，但有最低限制要求，单笔支付额度最少200元。

5.5.4 申请支付宝数字安全证书

数字证书是使用支付宝账户资金的身份凭证之一。它可以帮助用户加密自己的账户信息并确保账户的资金安全；即使账号被盗，对方也无法动用自己账户里的资金。

光盘同步文件

同步视频文件：光盘\同步教学文件\第5章\5.5.4.mp4

① 选择数字证书服务。

登录支付宝页面，在"安全中心"页面下单击"数字证书"右侧的"申请"链接，如下图所示。

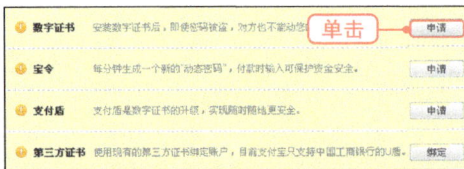

② 申请数字证书。

在打开的页面中，单击下方的"申请数字证书"按钮，如下图所示。

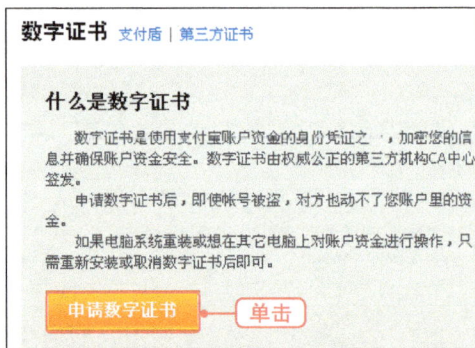

知识加油站

支付宝数字证书的三大特点

- 安全：支付宝数字证书根据用户身份给予相应的账户信息和资金操作权限。用户如果在没有安装数字证书的电脑上登录支付宝账户，只能查询账户，不能进行任何操作。

- 唯一性：每一个数字证书都有自己唯一的身份标识，无法被复制，别人也无法安装你的数字证书，从而更加有效地保障了账户安全。

- 方便性：支付宝数字证书无需备份，即时安装、即时取消、即时保护账户安全，并且为用户量身定制了多种途径维护数字证书，如通过手机短信、安全问题等。不需要用户掌握任何数字证书相关知识，也能轻松使用。

③ 扫描系统信息。

此时支付宝会自动扫描用户当前所使用的电脑，如下图所示。

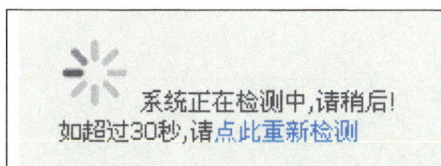

系统正在检测中,请稍后!
如超过30秒,请点此重新检测

④ 下载证书控件。

稍等片刻，单击下方的"下载证书控件"链接，如下图所示。

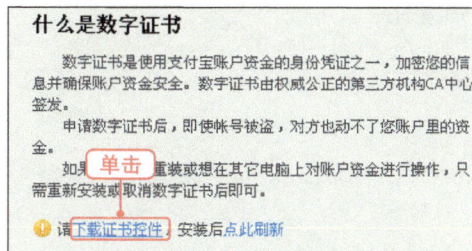

什么是数字证书

数字证书是使用支付宝账户资金的身份凭证之一，加密您的信息并确保账户资金安全。数字证书由权威公正的第三方机构CA中心签发。

申请数字证书后，即使帐号被盗，对方也动不了您账户里的资金。

如果 **单击** 重装或想在其它电脑上对账户资金进行操作，只需重新安装或取消数字证书后即可。

❶ 请 下载证书控件 ，安装后点此刷新

⑤ 运行数字证书控件。

下载完成，将自动打开如下图所示的安全警告提示对话框，在这里单击"运行"按钮，如下图所示。

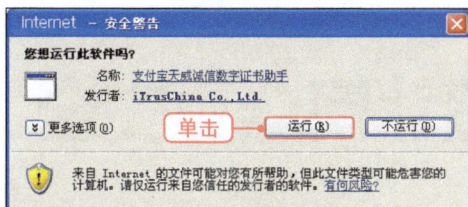

Internet － 安全警告

您想运行此软件吗?
　　名称: 支付宝天威诚信数字证书助手
　　发行者: iTrusChina Co.,Ltd.

☒ 更多选项(O)　　**单击** ➞ 运行(R)　　不运行(D)

⚠ 来自 Internet 的文件可能对您有所帮助，但此文件类型可能危害您的计算机。请仅运行来自您信任的发行者的软件。有何风险?

⑥ 安装数字证书控件。

进入支付宝数字证书助手安装界面，直接单击"下一步"按钮，如下图所示。

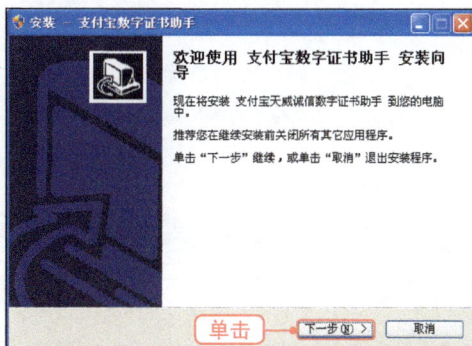

安装 － 支付宝数字证书助手

欢迎使用 支付宝数字证书助手 安装向导

现在将安装 支付宝天威诚信数字证书助手 到您的电脑中。

推荐您在继续安装前关闭所有其它应用程序。

单击"下一步"继续，或单击"取消"退出安装程序。

单击 ➞ 下一步(N) >　　取消

⑦ 完成数字证书控件安装。

安装过程非常快，稍等1~2s即可完成，单击"完成"按钮，如下图所示。

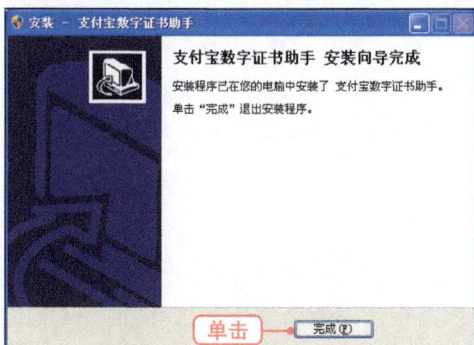

安装 － 支付宝数字证书助手

支付宝数字证书助手 安装向导完成

安装程序已在您的电脑中安装了 支付宝数字证书助手。
单击"完成"退出安装程序。

单击 ➞ 完成(F)

⑧ 确认申请信息。

❶ 重新登录支付宝，自动进入申请页面，输入身份证号码；❷ 设置使用地点；❸ 输入验证码，❹ 单击"提交"按钮，如下图所示。

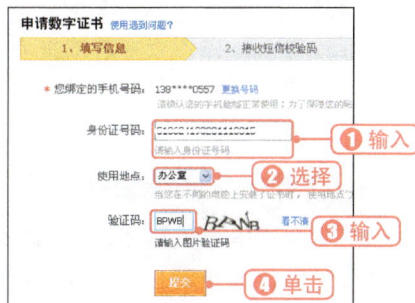

申请数字证书　　使用遇到问题?

1、填写信息　　　　2、接收短信校验码

★ 您绑定的手机号码: 139****0557 更换号码

身份证号码: ☐☐☐☐☐☐☐☐☐☐☐☐☐☐☐☐☐☐☐☐☐ **❶ 输入**

使用地点: 办公室▼ **❷ 选择**

验证码: BPWB **❸ 输入**

提交 **❹ 单击**

⑨ 输入校验码。

❶ 输入手机接收到的校验码；❷ 单击"确定"按钮，如下图所示。

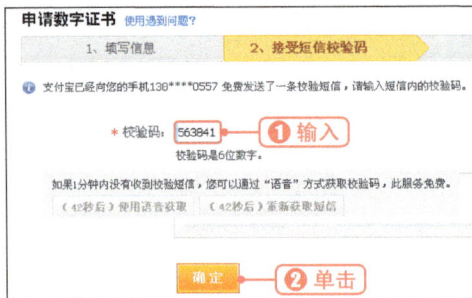

申请数字证书　使用过到问题？

1、填写信息	2、接受短信校验码

ⓘ 支付宝已经向您的手机138***0557 免费发送了一条校验短信，请输入短信内的校验码。

＊校验码：　563841　◀── ❶ 输入
校验码是6位数字。

如果1分钟内没有收到校验短信，您可以通过"语音"方式获取校验码，此服务免费。
《42秒后》使用语音获取　　《42秒后》重新获取短信

确定　◀── ❷ 单击

⑩ 申请数字证书成功。

稍等片刻，提示数字证书已经安装成功，如下图所示。

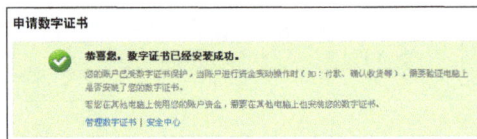

申请数字证书

✓ **恭喜您，数字证书已经安装成功。**
您的账户已受数字证书保护，当账户进行资金变动操作时（如：付款、确认收货等），需要验证电脑上是否安装了您的数字证书。
要想在其他电脑上使用您的账户资金，需要在其他电脑上也安装您的数字证书。
管理数字证书 | 安全中心

疑难解答

问：电脑系统重装了，无法正常使用支付宝进行交易，该怎么办？

答：如果电脑系统重装或想在其他电脑上对账户资金进行操作，只需在"安全中心"中重新安装或取消数字证书后即可。

5.6 打造防火墙让网店更安全

卖家在经营网店过程中，不可避免地要接触资金的运转与流动，尤其是销量较好的卖家，在网店中流动的资金数额也会较大。因此，广大卖家必须要了解并掌握如何保障网店以及资金安全。

5.6.1 了解电脑安全知识

导致电脑存在安全隐患的主要就是各种各样的病毒。这些广泛流传在网络上的病毒稍不留意就会感染到自己的电脑，那么，病毒是如何形成的？又是如何传播的呢？下面将会详细介绍。

1 电脑病毒的危害与表现

电脑病毒是一段程序，它和生物病毒一样，具有复制和传播性。电脑病毒不是独立存在的，而是寄生在其他可执行程序中，具有很强的隐蔽性和破坏性；一旦工作环境达到病毒发作的要求，就会影响电脑的正常工作，甚至使整个系统瘫痪。

电脑病毒会对操作系统造成直接的破坏，比如格式化硬盘、删除文件数据等；同时，电脑病毒也会干扰到用户的正常使用，比如系统运行速度变慢、电脑无故重新启动等。认识并了解电脑病毒的危害性，有利于我们更坚决地预防。

（1）实施数据破坏

当用户电脑感染了病毒后，就有可能直接危害到存储在电脑中的重要信息。比如，电脑病毒会利用格式化磁盘、改写文件分配表和目录区、破坏CMOS设置、强行运行相关程序等"手段"大搞破坏。

> **病毒危害**
> 知识加油站
> 大多数时候，电脑病毒的破坏作用是不可预知的，所以要将电脑病毒的危害降至最低，最主要的办法还是加强前期的安全防范。

（2）消耗系统资源

大多数病毒在动态下都是常驻内存的，这就必然抢占一部分系统资源，导致内存减少，一部分软件不能运行；不仅如此，病毒还抢占中断，干扰系统的正常运行。最后的结果就是，系统运行缓慢或频频出错，磁盘空间被严重占用，电脑基本处于瘫痪状态。

② 木马程序的危害与表现

相对电脑病毒来说，木马程序的危害性更恶意一些，因为它具有受控性与窃取性。木马程序多数有恶意企图，例如盗取QQ账号、游戏账号，甚至银行账号等，将本机作为工具来攻击其他电脑设备等恶意行为。

> **木马危害**
> 知识加油站
> 木马的感染力不强，但是其受控后，穿透力则非常强悍，例如关闭用户的杀毒软件，在用户的电脑中畅所欲为。

木马是一种自发性的可被用来进行恶意操作的程序，它一般不会直接对电脑产生危害，而是以控制为主。一段完整的木马程序包含两部分："控制端"和"被控端"。控制端一般由黑客控制，而被控端通常指中了木马病毒的电脑。

木马与一般的病毒不同，它不会自我繁殖，也不会"刻意"地去感染其他文件。黑客一般将木马伪装成一些普通的文件，然后通过邮件、网页挂马、QQ发送

等方式传播给用户，如果有用户不小心点开这些文件，则电脑就会成为黑客的"乐土"——它们可以任意毁坏、窃取被感染木马电脑中的所有文件，甚至远程操控这些电脑。

5.6.2 给淘宝账户加上双保险

在淘宝网开店，淘宝账户的安全当然不可忽视。为了进一步保障淘宝账户的安全性，可以再次登录到个人管理页面下，实施淘宝账户的安全设置。

光盘同步文件

同步视频文件：光盘\同步教学文件\第5章\5.6.2.mp4

① 设置安全问题

安全问题是最常用的密码保护方式，允许用户设置3个密码保护问题，当忘记或遗失密码后通过安全问题即可找回密码。当采用安全问题保护时，我们必须要牢记自己所选的问题以及所设置的答案。

---

① 单击"立即设置"链接。

❶ 登录淘宝，在"账号管理"栏目下单击"安全保护问题"选项；❷ 单击"立即设置"链接，如下图所示。

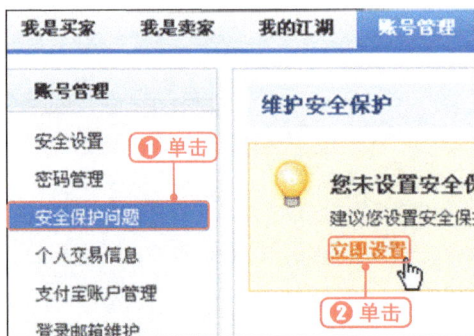

② 设置安保问题。

❶ 输入身份证号；❷ 设置3个问题及答案；❸ 单击"下一步"按钮，如下图所示。

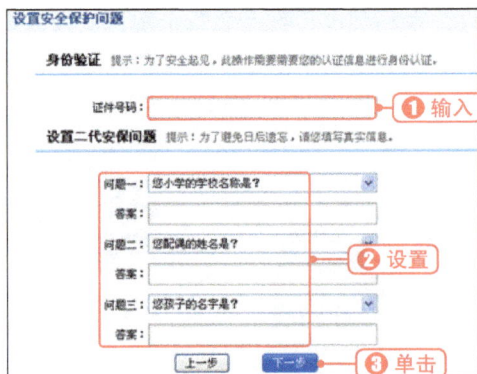

---

③ 提示设置成功。

稍等片刻，在打开的页面中即会告知用户设置成功，如右图所示。

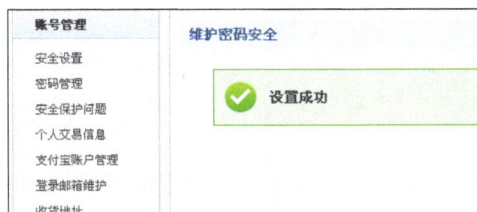

安全问题设置

知识加油站　　为了安全起见，在注册淘宝会员并通过实名认证后，就应该设置密码保护问题，再开张店铺。

② 绑定手机

将自己的手机与淘宝账号绑定后，即使密码遗失，也可以通过手机短信方便地找回密码，而且还能够享受来自淘宝网的各种其他服务，如手机登录、手机动态密码等。绑定手机的具体操作方法如下。

① 单击"绑定"链接。

进入"账号管理"页面后，单击页面下方的"手机绑定"区域中的"绑定"链接，如下图所示。

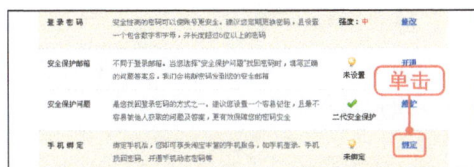

② 输入身份证号。

❶ 在打开的"手机验证"页面中输入实名认证时的身份证号码；❷ 单击"下一步"按钮，如下图所示。

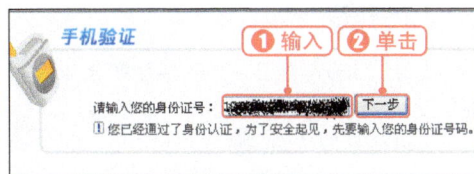

③ 输入手机号码。

❶ 在接着打开的页面中输入要绑定的手机号码与验证码；❷ 单击"下一步"按钮，如下图所示。

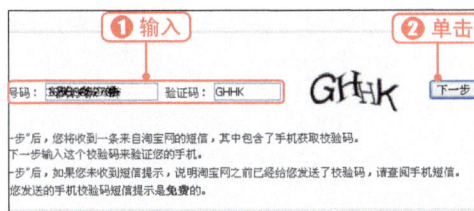

④ 输入手机校验码。

❶ 稍等之后，手机将收到一条来自淘宝网的信息，将收到的验证码填写到如下图所示的页面中；❷ 单击"确定"按钮。

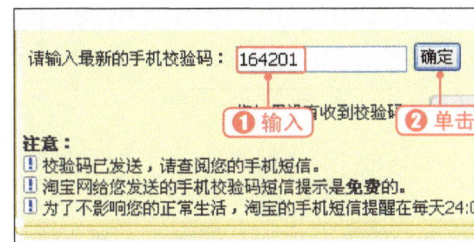

⑤ 提示绑定完成。

如果输入的验证码无误，接着将会返回到"安全信息"页面，在"账号登录信息"区域中即会显示绑定后的手机号码，如右图所示。

5.6.3 使用安全管理软件保障系统安全

目前国内比较流行的安全管理软件主要有360安全卫士、金山卫士、腾讯电脑管家这几种，其中"360安全卫士"最为普及。下面利用它来介绍电脑的安全打造方法。

光盘同步文件

同步视频文件：光盘\同步教学文件\第5章\5.6.3.mp4

1 电脑健康体检

该软件带有一个智能的电脑健康体检功能，根据软件体检的结果指引，即可方便地实施对系统安全隐患的修补。

① 自动检测系统性能。

启动"360安全卫士"软件后即会开始自动检测，稍后返回检测结果，根据指引，单击"一键修复"按钮，如下图所示。

② 修补系统漏洞。

自动进入系统漏洞修复界面，对当前漏洞情况进行自我修复，如下图所示。

③ 提示修复补丁完成。

等待软件修复完成，再重新启动电脑即可，如右图所示。

2 进行木马查杀

"360安全卫士"的"木马查杀"功能也是非常实用的，对系统实施查杀的操作步骤如下。

① 单击"快速扫描"图标。

❶ 单击软件界面上方的"木马查杀"标签，进入查杀页面；❷ 单击软件推荐的"快速扫描"图标，开始扫描，如下图所示。

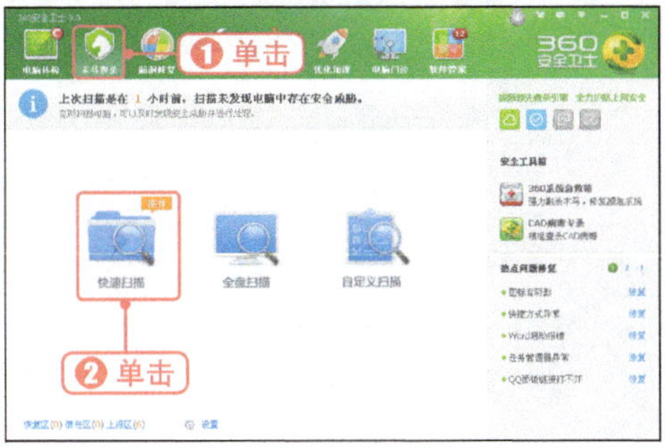

② 开始系统扫描。

等待软件完成对系统的查杀过程，如下图所示。

③ 处理检测到的木马程序。

❶ 当发现有木马存在时提示用户处理，勾选要处理的木马程序；❷ 单击"立即处理"按钮，如右图所示。

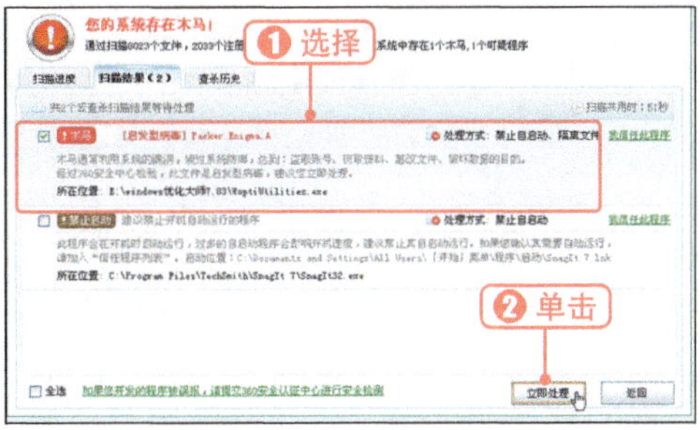

知识加油站

重新启动电脑

待完成对木马程序的清理或隔离处理后，最好按提示重新启动电脑来彻底清理，避免木马程序未查杀干净。

③ 快速修复系统

有些病毒木马会试图修改IE浏览器主页地址，当用户一启动IE浏览器即会自动转到病毒木马网站，从而造成对用户电脑的安全威胁。另外，病毒破坏、个人操作不当也会造成操作系统的一些安全问题，而这类系统安全问题均可使用软件自带的"立即修复"功能来快速完成修复。

1 单击"常规修复"按钮。

① 单击"系统修复"标签；**②** 单击"常规修复"按钮，如下图所示。

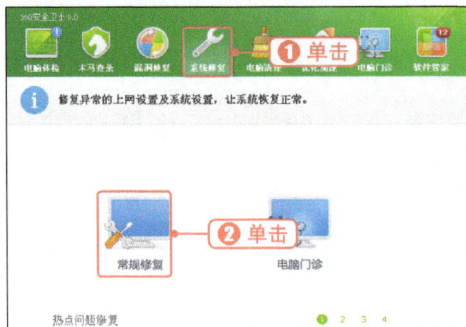

2 提示修复完成。

① 等待扫描完成后，选择修复项目；**②** 单击"立即修复"按钮即可，如下图所示。

安装杀毒软件

知识加油站　　要保证电脑安全，只是使用安全管理软件是不行的，建议大家同时安装杀毒软件，如金山杀毒、瑞星杀毒、卡巴斯基等。

开通店铺并
发布宝贝

本章导读

前期准备工作充分完成之后，我们淘宝开店的创业之舰就可以正式启航了。首先要做的是向淘宝申请开通店铺营业资格，然后将自己的商品信息发布到店铺中，这样一个基本网店就算开张了。具体的开通店铺及发布宝贝流程，在本章中将为大家详细讲解。

知识技能要求

通过本章内容的学习，读者能够学习到开通店铺以及各种宝贝上传的基本方法，让大家能够快速掌握网上开店技巧。学完后需要掌握的相关技能知识如下：

❖ 开通淘宝店铺
❖ 直接在淘宝网发布宝贝
❖ 使用淘宝助理批量发布宝贝
❖ 学会发布宝贝技巧

6.1 店铺开通四部曲

完成了支付宝认证以后，接下来就可以考虑开通店铺了。目前开通店铺需要完成身份信息认证、开店考试、完善店铺信息和开通手机移动店铺4个步骤。

6.1.1 掌柜身份信息认证

除了支付宝认证外，淘宝在2012年后还额外增加了用户个人信息认证，新开店用户需要通过此认证才能进行开店操作。

① 单击"免费开店"。

登录淘宝"卖家中心"，单击"免费开店"，如下图所示。

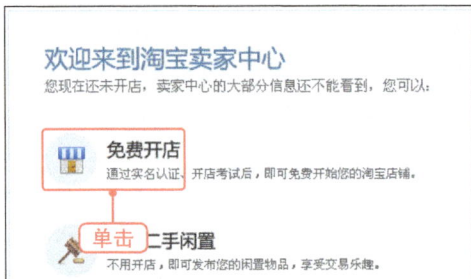

② 单击"查看详情"。

单击"开店认证"下的"查看详情"按钮，如下图所示。

③ 提交照片。

❶提交一张头像和半身像（需手持身份证拍摄）；❷单击"提交照片认证"按钮，如下图所示。

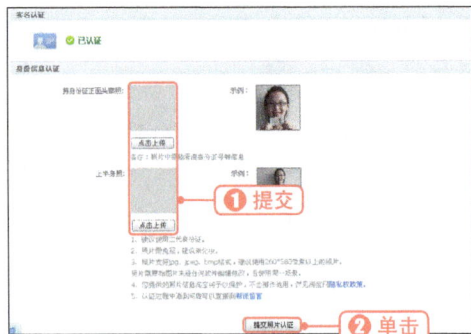

④ 等待审核。

提交以后，就是等待淘宝审核。审核通过，即可完成认证任务。

知识加油站 · 顺序任务

这里也可以先完成其他两项任务，不一定按照上面罗列的顺序进行操作。

另外，一个人可以注册多个会员名，但为确保卖家身份单独唯一有效，淘宝网规定每个证件号码仅能以个人形式认证一次，也仅能开设一家淘宝店铺。淘宝网目前对同一店铺中经营不同性质的宝贝是没有限制的。

6.1.2 进行在线开店考试

要在淘宝开店，还要求开店卖家必须熟悉淘宝的规则，这样才能通过淘宝在线考试，完成开店。下面来看看具体的操作方法。

① 单击"我要开店"按钮。

❶ 进入"我的淘宝"，切换到"我是卖家"；❷单击"我要开店"按钮，如下图所示。

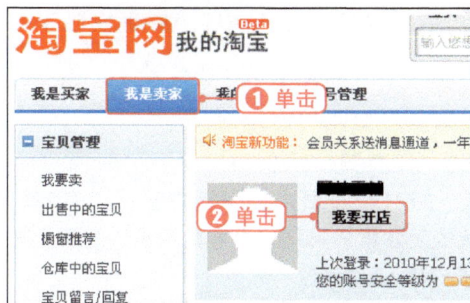

② 单击"参加考试"按钮。

单击右侧的"参加考试"按钮，如下图所示。

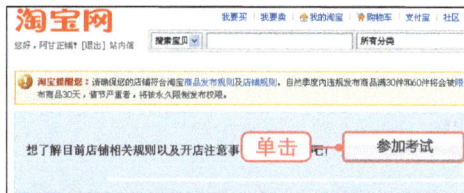

③ 进行答题考试。

依次答题，选择正确的考试答案，如下图所示。

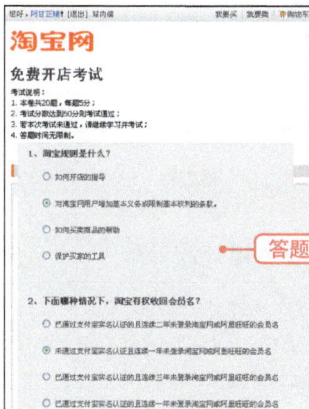

④ 单击"提交"按钮。

❶ 选择最后一道题的答案；❷ 确认无误后单击"提交"按钮，如下图所示。

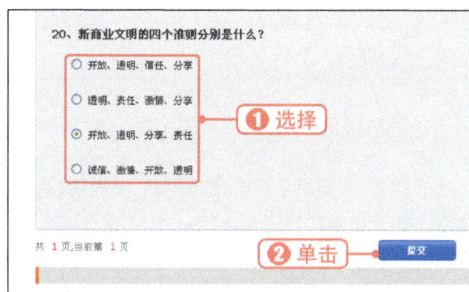

⑤ 提示考试通过。

考试通过后，会自动弹出如下图所示的考试通过提示，单击右侧的"请点击这里填写店铺信息，创建店铺吧！"链接。

疑难解答

问：考试不通过，不知道答案怎么办？

答：这里的题目，都是淘宝规则上进行详细说明的。如果大家有不清楚的地方，可以添加微信"淘宝开店指南"账号tbkdzn，然后在里面查找"淘宝考试答案"来进行参考。如果在线考试失败，还可以再次提交考试申请，所以不用太着急。

6.1.3 填写店铺信息顺利开张

当身份信息审核通过，并且顺利完成考试后，就可以进行店铺的开张操作了，具体方法如下。

1 单击"填写店铺信息"按钮。

在"完善店铺信息"下单击"填写店铺信息"按钮，如下图所示。

完成以下 **3** 件任务，即可成功开店。

开店认证

开店需要 支付宝实名认证

✔ 已完成

在线考试

你要阅读淘宝规则了解店铺经营行为准则及注意事项，然后进行开店考试

✔ 已完成

完善店铺信息

填写店铺名称、商品类目、店铺介绍等基本信息

> 填写店铺信息　　单击

2 同意诚信经营。

打开新页面，提示用户是否同意签署诚信经营承诺书，这里直接单击"同意"按钮，如下图所示。

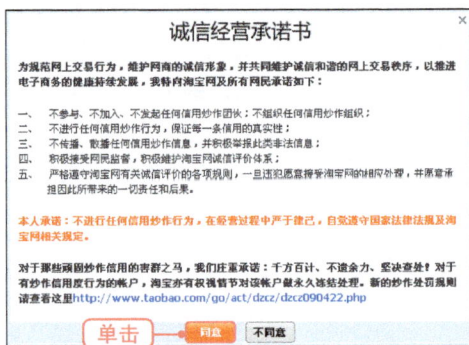

诚信经营承诺书

为规范网上交易行为，维护网商的诚信形象，并共同维护诚信和谐的网上交易秩序，以推进电子商务的健康持续发展，我特向淘宝网及所有网民承诺如下：

一、 不参与、不加入、不发起任何信用炒作团伙；不组织任何信用炒作组织；
二、 不进行任何信用炒作行为，保证每一条信用的真实性；
三、 不传播、散播任何信用炒作信息，并积极举报此类非法信息；
四、 积极接受网民监督，积极维护淘宝网诚信评价体系；
五、 严格遵守淘宝网有关诚信评价的各项规则，一旦违规愿意接受淘宝网的相应处罚，并原意承担因此所带来的一切责任和后果。

本人承诺：不进行任何信用炒作行为，在经营过程中严于律己，自觉遵守国家法律法规及淘宝网相关规定。

对于那些顽固炒作信用的害群之马，我们庄严承诺：千方百计、不遗余力、坚决查处！对于有炒作信用度行为的帐户，淘宝亦有权视情节对该帐户做永久冻结处理。新的炒作处罚规则请查看这里http://www.taobao.com/go/act/dccz/dccz090422.php

单击　　同意　　不同意

3 选择销售类别。

在"店铺类目"中，选择自己销售的商品类目，如"女装/流行女装"，如下图所示。

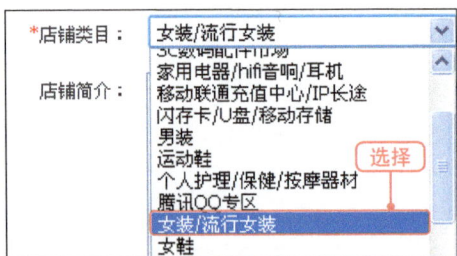

*店铺类目：　女装/流行女装

　　　　　　　3C数码配件/市场
店铺简介：　家用电器/hifi音响/耳机
　　　　　　　移动联通充值中心/IP长途
　　　　　　　闪存卡/U盘/移动存储
　　　　　　　男装
　　　　　　　运动鞋　　　　　　选择
　　　　　　　个人护理/保健/按摩器材
　　　　　　　腾讯QQ专区
　　　　　　　女装/流行女装
　　　　　　　女鞋

4 设置店铺介绍信息。

① 输入店铺介绍信息；② 设置货源方式；③ 单击下方的"保存"按钮，如下图所示。

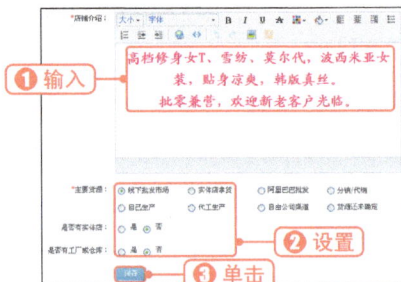

*店铺介绍：　大小・字体　Ｂ Ｉ Ｕ Ａ 图

① 输入　高档修身女T、雪纺、莫尔代、波西米亚女装，贴身凉爽，韩版真丝。批发兼营，欢迎新老客户光临。

*主要货源：　枝叶批发市场　实体店批发　阿里巴巴批发　分销代销

　　　　　　　自己生产　代工生产　自有公司品牌　国外进口零售

是否有实体店：　　是　否

是否有工厂或货源：　是　否

② 设置

保存　③ 单击

知识加油站 **类目选择**

　　淘宝规定卖家所卖的商品必须与所选择类别一致，否则上传的商品会被自动下架，严重者甚至会被扣分，所以大家一定要谨记选择正确的店铺类目。

6.1.4 开通手机移动店铺

　　手机淘宝是淘宝针对手机移动市场所开发的新一代网店平台，依靠强大的移动通信网络将手机用户联系起来，实现手机购物。相信不远的将来，手机购物也会像如今的网络购物一样成为流行时尚。

　　在我的淘宝中，可以方便地为自己开通手机移动店铺，只需简单地设置手机店铺信息即可。下面来看具体的开通手机移动店铺的方法。

光盘同步文件

同步视频文件：光盘\同步教学文件\第6章\6.1.4.mp4

① **单击"手机淘宝店铺"链接。**

　　进入"卖家中心"，单击左侧的"手机淘宝店铺"链接，如下图所示。

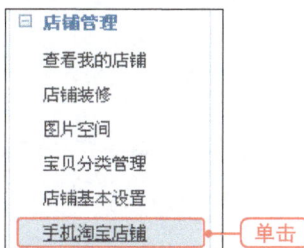

② **设置促销文案信息。**

　　在"手机旺铺"下，单击"马上去设置"，按钮，如下图所示。

③ **设置店招和联系方式等。**

　　① 设置店铺标志；**②** 输入店铺联系方式；**③** 右侧即时模拟手机能查看到当前内容，如右图所示。

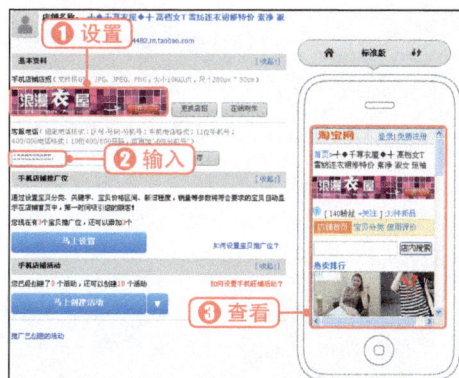

6.2 直接在淘宝网发布宝贝

开通店铺后，接下来的工作就是发布自己的宝贝到网店中进行销售。在商品发布过程中，我们需要先准备商品的实物图片与资料，然后逐步发布商品，同时为了使自己的商品更加吸引买家，也应该掌握如何对商品命名的技巧，以及如何合理对商品定价。

发布商品时，会涉及很多因素，如商品分类、规格、价格、图片与描述、销售方式、运费以及商品附属信息等。在发布商品的过程中，必须了解各种商品发布知识。下面就来介绍商品的发布过程及相关发布知识。

6.2.1 准备宝贝信息资料

无论是网店代销还是自己进货在网店中销售，开店之前首先需要准备10件以上的商品资料，用于在淘宝网发布。商品的资料包括：已经拍摄并处理过的商品实物图片、对应的商品描述内容、商品的规格信息等。

知识加油站

商品图片处理

最好将图片保存为JPG或GIF格式，宽度控制到500~800像素（高度可以根据比例自由控制），大小尽量控制到120KB以下。为了使得商品页面排列更加整齐，建议将同一商品的图片尺寸统一。

在一个店铺中，往往需要上架很多商品，而每件商品又包括了多张实物图片。为了避免商品图片的混乱，我们在电脑中存放商品图片时，也应该按照合理的结构进行保存。

至于商品描述信息，建议使用Word文档或记事本记录并与对应的商品图片保存到一起；商品规格信息需要在发布商品时逐个选择，我们只要在发布前了解自己所销售商品的相应规格即可。下图所示为商品宝贝图片与资料的建议保存结构。

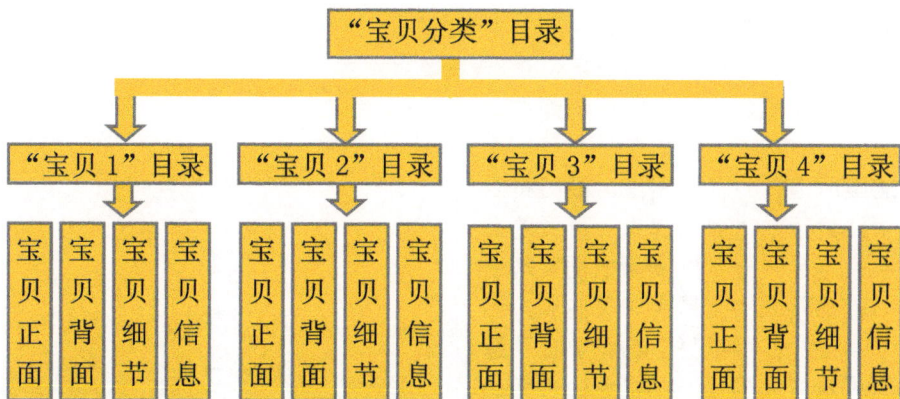

① 商品类别

商品类别也就是宝贝的分类情况。用户在发布宝贝时可以在分类列表中选择自己所销售商品的详细分类，方式为从左到右，一般先选择商品大类，然后进一步选择小的分类、品牌等，如下图所示。

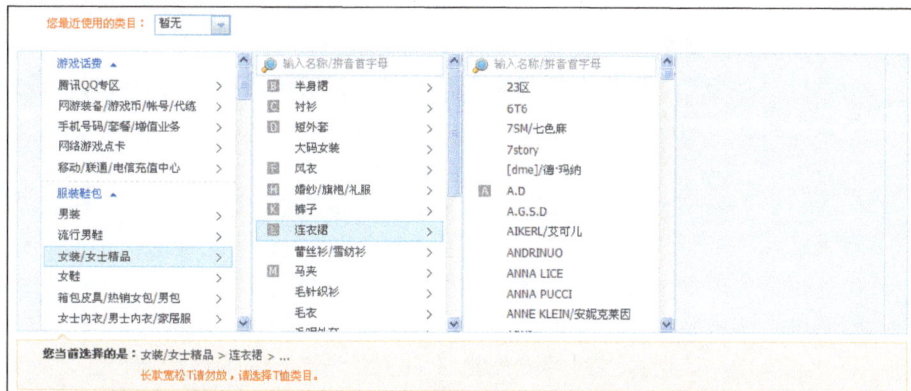

在这里我们重点提示下，绝大多数买家在淘宝网中选择商品时，都会通过商品类别来一步步进行浏览，因此广大卖家在设置商品类别时，必须要设置得细致、准确，这样被买家搜索到的概率就会大大增加，同时也在一定程度上增加了商品的销售概率。

相反，如果商品的类别没有设置准确，那么在买家浏览过程中会很直接地将商品排斥到购买意向外，如我们将"男士西服"分类到"女装"中，那么浏览女装的买家就会完全忽略这件商品。淘宝也对分类有硬性规定，随便安排类目是会被下架，甚至被扣分的。

② 商品属性

选择商品类别后，接下来要选择的是"填写宝贝信息"页面。在该页面中，首先需要对商品的基本信息进行设置，不同类别的商品，可供选择的属性是不同的。

在"商品类型"中，需要选择商品是"全新"、"二手"还是"闲置"。在接下来的选项中，根据自己的商品情况，正确选择关于商品的各个属性即可，如右图所示。

这里所选择的各项属性，最终将以表格形式显示在"商品销售"页面的上方，买家也会在一定程度上根据卖家所提供的商品属性决定是否购买商品，因此，卖家必须对自己的商品全面了解后，再设置商品属性，以避免由于商品与描述不符而造成交易纠纷。

③ 商品信息

设置商品属性后，接下来输入商品的名称、价格、颜色、规格以及库存信息，在该区域中不同信息的设置方法如下。

- **商品名称**：在"宝贝标题"一栏中输入商品名称，商品的命名上也是有技巧的，我们要尽量赋予商品一个具备吸引力的名称。
- **销售价格**：在"一口价"栏中输入商品的销售价格。在定义价格时，最好能与其他卖家相同商品的价格进行对比与衡量，从而定出一个具备竞争力的商品价格。
- **详细商品规格**：对于不同的商品，下面显示的属性也不同，如服装类商品，将显示"颜色"与"尺码"两个选项，选择"颜色"后，还可以自定义颜色名称。
- **特殊规格的定价**：根据商品属性的不同，当前面选择后，下方会显示出所选的属性，如服装类显示"颜色"与"尺码"组合列表；前面我们已经定义了商品的价格，这里可以对特殊规格（如加大码等）的价格重新设定，如果没有特殊要求，则可以保持默认。
- **商品库存**：最后来根据"颜色"与"尺码"组合列表来设定不同颜色、不同尺码商品的库存数量，库存数量表示商品的可销售数量，对于卖家而言，就等于该商品自己可以进货的数量，如开始进货5件，但供货商能够长期提供货源，那么这里就可以多填写一点，避免在网店中由于库存数目不足而无法销售。

商品信息在很大程度上影响着商品的销售，因此设置上述信息时，广大卖家应该力求做到细致、精确，从而能够将当前商品的详细信息提供给买家。

任意填写之处

知识加油站

在"商品信息"区域中，"货号"与"商家编码"两项内容可以任意填写，只要能便于自己区分商品与商家来源即可。如果是网店代销，那么货号就最好与代销商提供的货号一致，这样便于以后联系代销商发货或询问是否有货等。

4 商品描述

商品描述是发布商品过程中最重要的一个环节，要销售商品的特色完全是在这里体现的，其中包括设置商品的缩略图片、具体的商品描述内容，以及提供全面的商品实物图片等，如右图所示。

"商品描述"区域是最直接的让自己销售的商品与买家面对面接触的地方。前面我们精心拍摄处理的各种宝贝图片，都会在这里进行展示，因此一定要引起足够的重视。

宝贝图片的大小可调整

知识加油站　在"宝贝描述"中插入图片后，如果图片大小不合适，那么可以拖动图片边框对图片大小进行调整。

5 物流信息

网上交易的商品都是通过物流来进行运输的，常见的运输方式主要有平邮、快递以及EMS，在这里我们需要根据自己商品的情况（主要取决于重量与体积）来设置相应的运费。

对于单件商品的运费，设置是非常简单的，只要先选择自己的所在地（商品发货地），并选择运费承担方，一般是"买家承担运费"，选中"平邮"选项，然后分别设置不同运输方式的价格即可，如下图所示。

物流运费的价格，我们可以在网上查询，或者到邮局、快递公司进行咨询，然后根据自己当地的价格来填写，也可以参考其他同类商品卖家的运费价格。毕竟"商品总价=销售价+运费"，所以运费的精确度上，我们可以不必太过深究，只要保证了商品的利润，就算运费多一点也没有关系，这样反而还会吸引买家注意。

宝贝运费模板

知识加油站

　　我们开网店后，往往会发布很多商品，这些商品的运费大致是相同的。为了以后方便，我们还可以在淘宝"卖家中心"中选择"运费模板"，为某类商品设置专门的运费模板，以后发布商品时只要选择此模板即可。

6 其他信息

最后需要设置的是关于商品发布与销售的其他信息，具体选项介绍如下。

- **有效期**：当前发布商品的有效时间，可以选择6天或14天，因为淘宝搜索排行会受到上架时间影响，因此建议选择6天，以增加商品上架频率。
- **开始时间**：包含"立刻"、"设定"以及"放入仓库"3个选项。"立刻"表示发布商品后马上上架销售；"设定"表示并不会立即上架销售，卖家可以在右侧设置商品发布后的自动上架时间；"放入仓库"表示商品发布后不是上架销售，而是放入到仓库中，当需要上架时，卖家可进入到仓库中将商品上架。
- **发票与保修**：当前商品在销售时，是否能提供发票以及保修服务，需如实填写。
- **橱窗推荐**：普通店铺拥有5个橱窗推荐位，将商品放到橱窗推荐位中，买家可以更优先看到商品信息。我们可以将最合适的商品放到橱窗推荐位中，也可以先不设置，以后需要时再进入到"我的淘宝"中进行设置。

6.2.2 以"一口价"方式发布宝贝

淘宝网中提供了"一口价"与"拍卖"两种销售方式，其中"一口价"是指提供固定的商品价格，买家可以以此价格立即购买商品。下面来看"一口价"发布宝贝的具体操作步骤。

光盘同步文件

同步视频文件：光盘\同步教学文件\第6章\6.2.2.mp4

① 单击"发布宝贝"链接。

登录淘宝"卖家中心"，单击"发布宝贝"链接，如右图所示。

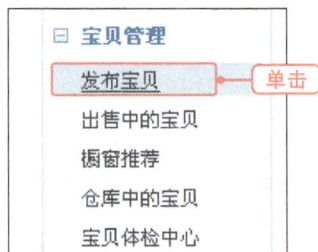

□ 宝贝管理

　发布宝贝 ◄—— 单击

　出售中的宝贝

　橱窗推荐

　仓库中的宝贝

　宝贝体检中心

② 单击"一口价"按钮。

❶ 单击"一口价"按钮；❷ 为自己发布的宝贝选择正确的类别；❸ 单击"我已阅读以下规则，现在发布宝贝按钮，如下图所示。

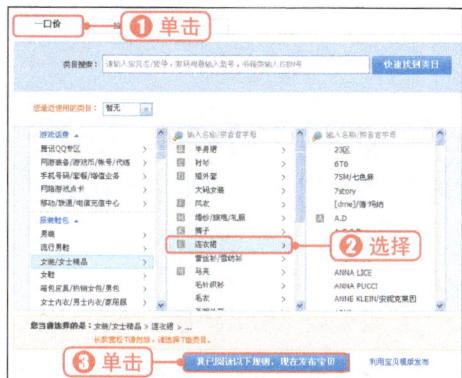

③ 设置宝贝基本信息。

❶ 选择宝贝类型为"全新"；❷ 设置宝贝的其他属性，如下图所示。

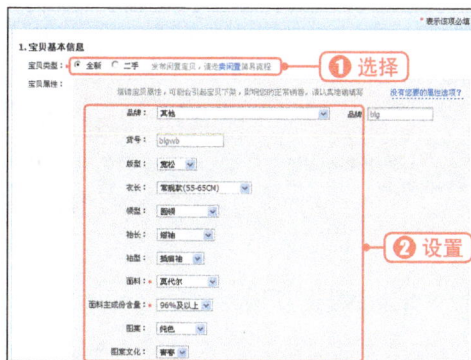

④ 选择宝贝相关属性。

继续设置宝贝的相关属性，如下图所示的流行元素、风格、适合人群年龄段等。

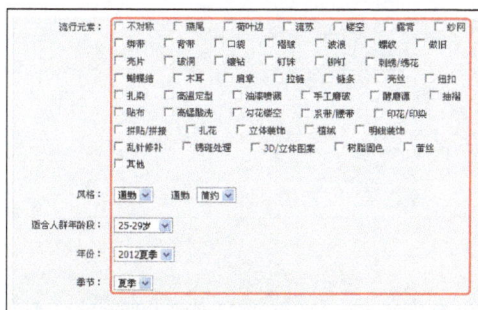

疑难解答

问：自己销售的服装不是品牌怎么办？

答：一般情况下，如果自己销售的服装不是品牌，可以选择"其他"。如果是自己创建的品牌，可以在"其他"下方输入自己创立品牌的名称。

⑤ 设置宝贝销售属性。

设置宝贝的标题、价格、颜色（可同时上传宝贝颜色图片）、尺码、数量等信息，如右图所示。

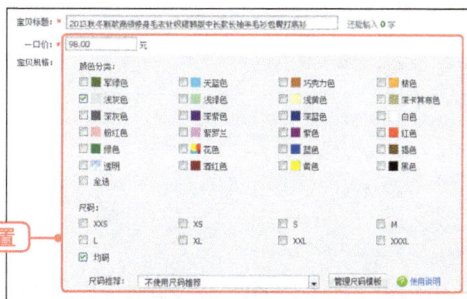

6 上传宝贝图片。

单击"上传新图片"按钮，为当前宝贝上传图片，如右图所示。

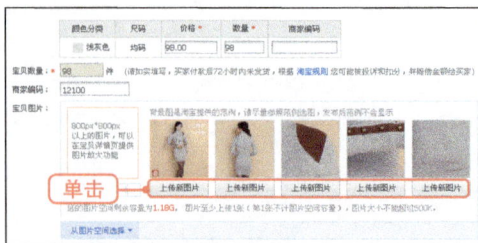

问：这里还可以上传视频吗?

疑难解答

答：淘宝支持视频展示宝贝，但一般情况下不建议上传这种视频，因为目前国内的带宽有限，视频会拖慢买家打开商品页面的速度。

---

7 进行宝贝详情页设置。

在文本编辑框，输入宝贝的详细描述和图片信息，让买家更形象地了解自己的商品，如下图所示。

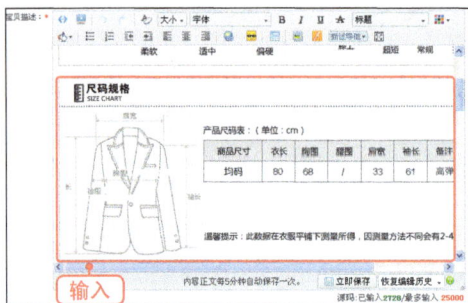

8 设置分类、物流信息。

设置宝贝在店铺中的分类、物流信息以及售后保障信息，如下图所示。

---

9 设置"橱窗推荐"。

❶ 继续设置其他信息；❷ 同时选择是否将此宝贝加入"橱窗推荐"；❸ 单击"确认"按钮，如下图所示。

10 成功发布页面。

发布成功，自动进入宝贝显示页面，在这里可以观察当前的宝贝发布后效果，如下图所示。

橱窗推荐

知识加油站　　通过"橱窗推荐"的宝贝，将比店铺内其他宝贝获得更多的展现机会，但是每个店铺的橱窗个数是有限的，只有合理安排要推荐的宝贝，才会获得更多的买家光顾。

在发布商品过程中，我们需要完善商品的各种资料，其中商品的名称与价格是吸引买家最关键的因素。除了认真完善各种商品资料外，我们在对商品的命名以及商品价格的定制上，还应该掌握一定技巧。

① 具备吸引力的商品名称

我们知道，买家在购物网站浏览商品时，首先关注的就是商品缩略图片与商品名称。一个诱人的商品名称，不但能增加商品的浏览量，还能激起买家的购买欲望。在对商品的命名上，提供以下几点建议。

- 在商品名称前加上自己店铺的名称，建立自己的品牌形象。
- 知名品牌商品，建议在商品名称前添加品牌名称，从而通过品牌自身的影响力来吸引买家。
- 尽可能在商品名称中添加能表现商品特性的内容，如"新款上市"、"商品质地"、"商品风格"等信息。
- 对于一些商品，尽可能在名称中表现出个性、时尚、潮流等特性；季节性或者时间性强的商品，也可以在商品名称中展现出来。
- 实时掌握热门关键词语，并将其与商品名称关联起来，增强买家的关注程度。
- 最重要的一点，就是商品名称的独特性。在购物网站中可能有很多商家都销售同类商品，那么我们为自己的商品赋予一个独特的名称，不但能在同类商品中彰显个性，而且能避免买家通过商品名称与同类商品价格对比。

② 合理的商品价格

商品的价格也是影响买家购买的重要因素之一。网店商品的竞争力是非常大的，往往一件商品有很多卖家在销售，如果商品其他方面相同，那么价格低的卖家就更容易把商品卖出去。这里我们并不是建议绝对低价，价格太低，反而会让买家产生质疑。针对商品定价，提供以下几条建议。

- 多对比同类商品不同卖家的价格，定价不宜比平均定价太高或太低，要从中找到最佳切入点。
- 运费与定价合理中和，在商品销售总价不变的情况下，巧妙把握买家心理，降低商品价格，提高运费；或者降低运费，提高商品价格。
- 对于一些采用计量单位的商品，可以采用较小的单位来计量，如茶叶商品的价格为200元1千克，那么可以改为10元50克。
- 掌握买家的价格心理，如定价200元与198元，只悬殊2元，但从买家心理而言，198元属于"100多"，就更容易让买家购买。

6.2.3 以"拍卖"方式发布宝贝

"拍卖"是指商品仅设置最低起拍价，让买家竞价购买，在指定的拍卖时间内，出价最高的买家可以购买到该商品。一般情况下，"拍卖"方式在店铺搞活动促销时使用。

光盘同步文件

同步视频文件：光盘\同步教学文件\第6章\6.2.3.mp4

① 选择拍卖类型。

❶ 在发布页面，单击"拍卖"按钮；**❷** 选择发布的商品类目；**❸** 单击"我已阅读以下规则，现在发布宝贝"按钮，如下图所示。

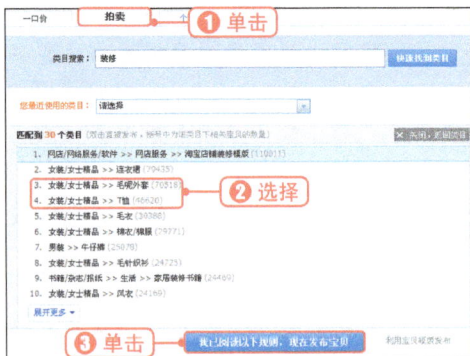

② 设置相关信息。

❶ 按照发布新品的方法设置宝贝类型属性以及添加标题；**❷** 选择拍卖方式，并设置起拍价格，如下图所示。

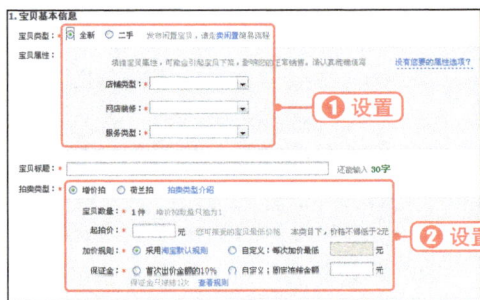

③ 确认进行拍卖。

按照新发布宝贝方法，设置其他信息，然后单击"确认"按钮，发布拍卖产品，如右图所示。

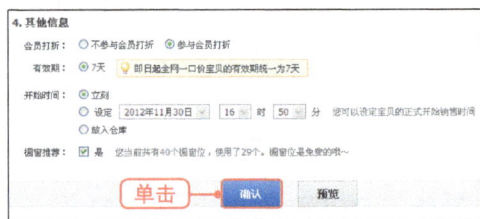

淘宝拍卖主要可以分为"增价拍"和"荷兰拍"两种类型。

① 增价拍

该拍卖类型允许卖家设置参加拍卖的宝贝起拍价和加价幅度。买家可根据自己实际情况，输入系统需要的最低价格，也可以输入自己可以接受的最高价格，让系统代理出价。拍卖结束时，出价最高者获得宝贝。

② 荷兰拍

多件相同宝贝参加拍卖，价高者优先获得宝贝，相同价格先出价者先得，最终商品成交价格是最低成功出价的金额。如果宝贝的拍卖数量大于出价人数，则最终按照起拍价成交。如果最后一位获胜者可获得的宝贝数量不足，则可以放弃购买（注：买家不能使用系统代理出价）。

知识加油站

起拍价格、加价幅度和宝贝数量设置

起拍价格一定要足够吸引人，越低越好；加价幅度可以选择系统自动加价，也可以自定义每次的加价幅度；最后宝贝数量一定要填写正确，否则到时候本来只是做活动赚人气，但是数量设置失误，被买家拍下却不得不发货是得不偿失的。

疑难解答

问：拍卖的价格太低，我能够取消交易吗？

答：不能。淘宝规定，如果卖家选择了拍卖的方式出售商品，只要有人拍下并付款，不管卖家是盈还是亏，都是需要进行交易的；否则，按违规处理。

6.2.4 修改发布的宝贝

对于发布后的商品，如果需要调整，那么还可以对商品进行各种编辑，包括修改商品、完善资料等。总之，只要是发布商品时填写的资料，都可以重新编辑的。一般来说，出现以下几种情况时，我们就需要对商品进行编辑了。

- **商品分类错误：**这个是非常重要的，错误的分类就表示买家可能搜索不到发布的商品。如果发布商品时分类错了，就需要立即更改。
- **商品名称更换：**如果之前填写的商品名称不是很恰当，或者发布后想到更好的名称，就可以对商品名称进行更改。
- **商品颜色、款式、规格的变化：**一款商品往往有多个规格，当某个规格销售完或有新的型号后，就需要删除或添加型号。
- **商品价格变化：**在商品销售过程中，如果觉得之前定价不合理或促销商品时，就需要对价格进行相应调整。
- **运费调整：**如果商品运费发生了变化，那么也需要相应调整，如某件商品促销时卖家承担运费，或者降低/增加运费时。
- **完善商品资料：**发布商品时，没有提供全面的商品资料，如没有详细选择商品属性、开店前发布商品时没有上传图片等，也需要后期对商品资料进行完善。

光盘同步文件

同步视频文件：光盘\同步教学文件\第6章\6.2.4.mp4

① 单击"出售中的宝贝"选项。

进入"卖家中心"，在左侧列表中单击"出售中的宝贝"选项，如下图所示。

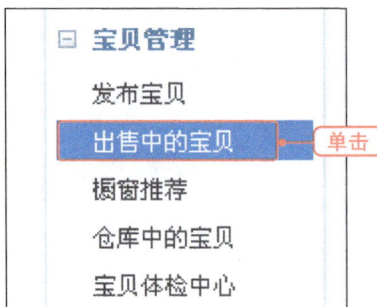

② 单击"编辑宝贝"链接。

此时页面中将显示所有商品列表，在这里可以修改宝贝名称、价格、数量。如果需要修改详细信息，则单击右侧的"编辑宝贝"链接，如下图所示。

③ 进行宝贝信息修改。

接下来将进入到商品编辑页面，在该页面中对商品信息进行相应的修改或完善，然后单击"确认"按钮，即可修改成功。具体方法与发布商品的方法完全相同，只要重新选择相应选项、更改内容或者上传图片即可，这里不再赘述。

6.3 使用淘宝助理批量发布宝贝

在线发布商品到网店中，有时可能会由于网络原因导致之前编辑的信息丢失；而淘宝助理软件则可离线完成商品信息的编辑和保存，再批量发送到个人网店中，相当方便。

6.3.1 认识淘宝助理

随着店铺开张时间的延长，我们需要发布的商品也越来越多，这时登录到店铺中逐个发布商品就比较麻烦，并且商品多了，还需要对商品进行各种管理。淘宝网为此提供了淘宝助理工具，用户可以输入网址http://zhuli.taobao.com下载。

卖家可以使用该工具直接批量编辑、发布商品，以及对商品进行各种管理。下图所示为最新的"淘宝助理5"。

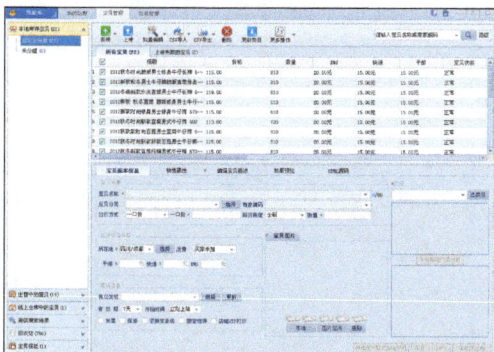

简单地说，淘宝助理就是一款离线管理和发布淘宝网店宝贝的实用工具。不管是宝贝发布、编辑、发货，还是上传商品图片等操作均可批量处理，所以这里推荐每一位淘宝卖家都使用此工具。

目前的新版"淘宝助理5"分为"我的助理"、"宝贝管理"、"交易管理"3个版块。不同版块功能不一样，其中主要用到的就是"宝贝管理"版块界面，在这里可以实现宝贝的上传、下载、修改等管理。

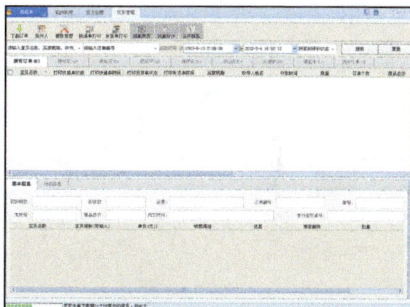

6.3.2 登录淘宝助理

在电脑中安装淘宝助理后，通过对应的"开始"菜单命令或桌面图标即可启动淘宝助理。启动后，需要使用淘宝账户名来登录。

光盘同步文件

同步视频文件：光盘\同步教学文件\第6章\6.3.2.mp4

① 启动淘宝助理。

双击桌面上的"淘宝助理"图标，如下图所示。

双击

② 登录淘宝助理。

❶ 打开"淘宝助理"登录窗口，在"会员名"与"密码"框中分别输入对应的淘宝账户与登录密码；**❷** 单击"登录"按钮，如下图所示。

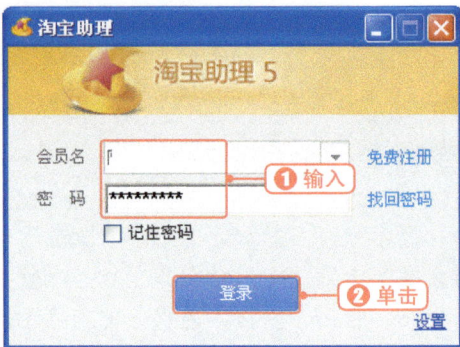

保存密码

知识加油站 如果经常在一台电脑登录淘宝助理，那么可以在输入会员名与密码后，勾选"保存密码"复选框，这样以后登录时就无需输入密码了。

③ 登录到淘宝助理界面。

稍等片刻，即可登录到淘宝助理，登录后的界面如下图所示。

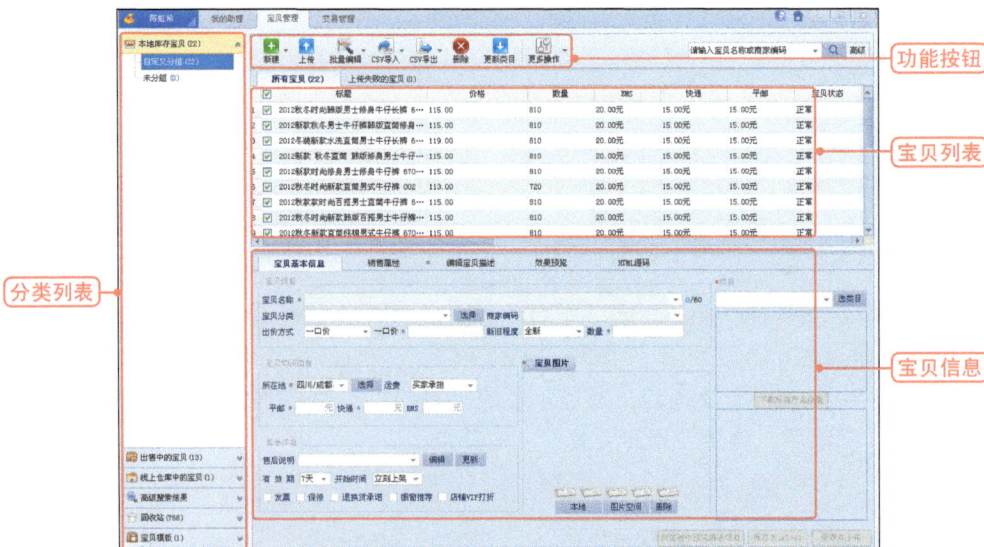

6.3.3　创建并上传宝贝

淘宝助理软件可以实现网店商品的离线编辑和上传，同时也可解决在线上传宝贝时容易出现的断线、网络故障等问题的影响，不至于把辛苦编辑的商品资料丢失。

光盘同步文件

同步视频文件：光盘\同步教学文件\第6章\6.3.3.mp4

① 新建空白模板。

❶ 在左侧单击"本地库存宝贝"；
❷ 单击"新建"按钮，如下图所示。

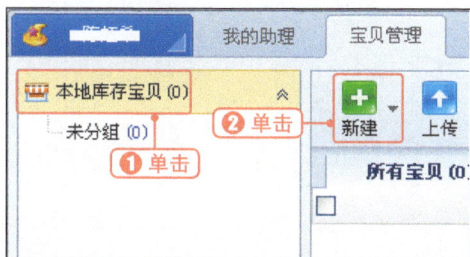

② 设置宝贝常规信息和价格。

❶ 打开编辑界面，输入宝贝名称；
❷ 设置宝贝新旧程度、数量以及宝贝价格等信息，如下图所示。

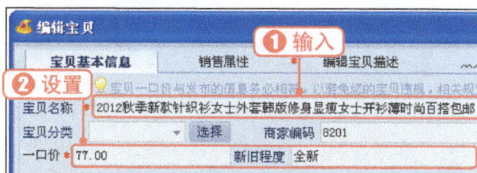

疑难解答

问：店铺中已经设置了分类，为什么在淘宝助理中无法选择宝贝分类？

答：出现这种情况，一般是因为用户没有对淘宝助理的数据进行更新所致，也就是淘宝助理的数据和店铺不同步，此时可单击"更新数据"按钮进行更新。

③ 设置宝贝物流信息等。

❶ 设置宝贝出售的物流信息；❷ 设置其他信息，如下图所示。

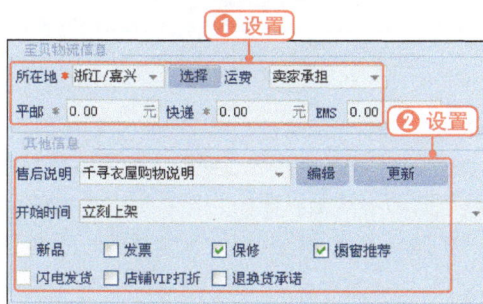

④ 单击"选择图片"按钮。

上传商品的缩略图片，在"宝贝图片"区域中单击"选择图片"按钮，如下图所示。

⑤ 设置分类类目和关键属性等。

❶ 在右侧设置宝贝的分类类目；**❷** 设置宝贝的其他关键属性，如下图所示。

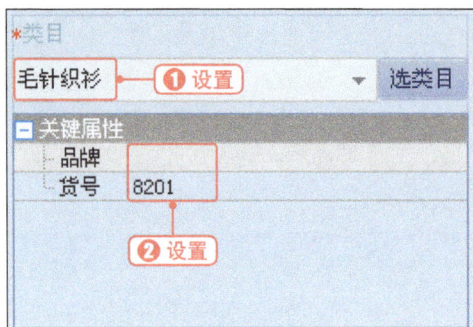

⑥ 设置宝贝各种非关键属性。

设置宝贝的非关键属性，包括主图来源、风格、流行元素等，如下图所示。

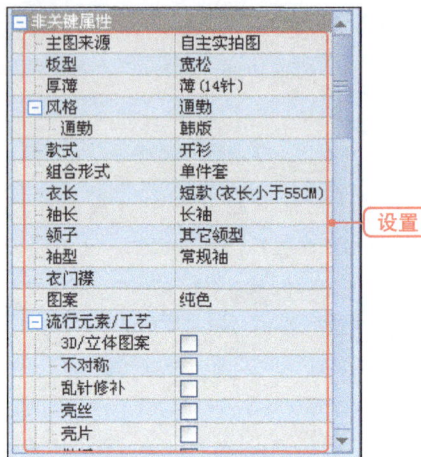

⑦ 编辑宝贝颜色等属性。

❶ 单击"销售属性"标签；**❷** 在这里设置商品的其他属性，如颜色、尺寸、数量等，如下图所示。

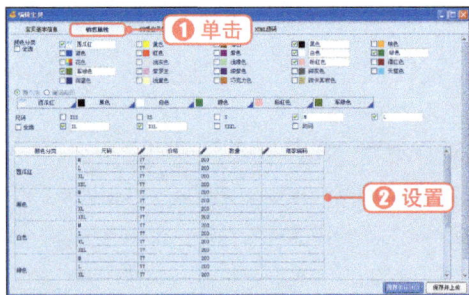

⑧ 编辑宝贝描述。

❶ 单击"编辑宝贝描述"标签；**❷** 输入宝贝详细介绍内容；**❸** 完成后单击下方的"保存并上传"按钮，如下图所示。

问：为什么"销售属性"的选项会不一样？

疑难解答

答： 因为不同类别商品的销售属性是不同的，这里以服装为例，所以出现的是服装属性。如选择数码产品，这里会出现颜色和视听套餐选项，依此类推。

6.3.4 导入宝贝数据包

前面我们已经介绍过，出售虚拟商品或者分销供货商的商品都不需要自己提供宝贝资料，一般情况下其官方或者上级供货商手中都会有一份最新的宝贝数据包，我们要做的就是直接将其下载到电脑，然后利用淘宝助理将其上传到自己的店铺中进行销售就行了。下面来看看具体的数据包导入方法。

光盘同步文件

同步视频文件：光盘\同步教学文件\第6章\6.3.4.mp4

① 导入数据包。

❶ 打开软件，单击左侧的分组；❷ 右击右侧空白处；❸ 选择"从CSV文件导入（增加为新宝贝）"命令，如下图所示。

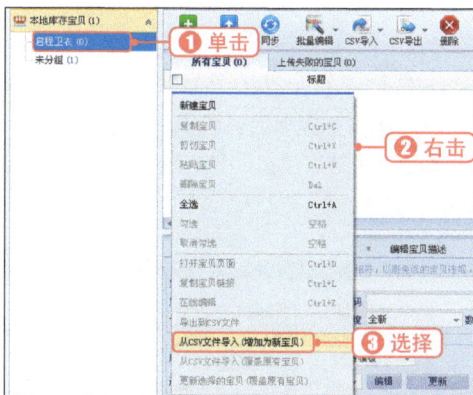

② 选择淘宝数据包。

打开csv file对话框，选择数据包，单击"打开"按钮，如下图所示。

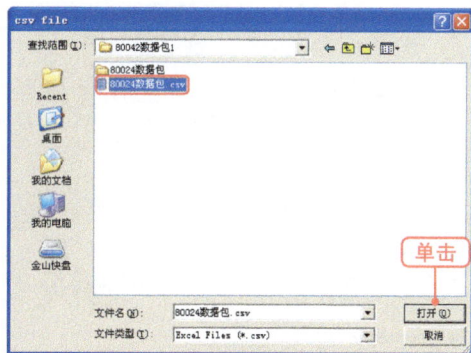

宝贝数据包

知识加油站

代理商所提供淘宝数据包的格式为.csv，一般需要从代理商网站下载并解压到自己电脑中，然后使用淘宝助理导入。

③ 解压数据包文件。

导入成功，单击"确定"按钮，如右图所示。

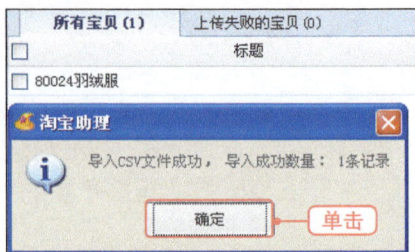

6.3.5 批量编辑宝贝

无论是卖家自己创建的商品信息，还是从数据包导入的商品信息，都可以在淘宝助理中随时进行修改与调整。修改某个商品信息时，只要在右侧上方的商品列表中选中该商品，商品列表下方各个选项卡中就会显示出该商品对应的选项，包括基本信息、销售属性、描述信息等；修改时只要切换到相应的选项卡对各个选项直接进行修改即可。

修改商品信息的方法与新建商品信息完全相同，只是修改完毕，记得单击"保存"按钮，确认修改。另外，当商品被修改并保存后，商品列表中显示的商品名称即变为蓝色字体，从而便于用户区分。

如果创建的商品信息过多，单独进行修改就比较烦琐，此时可以利用淘宝助理的批量编辑功能来同时对多件商品进行批量编辑与修改。

光盘同步文件

同步视频文件：光盘\同步教学文件\第6章\6.3.5.mp4

① 选择"宝贝名称"命令。

❶ 选择要批量编辑的宝贝；❷ 单击"批量编辑"按钮；❸ 选择"宝贝名称"命令，如下图所示。

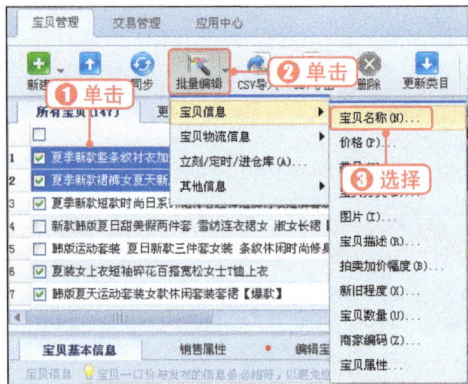

② 设置宝贝名称前缀。

❶ 选择更改方式；❷ 修改前缀内容；❸ 单击"保存"按钮，如下图所示。

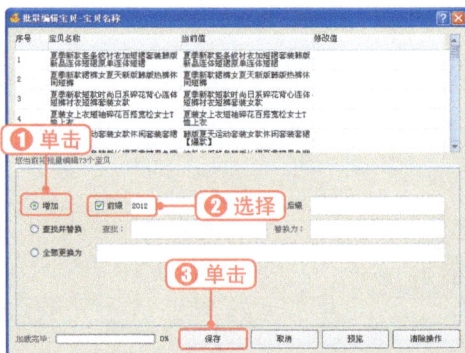

Chapter 01 Chapter 02 Chapter 03 Chapter 04 Chapter 05 Chapter 06 Chapter 07 Chapter 08

疑难解答

问：为什么我选择了多个商品，但所有批量修改都没法使用呢？

答：批量编辑商品前的选择商品操作，并不是选中商品前的复选框，而是直接单击商品名称来选中商品（被选中的商品会显示为蓝色）。选中商品前的复选框并不能使用批量编辑功能。

6.4 让新发布的宝贝获得更多人气

淘宝网中有数十亿商品，但每页搜索的结果都只能展示几十个商品，也只有当商品排名靠前时才容易被买家看到，获得比较大的曝光率，所以适当的宝贝发布技巧可以增加商品的曝光率，从而增加销量。

6.4.1 巧妙安排宝贝发布时间

淘宝现在的规则是，默认状态下，商家越接近下架的商品会优先显示在最前方，这样不管你是新开店铺的掌柜，还是皇冠、金冠的大卖家，都能够公平地让自己的宝贝在下架之前尽可能展示给买家。

因此在淘宝开店，商品上架的时机选择非常需要技巧，并不是随便地把商品上架到商铺里，而是应该掌握人们上网时段的"高峰期"，让商品在"上网高峰期"上架；7天后的高峰期宝贝就会自动下架，这样就能够展示在最好的位置，如果让店铺宝贝在这7天内均匀发布，那么每天都会有下架商品，每天都有免费流量。

淘宝网购物是有时间段的，不同的时间段有不同的网络流量。11:00—17:00，19:00—23:00，这两个时间段是上网人流量最大的高峰期，具体流量高峰可以参考下图所示。

买家什么时候来				
选择时间： 昨天 最近7天 **最近30天**				
数据概况				
高峰来访时段TOP1	高峰来访时段TOP2	高峰来访时段TOP3	高峰来访时段TOP4	高峰来访时段TOP5
15:00 - 16:00	**16:00 - 17:00**	**14:00 - 15:00**	**13:00 - 14:00**	**11:00 - 12:00**
来访人数：3,048,223	来访人数：3,036,419	来访人数：2,981,573	来访人数：2,868,385	来访人数：2,848,851

"黄金时段"上架是被很多店主忽视的细节，会影响店铺流量；用好这个技巧，就能为店铺带来更大的流量。

不要集中发布同类产品

知识加油站　　　　在同一时间上架的商品最好是不同种类的商品，这样使你的宝贝有更多的机会展示在更多的买家面前。这需要在上架前把宝贝分好类。

如果今天全部发布T恤，明天全部发布连衣裙，后天发布牛仔裤，那么T恤在第一天曝光了，第二天、第三天没有发布T恤这类的宝贝，这个分类下的商品在这两天时间中就没有排名靠前的商品了，买家就会捕捉不到，这就浪费了两天的机会。

6.4.2　合理设置宝贝橱窗推荐

在淘宝开店，可以上传任意数量的商品，几百个，甚至几万个。但橱窗推荐位限制每个卖家都只有固定的数量，则每一个被推荐上橱窗的宝贝排名将会大大提前，更多地展示在淘宝的搜索页中。所以卖家要达到搜索流量的最大化，必须利用好每一个橱窗位，不要让它空出来浪费一分一秒才是正道。首先要把这个最基本的橱窗资源利用好，再采用其他的付费推广方式。

那么哪些宝贝适合做橱窗推荐呢？笔者研究发现，新开的店铺两个同时要下架的商品，被推荐的商品明显展示在最前面，而没有推荐的快下架商品则排名落后很多，基本不会被顾客发现，因此，尽可能地让橱窗推荐位去推荐你将要下架的宝贝，这样可以获得更多免费流量。

淘宝网店利用橱窗推荐具有很强的灵活性，可针对自己店铺的情况酌情使用。只有充分了解橱窗推荐的性能，才能够做到活学活用，并相信合理利用橱窗推荐一定会给网店带来意想不到的收益。

好的店铺需要一个好的门面

本章导读

发布商品到店铺以后，买家就能进入我们的店铺进行查看，而作为掌柜，接下来要做的就是对店铺进行"装修"，让店铺更漂亮一些，以增加给买家的良好印象。在淘宝中，只要装修得当，可以为自己的店铺带来不错的买家流量，进而转化为收益。

知识技能要求

通过本章内容的学习，读者能够学习到如何进行店铺的基本设置，同时还能够学习到如何购买以及装修淘宝旺铺。学完本章内容后，大家需要掌握的相关技能知识如下：

❖ 店铺的基本设置
❖ 淘宝旺铺让你的生意旺起来
❖ 淘宝网店的装修思路
❖ 美化旺铺的常规方法
❖ 轻松打造个性旺铺

7.1 店铺的基本设置

淘宝网提供的"店铺基本设置"功能可以帮助卖家快捷、方便地完成各项店铺设置操作，如店铺的介绍、店铺店标的更换、手机淘宝店铺信息完善等，下面分别来进行介绍。

7.1.1 店铺基本信息设置

我们在申请网店时，就需要设置店铺的一些基本信息。当店铺开张后，如果有更好的店名和介绍内容，那么随时就可以进行更换。

> **光盘同步文件**
>
> **同步视频文件：** 光盘\同步教学文件\第7章\7.1.1.mp4

① 单击"店铺基本设置"链接。

在"我是卖家"的"店铺管理"栏目下，单击"店铺基本设置"链接，如下图所示。

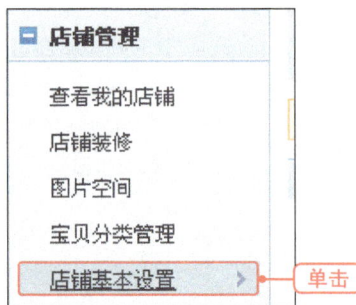

② 设置搜索关键字。

❶ 输入店铺名称；❷ 单击"上传图标"按钮，上传自己的店铺店标，如下图所示。

③ 设置其他信息。

按照开店时介绍的方法，进行其他店铺信息修改即可。

> **店铺基本设置说明**
>
> **知识加油站**　与实体店不同，在经营过程中，卖家可以随时修改自己的店铺名称、经营类型、公告说明等，这不需要一点成本。另外，最开始开店是不能修改店铺名称的，开店成功后也需要返回这里设置名称。

问：什么是店铺店标？

疑难解答

答：所谓店标，就是店铺的标志，也就是我们常说的LOGO标志，如腾讯网的QQ标志、搜狐网的狐狸标志等。

7.1.2 开通2级免费域名

所谓域名，就是指平时我们打开网站的网址，如www.taobao.com，就是一个顶级的域名。而这里我们要开通的2级域名，则是在顶级域名下，将www替换成任何我们所想要自定义设置的字母，如92on.taobao.com。

光盘同步文件

同步视频文件：光盘\同步教学文件\第7章\7.1.2.mp4

① 单击"域名设置"链接。

在"店铺管理"栏下单击"域名设置"链接，如下图所示。

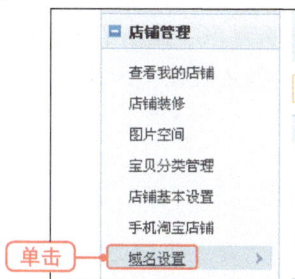

② 设置自定义域名。

❶ 输入自己要自定义的字母或数字；
❷ 单击"查询"按钮进行查询，如下图所示。

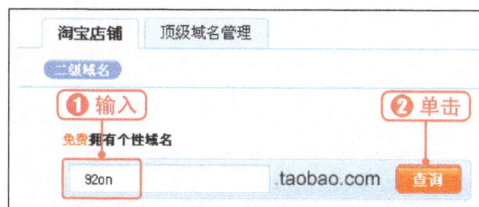

个性域名

知识加油站

域名只能由字母和数字组成，不能包含字符、空格等。另外，由于注册的人过多，因此重复的域名是不能通过的，大家在自定义设置时可以选择一些特别的域名。

③ 提示域名可以成功申请。

如果提示成功，则直接单击"申请绑定"按钮，如右图所示。

④ 确认淘宝域名使用规则。

❶ 阅读淘宝域名使用规则，确认后勾选"同意以上规则"复选框；❷ 单击"确定"按钮，如右图所示。

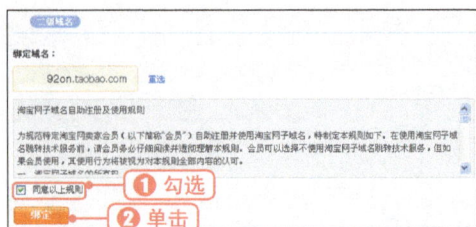

⑤ 成功绑定域名。

稍等片刻，提示绑定域名成功，以后卖家通过访问这个网址即可浏览我们的店铺了。

7.2 淘宝旺铺让你的生意旺起来

开通店铺以后，还需要进行装修。淘宝针对不同的用户，提供了多种不同的店铺版本，而这些可供装修的店铺版本名称，统称为"淘宝旺铺"。

7.2.1 什么是淘宝旺铺

淘宝旺铺是淘宝开发的一项增值服务，能够提供相比普通店铺更加个性、豪华的店铺界面，使得顾客购物体验更好，更容易产生购买欲望。

2014年以前，淘宝旺铺分为很多种版本，为了更好地区分和统一，淘宝推出新旺铺，以进行取代，主要有专业版旺铺和基础版旺铺，如下图所示。

新旺铺是淘宝未来主要推广的旺铺形式，拥有强大的功能，自由拓展性高，按需付费，同时新旺铺分为两种，一个是新旺铺基础版，所用淘宝用户都可以免费使用；另一个是新旺铺专业版，1钻以下免费使用，1钻以上每月收费50元，并且能够搭配更多其他付费功能一起使用。

- **新旺铺专业版：** 拥有最完全的功能，可以实现卖家的各种功能装修需求，还提供各种SNS营销功能，非常强大。

● **新旺铺基础版**：拥有基本的装修功能，不能更换店铺背景，自定义模块较少，最主要的是取消专业版中的各种SNS营销功能。

知识加油站 淘宝新旺铺说明

新旺铺是淘宝在2012年推出的一种全新旺铺版本，它取代了以前的扶植版旺铺、虚拟版旺铺，甚至标准版旺铺，只使用免费版本就基本可以实现卖家的各种功能装修需求，而专业版还提供各种SNS营销功能。

7.2.2 申请开通旺铺

对于新手卖家来说，可以直接使用新旺铺。而如果想要使用付费版旺铺，则可以按照下面的方法进行开通。

光盘同步文件

同步视频文件：光盘\同步教学文件\第7章\7.2.2.mp4

① 单击"旺铺专区"图标。

输入http://fuwu.taobao.com/，进入淘宝"卖家服务"页面，单击"旺铺专区"图标，如下图所示。

② 单击"版本对比"按钮。

❶ 单击"版本对比"按钮；❷ 单击淘宝旺铺标准版下的"立即订购"按钮，如下图所示。

③ 选择订购期限。

选择订购期限，如这里选择"半年"，如右图所示。

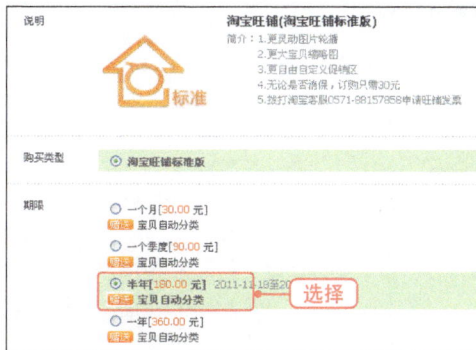

④ 单击"付款"按钮。

❶ 勾选"我已阅读并同意 淘宝旺铺服务协议"复选框；❷ 单击"付款"按钮，如下图所示。

⑤ 单击"去支付宝付款"按钮。

确认支付信息，单击"去支付宝付款"按钮，如下图所示。

会员名：．．．．
应付总价：180.00元
账户余额：0.00元

您的账户余额不够完成此次支付，淘宝将引导您至支付宝页面完成剩余款项付款。

使用支付宝账户支付180.00元

去支付宝付款　　单击

⑥ 输入支付密码进行支付。

❶ 输入支付密码；❷ 单击"用支付宝账户付款"按钮，如下图所示。

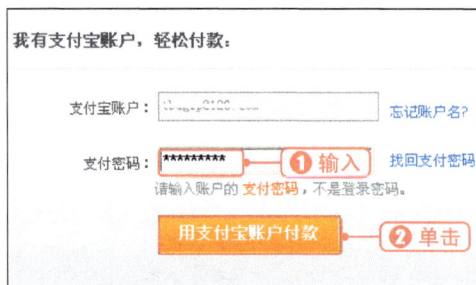

我有支付宝账户，轻松付款：

支付宝账户：　　　　　　　　　忘记账户名？
支付密码：********　　❶ 输入　　找回支付密码
请输入账户的 支付密码，不是登录密码。

用支付宝账户付款　　❷ 单击

⑦ 选择网上银行。

选择网上银行，单击"下一步"按钮，如下图所示。

1、确认付款信息 →2、付款 →3、付款完成

订单名称	收款方	订单金额
订单缴费/账户充值 详单	淘宝（中国）软件有限…	90.00 元

您的支付宝账户：　　　　　　可用余额：0.00 元　账户充值

❶ 您的账户没有可用余额，请使用其他方式付款，或充值后付款。

您可以使用其他方式付款：　**储蓄卡**　信用卡　网点

选择您的付款方式
网上银行　◎ **交通银行**　　选择其他

下一步　　单击

⑧ 单击"登录到网上银行付款"按钮。

单击"登录到网上银行付款"按钮，如右图所示。

付款方式：　**交通银行** 储蓄卡　　支付 90.00 元

登录到网上银行付款　　单击

选择其他方式付款

疑难解答

问：为什么我单击"用支付宝账户付款"按钮后就直接付款，而没有打开网上银行？

答：如果支付宝账户中还有余款，则这里会直接进行支付。如果余额不足，才会自动打开第7步操作页面，以提示用户通过网银进行旺铺余额的支付。

⑨ 输入网银账号信息等。

❶ 输入网银账号和附加码；❷ 单击"下一步"按钮，如下图所示。

交行太平洋卡支付

确认订单信息

订单号: 20110120000191191075　　订单时间: 20110120

商户名称: 支付宝　　　　　　　订单金额: 人民币 90.00

订单内容: --

☑本人已仔细核对商户订单信息无误，确定付款

银行卡号/支付卡号: [ ]　❶ 输入

附加码: [RGDAV] *RGDAV*

看不清？请点此刷新验证码

[下一步]　❷ 单击

⑩ 输入支付卡相应的手机号。

❶ 输入支付卡对应的手机号；❷ 单击"下一步"按钮，如下图所示。

交行太平洋卡支付

确认订单信息　　　　　　　核验信息:

订单号: 20110120000151151075　　订单时间: 20110120

商户名称: 支付宝　　　　　　　订单金额: 人民币 90.00

订单内容: --

请输入您支付卡对应的手机号码后3位.

1388****[557]　❶ 输入

❷ 单击 → [下一步]　　[返回]

知识加油站 支付卡对应的手机号

很多网上银行都支持手机支付服务，当我们输入支付用的手机号码以后，银行会发送动态密码到自己的手机。只有正确输入这个动态密码，才能进行网上交易活动，从而保障了网银的安全。

---

⑪ 输入交易密码等。

❶ 输入交易密码；❷ 输入手机收到的动态密码；❸ 单击"确定"按钮，如下图所示。

交行太平洋卡支付

确认订单信息　请注意核对！

订单号: 20110120000151151075　　订单时间: 20110120

商户名称: 支付宝　　　　　　　订单金额: 人民币 90.00

订单内容: --

银行卡号:

交易密码: [●●●●●] 换为　❶ 输入

动态密码: [05p5mw] （密码由　❷ 输入

23秒后可点击重发

❸ 单击 → [确定]　　[返回]

⑫ 打开确认订单信息页面。

此时会出现如下图所示的确认订单信息页面。

交行太平洋卡支付

确认订单信息　核对！

订单号: 20110120000151151075　　订单时间: 20110120

商户名称: 支付宝　　　　　　　订单金额: 人民币 90.00

订单内容: --

请点击"返回商城"按钮，通知商户支付结果

5秒后自动跳转

加交行点点通为您的MSN好友，支付成功及时提醒，网上支付更加安全！请点击这里加入

⑬ 支付宝交易成功。

自动返回交易页面，单击"完成付款"按钮，如下图所示。

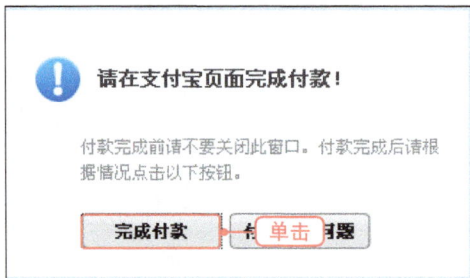

⑭ 订购旺铺成功。

自动返回订购页面，提示"软件服务订购成功"，完成旺铺的申请订购，如下图所示。

其他软件服务

知识加油站

在软件服务中，建议大家除了旺铺以外，还可以购买旺铺装修模块等其他软件服务，以帮助旺铺以最直观的方式显现在所有买家面前。

7.3 淘宝网店装修思路

由于所销售商品类型、风格不同，因此不同的卖家在装修自己店铺时，也需要结合自己销售的商品类型与风格来进行装修。不论卖家准备如何装修，毕竟我们装修店铺是为了吸引买家，因此都要遵循一个原则"简洁明快，清晰直观"。下面针对淘宝普通店铺装修提供一些建议，广大卖家在装修店铺时可以作为参考。

① 店铺与商品相得益彰

很多卖家在装修店铺时，并没有考虑到自己销售的是什么商品，而是单纯从店铺角度来进行设计，这是非常大的误区。装修店铺前，我们应该先根据自己所销售的商品来规划店铺到底要装修成什么样。整体风格、页面特色等让店铺与商品相得益彰，才会让买家觉得你的店铺更专业。

这里店铺风格建议与商品风格相协调，如销售时尚女装类商品，可以将店铺装修得清新、亮丽点，色调以粉色或淡蓝色为主；销售职业男装，则可采用时尚商务类店铺装修，并结合图案来进行设计；销售数码类商品，则店铺装修最好具有科技感。

② 店铺布局应凸显简洁

店铺装修的目的，不仅仅是为了吸引买家，同时也是为了便于买家浏览商品，因此店铺布局不宜设置得太复杂。很多卖家在装修店铺时，为了店铺美观而大量使用图片，殊不知太多的图片，会让买家眼花缭乱，很难有效地浏览到商品。这一点在商品分类中尤为重要，商品分类中的图片尽可能直观、简洁，让买家一眼就能看明白分类结构。

③ 店铺风格要做到协调

我们知道，淘宝店铺页面中包括了掌柜档案区、公告区、商品分类区等，不同的区域，在装修时都是单独设计的，最后放到页面中也就是将前面单独的设计拼合到一起。要知道买家进入店铺后，首先看到的是整个店铺页面，因此在设计各个对象时，就需要考虑到整体的协调性，包括风格、配色及采用的图案等。

一些协调的店面布局，可以让商品赏心悦目，买家在店铺停留的时间也会越久；反之，设计凌乱不堪的店铺，很难让买家长时间停留。

7.4 美化旺铺的常规方法

利用淘宝网的后台管理程序，就算是开店新手也能比较轻松地实现自己店铺的装修美化操作。下面以淘宝新旺铺为例，介绍具体的操作方法。

7.4.1 定位店铺风格

淘宝网为卖家的网上店铺内置了多种界面风格，以方便卖家在不同节日促销时、转换经营方向时来更换，让自己的网店随时有新鲜的面貌。下面来看看具体实现步骤。

> **光盘同步文件**
> 同步视频文件：光盘\同步教学文件\第7章\7.4.1.mp4

① 单击"店铺装修"链接。

在"店铺管理"栏目下，单击"店铺装修"链接，如下图所示。

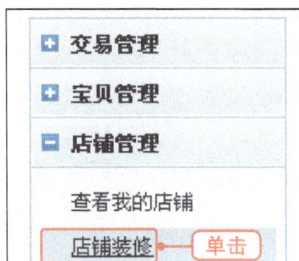

- ➕ 交易管理
- ➕ 宝贝管理
- ➖ 店铺管理

  查看我的店铺

  店铺装修 ◀— 单击

② 单击"样式编辑"选项。

打开装修页面，在顶部单击"装修"下的"样式编辑"选项，如下图所示。

旺铺2012　装修▼　商品分类▼

⚙ 模板管理

页面管理

样式编辑 ◀— 单击

当前使用的模

当前使用的模板

系统模板

模板管理

我购买的模板

装修分析

③ 更换模板颜色。

❶ 选择颜色；**❷** 单击"保存"按钮，如右图所示。

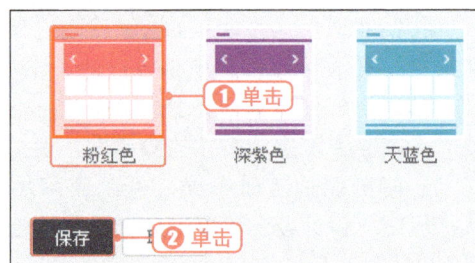

❶ 单击

粉红色　　深紫色　　天蓝色

保存　　❷ 单击

疑难解答

问：选择什么样的模板颜色好呢？

答：大家在设置模板时，最好根据自己所销售宝贝的分类、属性来进行选择，如出售儿童用品，可以选择活泼的绿色；出售女士用品，可以选择粉红等艳丽的颜色。

7.4.2　合理安排首页布局

淘宝店铺页面包含多种元素，如页头、店招、宝贝分类、宝贝展示区等，用户可以自由进行分配优化，让其更具有吸引力，增加买家的购买欲望。大图显示，可以让商品更有吸引力。

光盘同步文件

同步视频文件：光盘\同步教学文件\第7章\7.4.2.mp4

① 单击"页面管理"选项。

❶ 进入"店铺装修"页面，单击"装修"按钮；**❷** 单击"页面管理"选项，如下图所示。

② 单击"布局管理"按钮。

在打开的页面中，单击"布局管理"按钮，如下图所示。

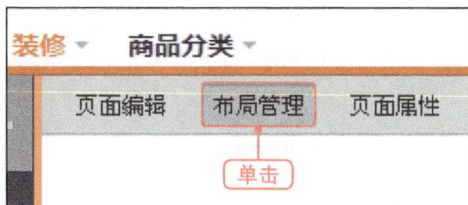

③ 设置首页模块。

根据需要，添加相应的模块，所有添加模块都会在首页页面中进行显示，并且这里的页面顺序是对应的；掌柜可以自由更改排列顺序，并在首页页面进行同步更新，如右图所示。

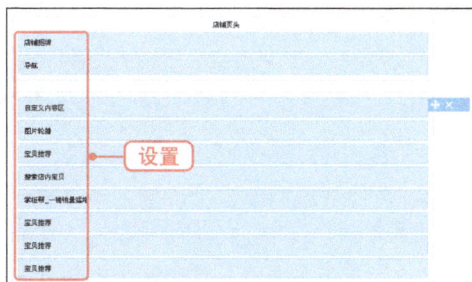

7.4.3 做好宝贝分类

当我们店铺销售的商品种类较多时，为了使商品更加直观及买家能够方便地分类浏览商品，就需要创建商品分类，并将所有商品分类放置。在淘宝网中，可以创建多个商品分类，并且每个分类下还可以嵌套多个子类别，如服饰的分类，既可以提供品牌分类，也可以提供用途分类（外套、裤子）等。

光盘同步文件

同步视频文件：光盘\同步教学文件\第7章\7.4.3.mp4

1 创建商品分类

我们来学习如何创建商品分类，具体操作步骤如下。

① 单击"宝贝分类管理"链接。

在"店铺管理"栏目下，单击"宝贝分类管理"链接，如下图所示。

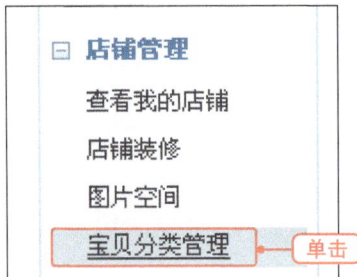

② 单击"分类管理"选项。

❶ 单击"商品分类"按钮；**❷** 单击"分类管理"选项，如下图所示。

调整栏目位置

知识加油站

直接按↑、↓键，也可以调整栏目的上下顺序位置；按←、→键则可以横向位移栏目。

---

③ 单击"添加新分类"按钮。

❶ 打开分类列表，在这里单击"添加新分类"按钮；**❷** 为增加的新分类输入新的名称；**❸** 单击"保存"按钮即可，如右图所示。

问：什么是子分类？

疑难解答

答：子分类就是当前大分类下，更为细分的列表形式。比如买家单击展开"上衣"分类列表，在其下会显示所有的上衣宝贝，数量过多就显得比较杂乱。而通过子分类，则可以将这些宝贝再次进行分类，让买家购买时能够更快、更直观地找到自己所需要的商品。

---

2 管理商品分类

创建商品分类以后，在上传宝贝时，就可以将对应宝贝归类到所属分类中，也可以按照下面的方法，对宝贝进行统一划分。

① 单击"宝贝分类"选项。

❶ 单击"商品分类"按钮；**❷** 单击"宝贝分类"选项，如下图所示。

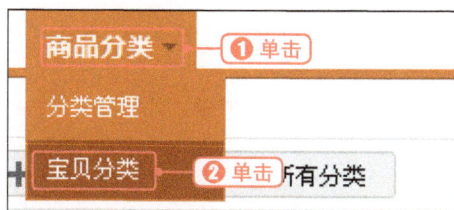

② 选择新的分类。

❶ 勾选要分类的宝贝；**❷** 单击"添加分类"；**❸** 选择刚新建的分类列表即可，如下图所示。

问：一个宝贝只能分配到一个宝贝分类里吗？

疑难解答

答： 不是的。一个宝贝可以被安排到多个宝贝分类中，如一件厚型上衣，可以分配到棉服、夹克、冬装分类中，这样可以增加宝贝的显示机会，从而提高宝贝成交量。

7.4.4 添加个性化装修模块

添加个性化装修模块也可以让商品更有吸引力。

光盘同步文件

同步视频文件： 光盘\同步教学文件\第7章\7.4.4.mp4

① 单击"添加模块"按钮。

进入"店铺装修"页面，在首页页面编辑状态下，单击"添加模块"按钮，如下图所示。

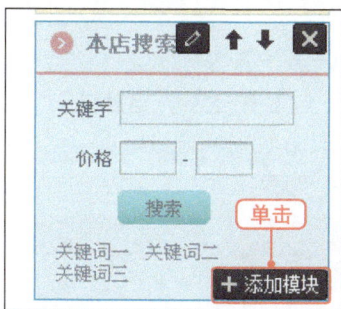

② 单击"店铺动态组件"。

在"添加模块"对话框的"基础模块"选项卡下，单击"店铺动态组件"右侧的"添加"按钮，如下图所示。

知识加油站 通栏与双栏

目前旺铺分为"950通栏"和"190+750双栏"两种，在什么地方单击"添加模块"按钮，就会在对应的栏目中增加对应尺寸大小的模块。

③ 单击"编辑"按钮。

添加新的模块成功后，返回"店铺装修"页面，单击模块右上角的"编辑"按钮，可以对当前模块进行编辑，如下图所示。

④ 设置尺寸。

❶ 设置店铺动态尺寸；❷ 单击"保存"按钮，如下图所示。

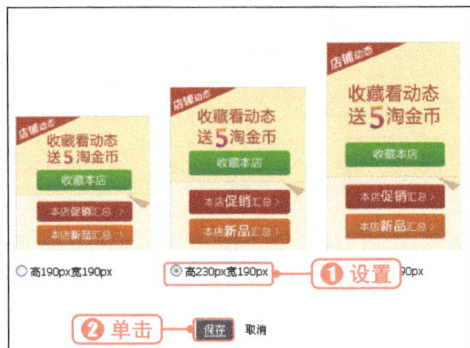

7.5 轻松打造个性旺铺

对店铺中各个页面的装修与设计，是旺铺设计中最重要的部分。我们可以灵活地对旺铺中的各个页面的布局、显示模块进行调整，同时针对这些模块进行装修与设计，使店铺视觉效果更好，更能吸引买家的眼球。

7.5.1 制作店铺LOGO

LOGO是徽标或者商标的英文形式，以前主要流行于各种公司品牌塑造中，但随着网络的兴起、发展，目前它在网络中也异常流行。尤其是作为电商的淘宝店长，为自己的店铺设计一个好的LOGO徽标，能够让消费者轻松地通过LOGO记住自己店铺的主体形象和品牌文化。下面介绍制作店铺LOGO的方法。

光盘同步文件

同步视频文件：光盘\同步教学文件\第7章\7.5.1.mp4

① 设计背景色。

设计一个正方形，填充自己喜欢的颜色，如笔者喜欢深沉的暗红色，如下图所示。

② 设计主题图形。

设计图形，尽量简洁。这里为了突出个人店铺形象，就直接采用了"阿甘正铺"中的"正"字来作为图形对象，如下图所示。

③ 完成图形编辑。

为文字添加一点阴影，让其更加富有立体感，这样一个简洁的LOGO图标就制作完成了。同时也可以衍生出很多其他LOGO，如个人签名图标、淘宝服装店图标等，如下图所示。

④ 上传LOGO到店铺。

参考9.1.2小节"编辑店铺个性名片"的方法，将LOGO图标上传到店铺即可。

LOGO设计谈

知识加油站

在设计LOGO时，应该注重自己店铺的本身需求。如卖高档、大气的商品，就需要做一个稳重的LOGO；而如果是一个卖童装、玩具等商品的店铺，则可以设计一个活泼的LOGO。

7.5.2 打造完美网店店招

店招也就是店铺招牌。当购买旺铺后，店铺页面上方会自动显示店招位置，而卖家需要做的就是发挥自己的设计能力来为店铺设计一个漂亮的店招。

光盘同步文件

同步视频文件：光盘\同步教学文件\第7章\7.5.2.mp4

① 制作店招背景图形。

设计一个宽度为950、高度为120的图形，并根据需要在图形中注明自己的店铺标志或者名称，这里笔者直接引用LOGO作为代表性图形放入店招图形中，如下图所示。

② 完成店招设计。

这里的背景色和整体店铺风格以及LOGO采用统一的暗红色，同时继续设计店招其他图形，如店铺的经营类型、各种广告语等，下图所示为完成的店招设计图。

③ 单击"编辑"按钮。

进入"店铺装修"页面，在店招页面右上角单击"编辑"按钮，如下图所示。

④ 单击"保存"按钮。

❶ 打开店招编辑页面，选择"自定义招牌"；**❷** 单击"插入图片空间图片"按钮；**❸** 单击"保存"按钮，如下图所示。

⑤ 单击"选择要上传的图片"图标。

❶ 单击"上传新图片"标签；**❷** 单击"选择要上传的图片"图标，如下图所示。

自动保存

知识加油站　　这里上传的店招图片将自动保存在购买旺铺时赠送的图片保存空间中。

⑥ 选择店招图片。

❶ 选择店招图片；**❷** 单击"保存"按钮，如下图所示。

⑦ 自动上传店招图片。

单击下方的"保存"按钮，如下图所示，此时会自动上传图片到店铺的店招区域。

⑧ 查看店招效果。

设置好店招以后，单击右侧的"发布"按钮，这样买家即可看见我们的店招效果，如下图所示。

疑难解答

问：为什么买家打开我的店铺，不能看到我设计的店招效果呢？如果用户不会用软件，不懂设计，那么该如何制作店铺店招呢？

答1：设计完成后，必须返回装修页面，然后在右上角单击"发布"按钮，才能应用装修设计效果。

答2：如果用户不会Photoshop软件，又不擅长设计，那么还可以通过以下方法来获得店招图片。

- 找人付费设计。简单地说，就是在淘宝上找专业人士代为设计，支付佣金。
- 购买阿里妈妈的广告牌。淘宝装修后台与阿里广告牌（http://banner.alimama.com/）是连通的，用户可以直接使用自己的淘宝账号登录，购买阿里妈妈的广告牌，利用DIY模板进行设计。
- 使用一些网站提供的免费店招模板。例如，本书官方博客http://www.02zu.com/开店资源专区中提供的相关模板素材。

7.5.3 添加收藏与联系方式

通常在店铺首页中，需要添加收藏店铺功能，以方便老顾客随时访问我们的店铺。同时，还可以添加一些联系信息，以供不在线时买家方便地找到我们。

光盘同步文件

同步视频文件：光盘\同步教学文件\第7章\7.5.3.mp4

① 添加新模块。

进入"店铺装修"页面，在左侧单击"添加模块"按钮，如下图所示。

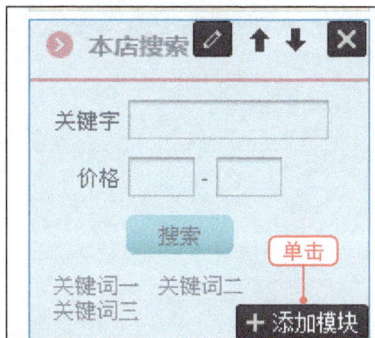

② 单击"添加"按钮。

打开"添加模块"对话框，单击"店铺动态组件"右侧的"添加"按钮，如下图所示。

3 单击"编辑"按钮。

添加店铺动态收藏模块成功，单击"编辑"按钮，如下图所示。

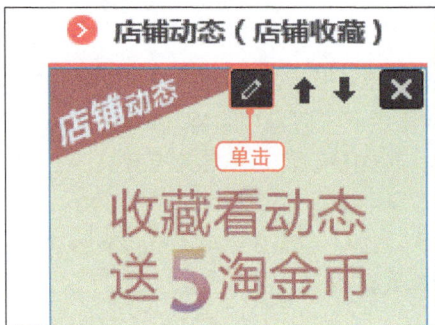

4 设置收藏图片的显示比例。

1 设置收藏图片的显示比例；**2** 单击"保存"按钮，如下图所示。

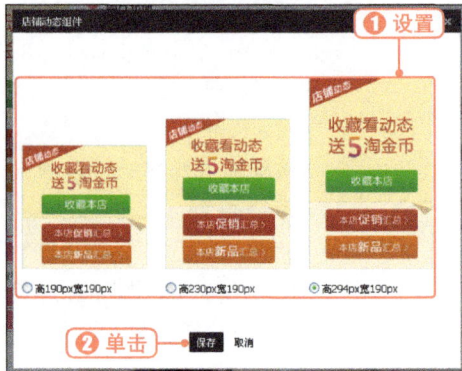

5 添加"宝贝分类（个性化）"模块。

返回首页装修页面，再次添加一个"宝贝分类（个性化）"模块，如下图所示。

6 单击"编辑"按钮。

添加宝贝分类列表成功，单击"编辑"按钮，如下图所示。

7 设置宝贝分类效果。

1 进行分类的自定义设置，包含删减分类、移动分类顺序等；**2** 单击"保存"按钮即可，如右图所示。

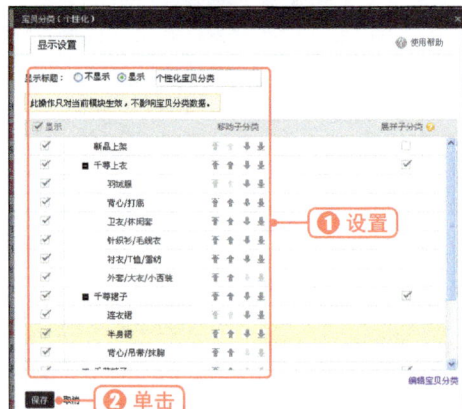

⑧ 添加"客服中心"模块。

返回首页装修页面，再次添加一个"客服中心"模块，如下图所示。

⑨ 单击"编辑"按钮。

添加联系方式成功，在这里单击"编辑"按钮，如下图所示。

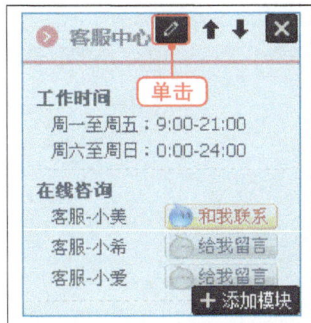

⑩ 设置联系方式。

❶ 进行工作时间、旺旺显示、联系方式的设置；❷ 单击"保存"按钮即可，如右图所示。

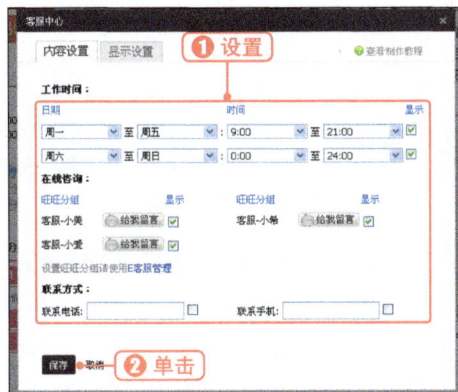

模块设置

知识加油站 　在旺铺中，增加了上面介绍的实用模块，只需根据需要自定义编辑，即可帮助自己的店铺更好地展现给客户。

7.5.4　设计商城促销广告效果

浏览淘宝商城的时候，会发现很多卖家都在自己的首页页面中制作了效果独特的各类广告。通过下面的方法，我们也可以让新旺铺标准版实现这一效果。

光盘同步文件

同步视频文件：光盘\同步教学文件\第7章\7.5.4.mp4

① 添加新模块。

在首页装修模块右侧新建一个模块，在打开的页面中单击"图片轮播"右侧的"添加"按钮，如下图所示。

② 单击"编辑"按钮。

添加"图片轮播"模块成功，将鼠标指针移动到右侧，单击"编辑"按钮，如下图所示。

图片宽度

知识加油站

注意这里导入的图片宽度必须为750，否则显示时会不正常。而对于高度则可以根据情况自由安排，没有影响。

③ 粘贴广告图片和宝贝的链接地址。

① 在打开的页面下，输入图片空间中宝贝的保存地址；② 输入店铺中该宝贝的商品页面地址；③ 单击"保存"按钮，如下图所示。

④ 添加多张广告图片。

① 用同样的方法，添加几张用于广告的宝贝图片；② 单击"显示设置"标签，如下图所示。

问：这里输入的图片地址和链接地址是一样的吗？

疑难解答

答：不一样。图片地址是指自己制作的广告图片要在首页中显示，需要先上传到图片空间，然后复制地址在这里进行粘贴；链接地址是指买家单击广告图片后，进入的页面（也就是该款宝贝的商品详情页）地址。

5 设置模块的高度和动画效果。

❶ 设置当前模块的高度以及图片切换的动画显示效果；❷ 确认后单击"保存"按钮，如下图所示。

6 查看页面广告效果。

设置成功，返回装修页面查看当前的广告效果，如下图所示。

7.5.5 为宝贝列表页创建广告

宝贝列表页，也就是用户单击"分类"链接后，在网页右侧打开的当前宝贝分类页面。在这里，我们也可以创建与首页一样的店铺广告或者其他信息。

光盘同步文件

同步视频文件：光盘\同步教学文件\第7章\7.5.5.mp4

1 选择"宝贝列表页"。

进入淘宝后台的装修页面，单击左侧"宝贝列表页"下的"默认宝贝分类页"，如下图所示。

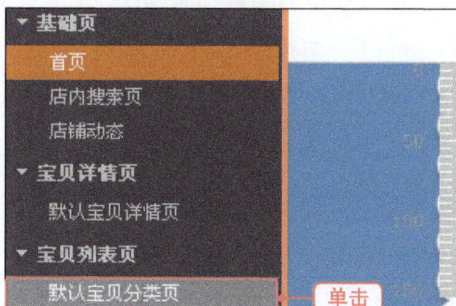

2 单击"添加模块"按钮。

在右侧任意模块下方单击"添加模块"按钮，如下图所示。

③ 添加"自定义内容区"模块。

单击"自定义内容区"右侧的"添加"按钮，如下图所示。

④ 单击"编辑"按钮。

添加自定义页面成功，然后单击"编辑"按钮，如下图所示。

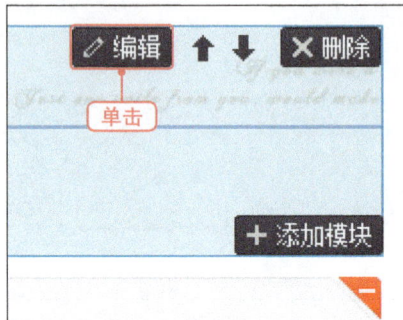

⑤ 插入图片空间图片。

❶ 勾选显示标题右侧的"不显示"单选按钮；❷ 单击下方的"插入图片空间图片"按钮，如下图所示。

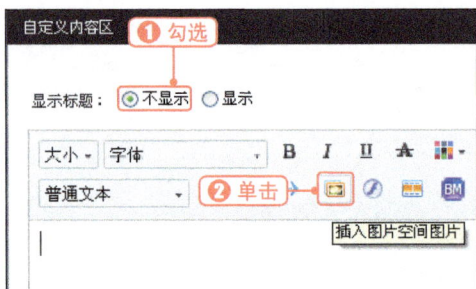

⑥ 上传新的图片。

❶ 单击"上传新图片"标签；❷ 单击下方的"选择要上传的图片"图标，如下图所示。

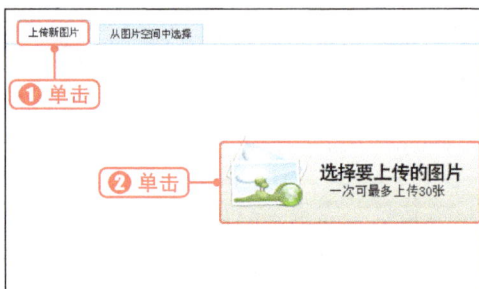

⑦ 单击"上传"按钮。

选择要上传的图片，单击下方的"上传"按钮，如下图所示。

⑧ 插入上传的图片到内容区。

成功上传图片后，单击"插入"链接，如下图所示。

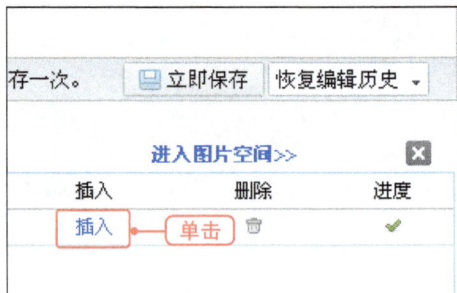

9 添加的自定义内容区效果。

确定保存，此时在添加的自定义页面中，即可出现我们上传的图片，如下图所示。按照此方法，就可以自定义为列表页添加各种广告图或者促销信息。

模特信息
Model information

姓名 / NAME：紫轩
身高 / HEIGHT：168CM
体重 / WEIGHT：47KG
三围 / BWH：80 - 62 - 85

知识加油站

DIY设计店铺风格

先自己利用Photoshop等软件，或者请人设计店铺宝贝的广告图，然后保存到本地电脑中，再通过自定义模块导入这些图片，形成完全自主的设计风格。

7.5.6 打造个性的宝贝介绍页面

商品详情页也就是买家看销售宝贝的详细信息页面，它可以直观地将卖家所销售的宝贝通过图片展示给买家。而正是由于这一特性，宝贝详情页面通常是最吸引人的。

因此，如果我们在这个宝贝详情页面添加更多的关联商品，那么顾客在打开这个页面的同时，除了注意当前商品，还会注意店铺内的热销宝贝，继而可能引发他们购买多件商品，实现相关商品连带销售。

光盘同步文件

同步视频文件：光盘\同步教学文件\第7章\7.5.6.mp4

---

1 选择"宝贝详情页"。

进入自己店铺的装修页面，单击"宝贝详情页"下的"默认宝贝详情页"，如下图所示。

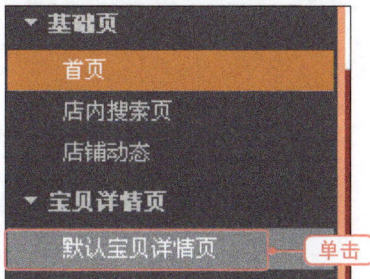

- ▼ 基础页
  - 首页
  - 店内搜索页
  - 店铺动态
- ▼ 宝贝详情页
  - 默认宝贝详情页 ← 单击

2 单击"添加模块"按钮。

在打开的页面中，单击"添加模块"按钮，如下图所示。

宝贝详情　评价详情　成交记录(271件)　专柜推荐　其它信息　留言薄

宝贝描述信息

单击　+ 添加模块

3 单击"添加"按钮。

在"添加模块"对话框中，单击"旺铺关联推荐"右侧的"添加"按钮，如下图所示。

4 单击"编辑"按钮。

添加推荐模块成功，单击右侧的"编辑"按钮，如下图所示。

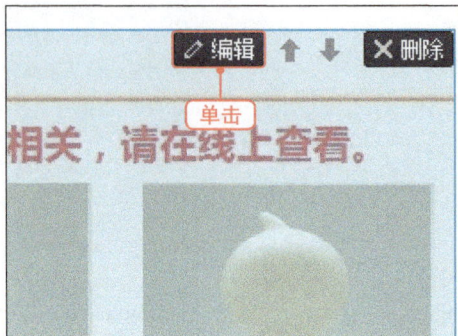

问：这个模块免费吗？

疑难解答

答：目前淘宝开店用户可以免费使用新旺铺普通版，而这个推荐模块是普通版自带的，因此都可以免费使用。

5 设置推荐参数。

❶ 进行推荐设置，如显示标题、推荐类型等；❷ 单击"保存"按钮，如下图所示。

6 预览商品推荐效果。

发布当前的宝贝详情页装修效果，如下图所示。

淘宝网店营销与推广

本章导读

　　店铺开张后，不能只等待顾客主动上门，毕竟淘宝网中有数万卖家，很多卖家都经营着同类商品。为了让更多人知道并光临店铺，卖家还需要利用各种途径对店铺进行宣传与推广。

知识技能要求

　　通过本章内容的学习，读者能够学习到进行店铺推销的各种方法，帮助自己的店铺更好、更快地发展。学完本章内容后，大家需要掌握的相关技能知识如下：

❖ 浅论营销与推广
❖ 迅速提升网店人气
❖ 让网店人气爆增的秘诀
❖ 学会网外推广淘宝店铺
❖ 学会淘宝数据营销

8.1 浅论营销与推广

营销推广是指公司等组织以各种手段向顾客宣传产品，以激发他们的购买欲望和行为，是公司扩大产品销售量的一种经营活动。

8.1.1 营销与推广的含义

营销包含得更大一些，字面上可理解为运营销售，包括前期策划、中期推广、后期销售，而推广主要是指将产品推销出去，如网络推广、博客推广、微博推广等。

营销与推广也是关联的，现在很多产品先赢人脉、赢人气，用口碑来带动推广，这样就在不知不觉间为自己的营销做了推广。所以现在很多人喜欢将营销与推广混为一谈，这也是很有道理的。

8.1.2 营销与推广的目的

作为淘宝店来说，营销与推广的唯一目的就是促进店铺访客数量的上涨，吸引更多的人来光顾我们的店铺。

而这些光顾的人数，就是我们日常所说的访客数，也就是流量。它是淘宝卄店的基石，只有访客数量多，才有机会促使对方购买，才可能有成交并赚到钱。如果没有访客，那么即使你店铺的商品再好，页面装饰得再好看，没有人看见也是枉然。

访客数和成交的关系，如下图所示。

销售额 ＝ 访客数 × 全店成交转化率 × 客单价

1 访客数

访客数在淘宝通常被称为"流量"，几乎淘宝人打招呼，都是问："亲，今天流量如何？"可见流量的重要性。

而流量又分为两种，一种称为UV，也就是访客数量，代表全店各页面的访问人数；另一种称为PV，也称浏览量，简单说1个访问顾客，可以同时访问店铺多个页面，那么如果他浏览5个页面，就产生5个浏览量。

Chapter 01
Chapter 02
Chapter 03
Chapter 04
Chapter 05
Chapter 06
Chapter 07
Chapter 08

问：UV与PV的区别？

疑难解答

答：UV访客数量愈多，代表你的流量越高；而PV浏览量越高，代表这个顾客很喜欢你店铺的商品，很有潜在购买的欲望。

2 转化率

转化率也称为成交转化率，也就是交易用户数占总访客数的百分比，即成交用户数/访客数。成交转化率越高，证明你的店铺和商品越有吸引力，离成功已经不远了。

3 客单价

客单价也就是平均每用户的成交金额，即支付宝成交金额/成交用户数。客单价越高，证明你店铺生意越好。

8.1.3 什么是淘宝SEO

SEO（Search Engine Optimization，搜索引擎优化）是较为流行的网络营销方式，主要目的是增加特定关键字的曝光率以增加网站的能见度，进而增加销售的机会。

而淘宝SEO，就是指通过对淘宝店铺商品的标题关键词进行优化设置，达到让商品排名靠前、商品曝光率和点击率增加的方法，如下图所示。

热门的淘宝SEO

知识加油站

目前淘宝SEO很流行，但是真正掌握这门技术的人才却很少。只要掌握了SEO核心技术，就可以获得很多的淘宝免费流量。这对于开淘宝店的商家们来说是非常重要的，所以一些商家不惜重金聘请SEO高手助阵。

8.1.4 淘宝数据营销工具

店铺经过营销推广是否有效？效果有多好？这些数据都需要进行跟踪查看，以便进行相应的修正。

要进行SEO操作，就必须及时了解相关行业信息、关键词数据，而通常这个时候，就需要一些工具来帮忙我们了解这些信息。

在淘宝中，有两个工具是我们开店过程中不得不了解的，那就是"量子恒道店铺经"和"数据魔方"。

1 量子恒道店铺经

量子恒道店铺统计是为淘宝旺铺量身打造的专业店铺数据统计系统，是当前淘宝卖家必备的第一大软件。其最大的特色就是可以让淘宝掌柜直接展示店铺的各种数据，并且可以免费使用。

量子恒道店铺经

量子恒道店铺统计深度植入淘宝后台，通过统计访问卖家店铺的用户行为和特点，帮助卖家更好地了解用户喜好，为店铺推广和商品展示提供充分的数据依据。

2 淘宝数据魔方

淘宝网2010年3月30日在上海正式对外宣布，将首度面向全球开放数据。而提供这些数据的主要工具就是"淘宝数据魔方"，所有淘宝掌柜都可以通过数据魔方了解到淘宝的海量相关数据，涵盖市场、热销商品排行、同类店铺排行、直通车投放效果分析等，深受大卖家的喜爱。

淘宝数据魔方

　　数据魔方提供了比量子统计更详细的数据信息，但是需要付费使用。目前主要分为标准版和专业版两部分，其中标准版按季节付费，每季90元；专业版按年付费，每年3600元。

淘词功能

知识加油站

　　目前订购数据魔方的人，最主要是看重数据魔方的"淘词"——它分享了淘宝网某个商品搜索人数最多的关键词，可以帮助掌柜对自己产品进行合理的SEO标题优化。

③ 其他相关工具

　　"量子恒道店铺经"和"数据魔方"是目前淘宝官方覆盖面最广、影响最大的在线数据分析统计工具。如果卖家有其他需求，也可以选择第三方服务商提供的其他数据分析工具，这些工具可以在http://shuju.taobao.com/数据市场找到。

第三方工具市场

8.2 迅速提升网店人气

淘宝开店有效、快速地提升网店人气，无疑是非常重要的，这将影响到一个店铺是否能够正常维持下去。在这里，我们就来重点介绍这方面的内容。

8.2.1 淘宝宝贝搜索排名规则

在各个搜索引擎中，网页都有一个排名，在淘宝也有一个排名——当我们搜索一件商品的时候，淘宝店铺也会按一个名次排列下来。那么，影响"宝贝"排名的因素有哪些呢？

1 宝贝下架时间

这种排名机制虽然没有以前重要，但是至今仍然在综合排名系统中起到部分作用。离下架时间越短，排名越靠前，也是绝对公平的，因为大卖家跟小卖家下架时间都是一样的，只是发布时间段不同而已。

2 宝贝橱窗推荐

举例来讲，在一个大商场里会有很多家店，买家从过道里走过，透过卖家的橱窗能看到的产品，就是橱窗推荐的产品。一般来讲，店家会把最受欢迎的产品放在橱窗推荐的位置，这样才能够吸引买家进店浏览及购买其他产品，淘宝店铺的橱窗推荐也是起这个作用。当买家在淘宝首页选择搜索或者单击"我要买"根据类目来搜索时，橱窗推荐宝贝会优先展现出来，所以橱窗推荐很重要。

3 店铺消费者保障

现在大部分类目的默认排序对是否参加消保，是很依赖的。如果没有参加消保，这些商品肯定会排在参加消保商品的后面。淘宝搜索最直接的用户是消费者，为了保证消费者的利益，淘宝鼓励店长参加消保。

4 宝贝成交量

这里的成交量是实际成交量，而对于一些卖家通过"刷"出来的成交量则是无效的。成交量越大的宝贝，排名越靠前。同等交易量的情况下，交易金额大的宝贝排名高于交易金额小的。

打开淘宝网，随便输入一个关键词，排在前面的均是销量好的，偶尔会出现几个没销量的，但是从趋势上看，销量才是王道。这也就是为什么现在很多店铺都有一款产品销量特别好，目的之一就是为了这个"排名"。

⑤ 店铺信誉等级

信用是淘宝站内搜索排名不变的规则，无论是从买家还是从排名的角度来考虑，信用永远是很重要的。对于新卖家，淘宝有相应的扶持政策，即留出少量位子给新卖家。

⑥ 店铺商品收藏人气

我们一般认为都是潜在顾客收藏的，也就是说这个宝贝在未来很可能会产生交易。淘宝排名是为了更好地促成交易，所以这个因素也是很重要的。

⑦ 好评和动态评分

无论是短期还是长期经营，100%好评对任何一个卖家都是至关重要的，促使卖家为了以后的单子而做好当下自己的每单生意。

除了好评率高以外，动态评价对搜索排名的影响也很大，所以在关注好评的同时，一定要尽量获得更好的动态评分。

⑧ 旺旺在线和回应时间

现在淘宝越来越重视顾客的体验，旺旺经常不在线，买家搜到了你的店，却找不到你的人，这样的流量就是浪费。还不如分给别的卖家，因此这样也会影响你的排名。

除了旺旺在线以外，你对顾客的回应时间也会被作为淘宝的相关采集数据参考，所以尽力做到尽快回答买家的问题。

⑨ 店铺综合售后服务

随着淘宝的搜索规则越来越完善，目前淘宝对店铺售后服务好的店铺有相应的加成，而对一些售后服务很差，经常有退款、投诉纠纷的商家，则会被降权，被搜索到的概率会大大降低。

⑩ 淘宝的收费服务

淘宝的收费服务有很多种，例如旺铺、消保、直通车、商城卖家等，这些推广的服务除了会给店铺带来一定的流量外，也会影响宝贝的人气排名！

8.2.2 收集热门商品关键词

买家搜索商品时会在搜索框输入商品的关键词，每个人输入的关键词都不一样。为了能够更好地让买家搜索到商品，关键字必须在商品标题中体现出来，或者在搜索引擎允许的范围内。

因此，在有限的关键字额度中，找到最合适的、利用率最高的关键词至关重要。作为淘宝卖家，可以通过以下途径收集很多关键词。

① 搜索下拉列表框

在淘宝主页面的宝贝搜索框中，输入"手表"，在下拉列表框中可以找到其他相关联的很多关键词，如"手表"、"手表 男士"、"手表 女"、"手表女 韩国时尚"等。每个关键词的后面都标有搜索到的件数，这种搜索数量越多的关键词，就是最理想的优质热搜关键词，如下图所示。

② 搜索框推荐词

除此之外，在搜索框下方也会显示一些比较热门的关键词，如下图所示。

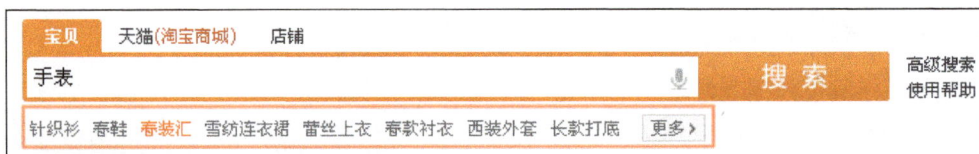

③ 搜索结果页

在搜索结果中，会显示淘宝推荐的相关关键词，这些也属于优质的关键词汇，如下图所示。

另外，在搜索结果中出现的"品牌"、"表带材质"等选项中所包含的词汇，也是很好的关键词，如品牌为"天梭"、机芯类型为"机械表"、佩戴人群为"男表"等，都可以组成很好的关键词，如"天梭 男 机械表"。

品牌：	Casio/卡西欧	浪琴	天梭	欧米茄	Swatch	西铁城	罗西尼	卡地亚	梅花	精工	Rado/雷达	⊙更多
	依波	海鸥表	美度	Hamilton	爱迪时	古蒂雅	宇舶	天思	冠琴	BIAOQI 标奇	艾奇	
	Melissa/玛丽莎	芙丽芙丽	朗格	飞亚达	摩凡陀	万宝龙	+多选					
机芯类型：	自动机械表	机械表	石英表	电子表	光能表	人工动能表	手动机械表	+多选				
表带材质：	钢	真皮	皮革	人造皮革	橡胶	合金	镀金	树脂	陶瓷	贵金属		⊙更多
佩戴人群：	男表	女表	中性表	情侣表	儿童手表	怀表	手表配件	+多选				

4 热门工具

除了这里淘宝免费提供的关键词以外，用户还可以通过其他工具来获得更多的关键词，比如淘宝的"淘宝排行榜"、量子统计的"量子排行榜"、数据魔方的"淘词"，如下图所示。

搜索上升		搜索热门		品牌上升		品牌热门	
1 薄棉袄	9946位 ↑	1 长款毛衣	0位 ➡	1 BESSIE	496位 ↑	1 Ochirly/欧时力	0位 ➡
2 朵以2013春装	3626位 ↑	2 羽绒服	0位 ➡	2 zigezi	459位 ↑	2 艾莱依	0位 ➡
3 修身羊绒大衣	2747位 ↑	3 毛呢外套	3位 ↓	3 hapmall	427位 ↑	3 O-Mei/欧美	0位 ➡
4 薄毛衣	2526位 ↑	4 打底裤	1位 ↓	4 Kvenstar	325位 ↑	4 红色	0位 ➡
5 拉夏贝尔2013春	2206位 ↑	5 修身大衣	201位 ↑	5 连奴	293位 ↑	5 秋水伊人	0位 ➡
6 2013春装 女装	2051位 ↑	6 毛呢裙	516位 ↑	6 IDEAIDO	265位 ↑	6 ONLY	1位 ↓
7 毛呢裙连衣裙	1107位 ↑	7 女式打底衫	2位 ↓	7 Custo	244位 ↑	7 Etam/艾格	1位 ↓
8 修身毛呢大衣	722位 ↑	8 打底衫	3位 ↓	8 洛美缇	243位 ↑	8 Bosideng/波司	0位 ➡
9 毛呢裙	518位 ↑	9 连衣裙	2位 ↓	9 Rjsyt/人间四月天	199位 ↑	9 阿依莲	0位 ➡
10 2013春装 欧洲	514位 ↑	10 打底-外套-开衫	1位 ↓	10 Scfashion	183位 ↑	10 Zara	0位 ➡
▶完整榜单		▶完整榜单		▶完整榜单		▶完整榜单	

通过查找优质关键词，然后结合标题组合方法，就能够创造出属于自己的、独特的，能够吸引更多流量的标题。

8.2.3 通过SEO提高宝贝排名

前面介绍了关键词的获得方法，这里再介绍关键词的优化技巧。要知道大部分买家都是通过搜索找到并购买他们想要的商品的，因此做好商品标题优化，就是做好了最重要的网店推广，也是免费流量的重中之重！

1 商品标题的优化组合

为了尽可能多地增加被搜索中的概率，需要一个好的商品标题。这个标题不仅能吸引人，也能让买家一目了然地知道商品的特性，还能利于关键字搜索。

一个完整的商品标题应该包括3个部分。

- 第一部分是"商品名称"，这部分要让客户一眼就能够明白这是什么东西。
- 第二部分是由一些"感官词"组成的，感官词在很大程度上可以增加买家打开你的宝贝链接的兴趣。

- 第三部分是由"优化词"组成的，你可以使用与产品相关的优化词来增加宝贝被搜索到的概率。

这里举一个商品标题的例子来说明，比如，"【热销万件】春季新款女士短款纯棉休闲外套 正品外贸大牌"，其中"外套"这个词是商品名称，也是客户想要找的东西；而"热销万件"、"春季新款"属于感官词，可以让客户产生对产品的信赖感；"女士短款"、"纯棉休闲"是优化词，能够让你的潜在客户更容易找到宝贝。

在商品标题中，感官词和优化词是增加搜索量和点击量的重要组成部分，但也不是非要出现的；唯独商品名称是雷打不动的，必须要描述出你的产品名称。

这些组合不管如何变化，商品名称这一项一定是其中的一个组成部分，因为在搜索时首先会使用到的就是商品名称关键字。在这个基础上再增加其他的关键字，可以使商品在搜索时得到更多的入选机会。至于选择什么来组合最好，要靠我们去分析市场、商品竞争激烈程度和目标消费群体的搜索习惯来最终确定，以找到最合适的组合方式。

② 在标题中突出卖点

在网店经营中，如何能够吸引买家点击商品是一个比较重要的问题。这和你商品标题的编写密切相关，如果你的标题比较吸引人，那么点击的次数就会多，必然就会使购买量增加。

商品标题编写时最重要的就是要把商品最核心的卖点用精练的语言表达出来。你可以列出四五个卖点，然后选择最重要的3个卖点，融入到商品标题中。下面是在商品标题中突出卖点的一些技巧。

（1）标题应清晰且准确

商品标题不能让人产生误解，应该准确且清晰，让买家能够在一扫而过的时间内轻松读懂。

（2）标题的充分利用

淘宝规定宝贝的标题最长不能超过60字节，也就是30个汉字。在组合理想的情况下，包含越多的关键字，被搜索到的概率就越大。

（3）价格信号

价格是每个买家关注的内容之一，也是最能直接刺激买家，形成购买行为的因素。因此，如果店里的宝贝具备一定的价格优势，或是正在进行优惠促销活动，如"特价"、"清仓特卖"、"仅售××元"、"包邮"、"买一赠一"等，完全可以用简短有力的词在标题中注明。

（4）售后服务

因在网上不能面对面交易，不能看到实物，许多买家不愿意选择网上购物，所以如果能提供有特色的售后服务，例如"无条件换货"、"包邮"、"全国联保"等，这些都可以在标题中明确地注明。

（5）卖品超高的成交记录

如果店中某件商品销量在一段时间内较高，可以在标题中注明"爆款"、"月销上千"、"明星推荐"等文字，善用这些能够调动人情绪的词语，对店铺的生意是很有帮助的。这样会令买家在有购买意向时，极大降低对此商品的后顾之忧。

（6）适当合理断句以利于阅读

如果30个字的标题没有断句会使人看不明白，比如"包邮2013夏季新款雪纺连衣裙女修身长裙短袖半身裙包臀"，这么多字没有一个标点符号，完全不分开，虽然有利于增加被搜索到的概率，但是会让买家看得很辛苦，甚至厌烦。

少量而必要的断句是应该的。最好使用空格或半角符号分开标题，如"包邮2013夏季新款/雪纺连衣裙女/修身长裙/短袖半身裙包臀"。

8.3 让网店人气爆增的秘诀

一家网店经营好不好，店铺信誉等级的多少、每月店铺销量的多少等都是很直观地判断依据。那么，如何让自己的网店迅速提高人气呢？通过下面的学习可以让你了解到这部分知识。

8.3.1 用好淘宝直通车

淘宝直通车是淘宝网针对卖家提供的一项商品竞价排名服务。该服务允许卖家在支付一定的费用后，当买家搜索指定商品时将商品按顺序显示在页面中的醒目位置，从而使得自己的商品更容易被买家关注到，也就增加了商品的出售概率。

1 了解淘宝直通车

我们知道，很多买家都是在淘宝网中通过搜索商品的方式来选择与购买商品的，而淘宝网中的卖家数以万计，相同类别的商品更是数不胜数。那么对于卖家来说，如果要想使自己的商品在众多同类商品中凸显出来，获得这类商品的买家关注，就可以使用淘宝直通车服务。

使用直通车后，当买家搜索指定商品时，使用了直通车服务的商品就会首先显示在搜索页面的醒目位置，使得买家更容易看到。下图所示为搜索"男装"时，使用了直通车服务商品在搜索页面中的显示位置。

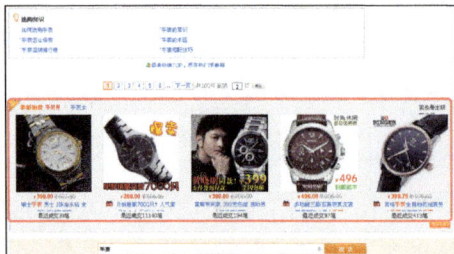

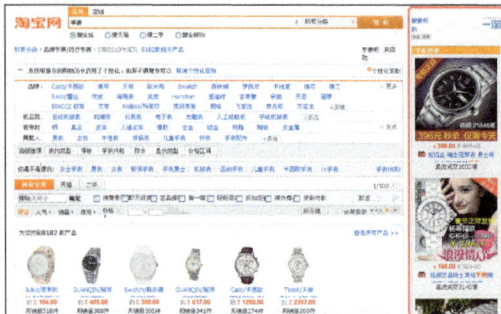

除了在买家搜索商品页面中显示外，当买家按商品类目来检索商品时，各频道中也都会出现直通车广告。

不过淘宝新开店的用户要使用淘宝直通车时，需要先预存500元费用，然后在自己店铺中选择为哪些商品使用直通车服务。由于淘宝直通车是采用竞价排名方式显示商品的，也就是出价越高，那么商品的位置也就越靠前，如一件商品出价为0.1元，另一件商品出价为0.11元，那么0.11元的商品就会排列在0.1元商品的前面。

淘宝直通车是按照点击来收费的。当卖家设置出价数额后，只有当买家通过直通车广告点击进入商品页面，直通车才会收取相应的费用，如我们商品出价为0.1元，那么有10个买家通过直通车广告点击后，就会收入1元的点击费。

另外，假设直通车广告中排名第一的卖家出价0.2元，而排名第二的卖家出价0.11元，那么当有买家通过直通车点击商品后，每次点击收入的费用并不是0.2元，而是在下一位卖家出价的基础加1分，也就是0.12元。

问：为什么我购买了直通车，但都是显示在末位位置？

疑难解答

答：在每个商品页面中，都会显示10个直通车广告，而这些广告位的顺序也是按照卖家的出价来排列的，卖家的出价越高，直通车广告的显示位置也就醒目。在商品列表页面中，第一页显示出价最高的前10个广告位，第二页显示第10～20个广告位，依此类推。在每页10个广告位的排序中，第一页页面右侧由上到下显示出价排第1～5位的商品，页面下方从左到右显示出价排第6～10位的商品，第二页同样的位置显示出价排第11～20位的商品，依此类推。

② 充值淘宝直通车

当卖家信用等级达到2颗心以上，就可以使用淘宝直通车服务了。首次使用时需要先预存500元，以后每次只要续存200元即可，注意预存款只能用于直通车广告，是无法退还的。开通淘宝直通车的具体操作方法如下。

① 单击"我要推广"选项。

在"营销中心"栏目下单击"我要推广"选项，如下图所示。

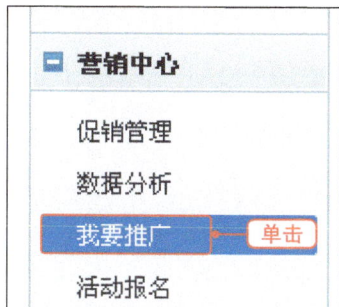

营销中心

促销管理
数据分析
我要推广 —— 单击
活动报名

② 单击"淘宝直通车"图标。

在"营销入口"中，单击"淘宝直通车"图标，如下图所示。

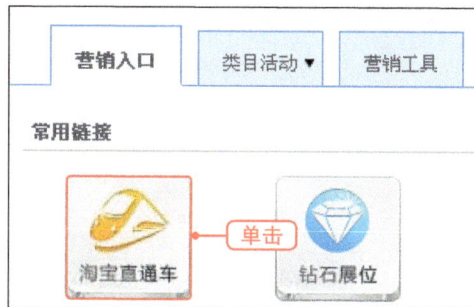

营销入口 类目活动▼ 营销工具

常用链接

淘宝直通车 —单击— 钻石展位

③ 单击"马上进入"按钮。

在推广服务页面中单击"马上进入"按钮，如下图所示。

淘宝直通车 让买家轻松"淘"到你

淘宝直通车是淘宝网为淘宝卖家量身定制的推广工具，是通过关键词竞价，按照点击付费，进行商品精准推广的服务。

超准流量：
买家主动搜索时，在最优位展示你的宝贝，只给想买的人看！
超省成本：
免费展示，买家点击才付费，自由调控花销，合理掌控成本！
超值推广：
独享增值服务，快速提升推广能力，让你成为网络营销高手！

单击 马上进入

④ 单击"立即充值"按钮。

进入直通车页面后，单击页面右侧的"立即充值"按钮，如下图所示。

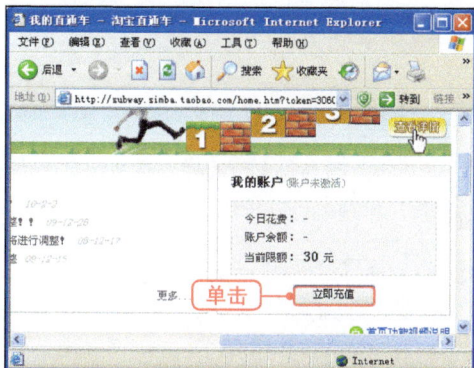

我的账户（账户未激活）

今日花费： -
账户余额： -
当前限额： 30 元

更多… 单击 立即充值

⑤ 设置充值金额。

在打开的页面中设置充值金额，首次充值最低为500元，如右图所示。

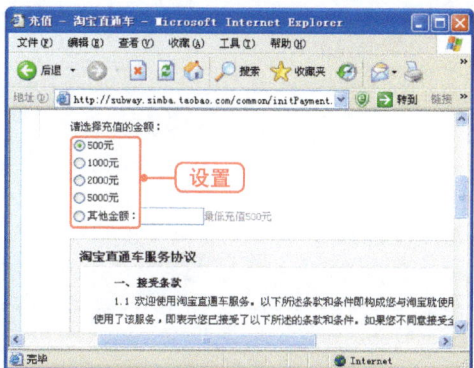

请选择充值的金额：
○ 500元
○ 1000元 设置
○ 2000元
○ 5000元
○ 其他金额： 最低充值500元

淘宝直通车服务协议

一、接受条款

1.1 欢迎使用淘宝直通车服务。以下所述条款和条件即构成您与淘宝就使用该服务，即表示您已接受了以下所述的条款和条件。如果您不同意接受本

171

6 确认付款进行支付。

1 进入到付款页面，输入支付宝账户（也可以直接用网上银行付款）；**2** 单击"确认无误，付款"按钮，如右图所示。

---

3 使用直通车推广宝贝

对直通车进行充值后，就可以使用直通车推广店铺中的商品了。我们使用直通车的目的有两个，一个是增加指定商品的销量，另一个是增加店铺访问量。因而在选择使用直通车推广的商品时，宜选择店铺中的优质商品，从而更进一步吸引顾客。使用直通车推广商品的具体操作方法如下。

---

1 进行宝贝推广。

1 进入到直通车页面后，在左侧列表中单击"推广新的宝贝"选项；**2** 在商品列表中找到要推广的商品，并单击"推广"按钮，如下图所示。

② 输入商品推广标题。

打开"编辑推广内容"页面，在最上方输入商品的推广名称，注意这里仅设置推广名称，而不会修改商品本身的名称，推广名称尽量突出商品的卖点，如下图所示。

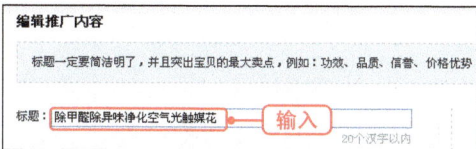

编辑推广内容

标题一定要简洁明了，并且突出宝贝的最大卖点，例如：功效、品质、信誉、价格优势

标题：除甲醛除异味净化空气光触媒花 ← **输入**

20个汉字以内

③ 选择淘宝网针对商品提供的关键词。

在"选择关键词"区域中选择淘宝网针对商品提供的关键词（选择关键词要考虑到买家购买该商品时会采用哪些关键词搜索，也就是买家使用这类关键词搜索时，就会搜索到卖家的直通车广告商品），如下图所示。

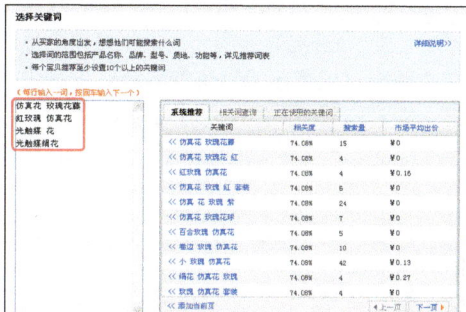

选择关键词

知识加油站 — 淘宝直通车关键词

买家在淘宝网中购买商品时，通常都会通过商品的关键词来搜索商品，这就是淘宝直通车中的竞价词。我们在为商品使用直通车服务时，首先需要设置商品的竞价词，也就是买家搜索商品时，我们的商品会出现在对应的直通车广告中。

竞价词是直通车广告中非常关键的部分。卖家在设置竞价词时，必须考虑到买家可能通过哪些关键词搜索这类商品，从而定制出精确有效的竞价词。如果滥用竞价词，那么可能并不需要购买这类商品的买家也会通过直通车点击商品，而浪费直通车广告费。

④ 选择是否启用类目出价功能。

在页面最下方的"是否启用类目出价"区域中选择是否启用类目出价功能，也就是买家进入对应的商品分类后，是否显示直通车推广商品，这需要卖家根据各自的情况来选择，如下图所示。

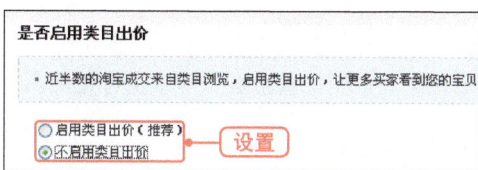

是否启用类目出价

- 近半数的淘宝成交来自类目浏览，启用类目出价，让更多买家看到您的宝贝

○ 启用类目出价（推荐）
○ 不启用类目出价
← **设置**

⑤ 设置竞标价格。

❶ 设置完毕，继续在打开的"默认出价"页面中设置竞标价，价格越高，直通车广告的排名就越靠前，用户也需要支付更多的费用，系统默认为0.11元，卖家可根据实际情况来设置；❷设置后单击"下一步，完成"按钮，如下图所示。

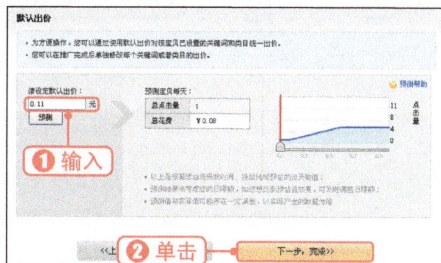

默认出价

❶ **输入**

❷ **单击** 下一步，完成>>

⑥ 提示设置成功。

在接着打开的页面中告知用户推广设置成功，也就是直通车广告即时开始生效，如右图所示。

宝贝推广价格

知识加油站 　　推广出价需要根据商品情况并参考其他卖家的推广价格来决定，这需要用户进行各种分析与推测，并对商品的推广度进行有效评估。

8.3.2 让淘宝客帮忙推广

淘宝客是一群专为淘宝卖家提供商品推广的人，不用预先支付推广费用，仅当其推广的商品有了成交，卖家才用支付佣金报酬，是现在淘宝最靠谱的推广方式。

如果你是淘宝卖家，按下面的轻松几步，就可以把自己需要推广的商品发布到淘宝客平台上，让淘宝客来推广。

光盘同步文件

同步视频文件：光盘\同步教学文件\第8章\8.3.2.mp4

① 单击"登录"链接。

进入我要推广页面，单击"淘宝客推广"图标，如下图所示。

② 进行账号登录。

❶ 输入淘宝网账号及密码；❷ 单击"登录"按钮，如下图所示。

账号共享登录

知识加油站 　　由于同属一个商业结构体系，所以阿里妈妈的淘宝联盟网站也可使用淘宝注册账号登录。

③ 新建推广计划。

❶ 在进入的页面中单击顶部的"求推广"链接，打开"推广计划管理"页面；❷ 单击"新建定向推广计划"按钮，如下图所示。

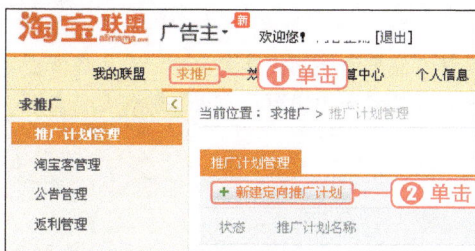

④ 设置推广计划。

进入"新建定向推广计划"页面，❶ 在页面中设置计划名称、是否公开、详细说明、起始日期和结束日期；❷ 单击"下一步类目佣金设置"按钮，如下图所示。

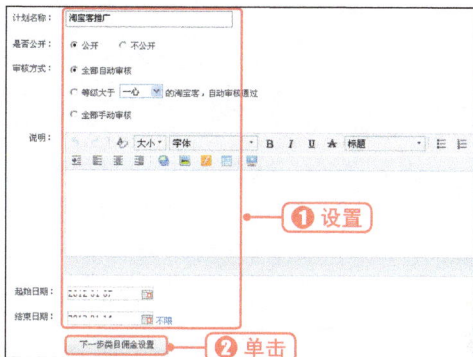

⑤ 设置类目佣金。

❶ 进入"设置类目佣金"页面，设置完成佣金比例；❷ 单击"保存"按钮，如下图所示。

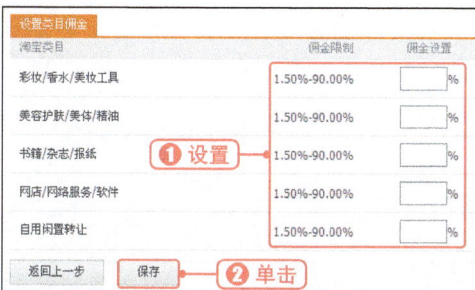

⑥ 单击"设置商品佣金"。

弹出设置完成提示，这里单击"设置商品佣金"链接，如下图所示。

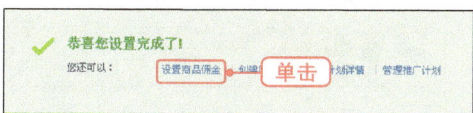

⑦ 单击"新增主推商品"按钮。

进入"商品佣金设置"页面，单击"新增主推商品"按钮，如右图所示。

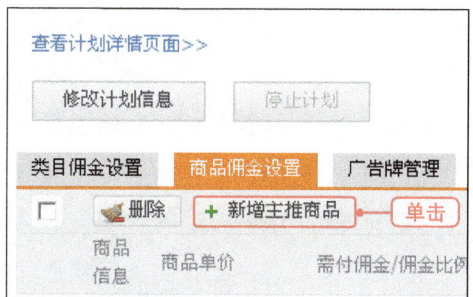

⑧ 设置商品佣金。

进入"选择主推商品"页面，**❶** 勾选要推荐的商品；**❷** 单击"下一步设置商品佣金"按钮，如右图所示。

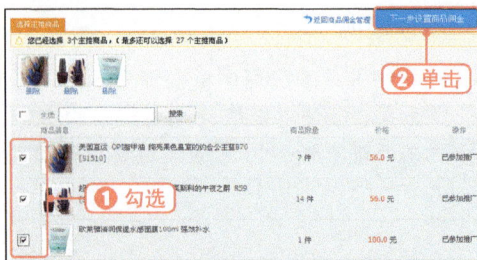

知识加油站

淘宝客在哪里？

身边的朋友、店铺的每一位客人都可能是潜在的优秀淘宝客，尤其是体验过店铺好商品、好服务的顾客，对你来说是最佳的资源。搜索优秀淘宝客通讯录、优秀淘宝客排行榜，可以主动联系他们。

---

⑨ 完成佣金设置。

❶ 在打开的页面中，可单独重新设置佣金比例；**❷** 单击"完成/保存"按钮，即可完成佣金的设置，这样就完成了商品的推广，如下图所示。

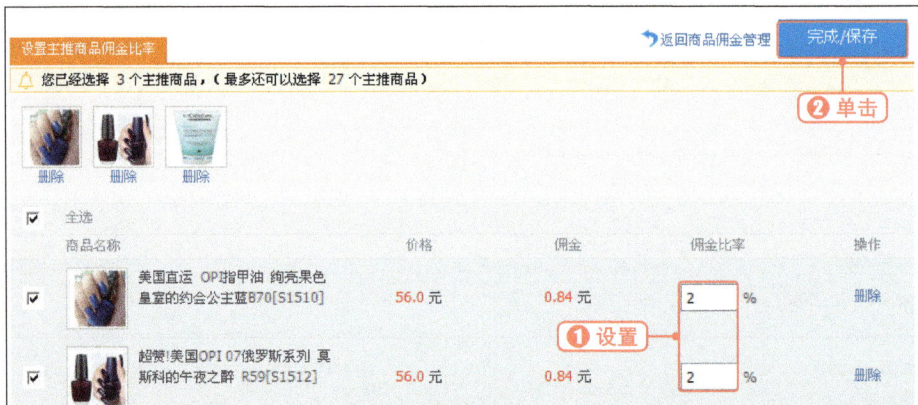

8.3.3 利用促销工具打造爆款

淘宝促销工具非常多，其中卖家后台中提供了官方推荐的"满就送"、"限时打折"、"搭配套餐"和"店铺优惠券"等几款工具，可以帮助大家更方便地进行商品促销。

① 满就送

顾名思义，这个工具的作用就是可以让卖家自由设置当买家购买多少价格的商品以后，进行优惠赠送，如赠送礼品、现金或免邮等。

② 限时打折

限时打折可以在制定的时间段内，针对店铺的某个或者多个商品进行折扣促销，如5折，那么买家购买时就会看到原价5折的价格，同时可以以这个价格进行购买，如下图所示。

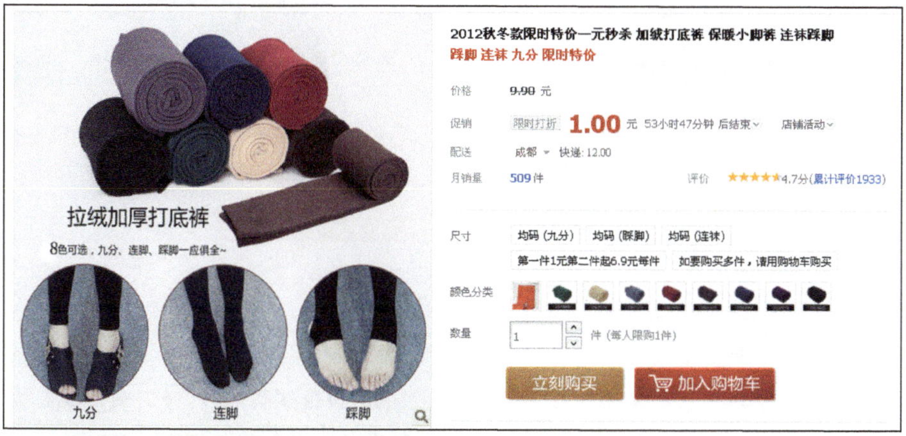

③ 搭配套餐

搭配套餐是指买家在购买商品的时候，可以同时看到卖家这里设置的搭配出售的商品，以便进行打包购买，如下图所示。

④ 店铺优惠券

店铺优惠券是一种虚拟的商券。在购买商品的时候，买家可享受相应的折扣，这种方式适合一些活动推广或者针对VIP顾客的优惠。

⑤ 订购营销套餐

营销套餐标准版涵盖了卖家店铺营销推广所需要的所有工具，这样比单独购买要便宜很多，下面来看具体的购买方法。

1 单击"促销管理"选项。

打开淘宝网，登录卖家后台，单击左侧"营销中心"下的"促销管理"选项，如下图所示。

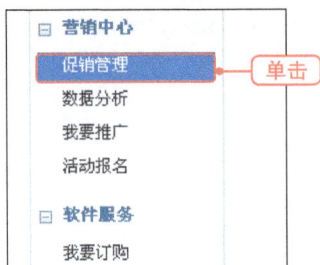

2 单击"马上订购"按钮。

在这里显示了当前促销工具，单击"马上订购"按钮，如下图所示。

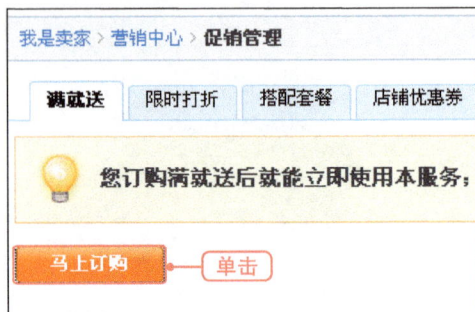

3 选择订购套餐。

在订购列表中，单击"营销套餐标准"图标，如下图所示。

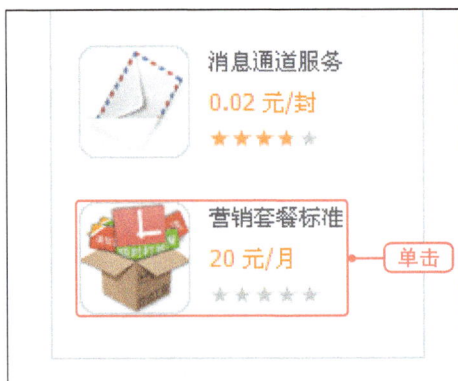

4 确认订购期限。

① 设置购买期限；② 确认购买并单击"付款"按钮，如下图所示。

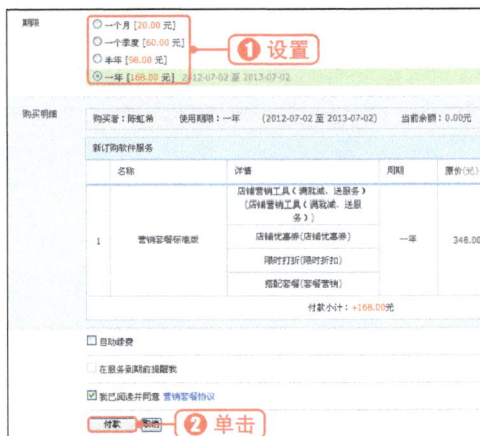

5 准备进行付款。

单击"去支付宝付款"按钮，如右图所示。

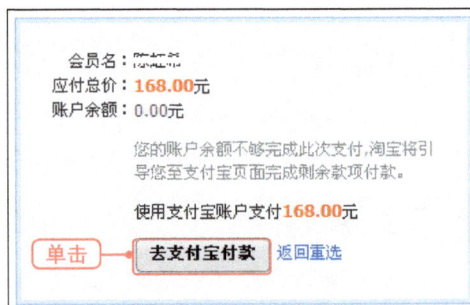

⑥ **输入支付宝账号等。**

❶ 输入支付宝账号、密码及验证码；
❷ 单击"下一步"按钮，如下图所示。

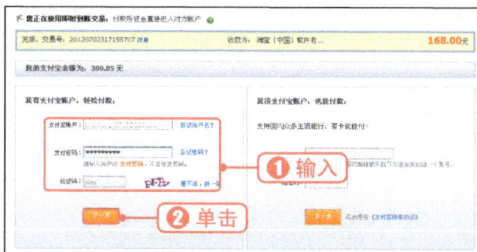

⑦ **确认付款操作。**

❶ 输入支付宝支付密码；❷ 单击"确认付款"按钮，如下图所示。

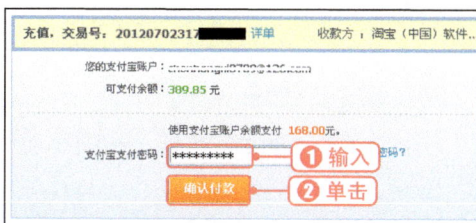

⑧ **订购软件成功。**

稍等片刻，提示"软件服务订购成功"，如右图所示。

✅ **软件服务订购成功！**

软件服务名称：营销套餐标准版
订购时间：2012-07-02 17:13:58
订购期限：**12个月**（从2012-07-02 至 2013-07-02）
订购价格：168.00元
账户余额：**0.00**元

8.3.4 让钻石展位带来钻石效应

"钻石展位"是淘宝图片类广告位自动竞价平台，是专为有更高信息发布需求的卖家量身定制的产品。它精选了淘宝最优质的展示位置，通过竞价排序，按照展现次数计费；性价比高，更适于店铺、品牌及爆款的推广。

1 了解钻石展位

"钻石展位"是按照流量竞价售卖广告位的，计费单位是"每千次浏览单价"（CPM），即广告所在的页面被打开1000次所需要收取的费用。钻石展位不仅适合发布宝贝信息，更适合发布店铺促销、店铺活动、店铺品牌的推广。它可以在为店铺带来充裕流量的同时，增加买家对店铺的好感。如下图所示，首页Banner位置就是钻石展位。

淘宝钻石展位产品的特点如下。

- **价格高昂**：钻石展位的价格非常高，比直通车还要昂贵，但是其效果无疑是淘宝推广中最好的。
- **超炫展现**：展现形式更炫丽，展现位置更大，展现效果更好。
- **超优产出**：不展现不收费，自由组合信息发布的时间、位置、花费，轻松达到最优异的投产比。

2 加入钻石展位

同直通车、淘宝客一样，我们都能在卖家后台的营销入口找到"钻石展位"这个推广工具。

① 进入开通页面。

在推广工具中单击"钻石展位"图标，即可转入如下图所示钻石展位页面。如果想要开通这个工具，首先要参加培训课程；在参加完课程之后，就会给你开通钻石展位的权限了。

② 单击"展示位资源"导航。

在开通权限后，就可以进入钻石展位后台了。在这里可以很直观地看到个人账户、公告区以及展示位推荐区。如果想查看更多的展示位，单击顶部的"展示位资源"导航，如下图所示。

③ 设置展位活动。

进入到"展示位资源"列表页面，❶选择要参加的钻石展位活动；❷单击你想要加入的推广展示位后的"参加出价"按钮，就可以查看该展位的详细信息，如右图所示。

④ 单击"创建素材"按钮。

在出价页面中可以看到该展示位的各项信息，包括当前竞价情况、每日总展现量等。首先需要添加符合此展位尺寸的素材，素材必须通过审核才能竞价此展示位，单击"创建素材"按钮，如下图所示。

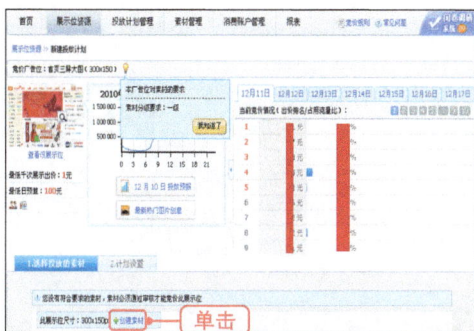

⑤ 创建活动素材。

❶ 在打开的"创建素材"页面中，设置素材类型、素材名称、URL链接以及上传素材；❷ 完成后单击"保存"按钮，如下图所示。

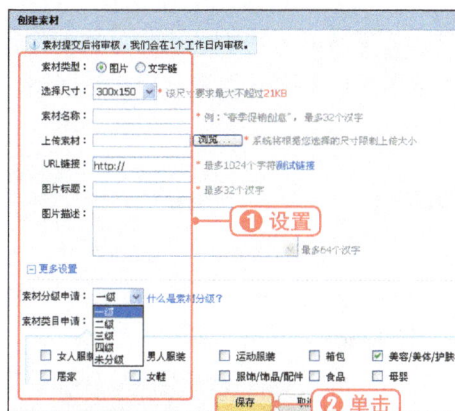

⑥ 命名投放计划。

制作好展示图片并通过审核后，就可以创建投放计划了。首先为投放计划命名，以便于以后区分，接着选择投放日期、投放时段和填写竞价，如右图所示。

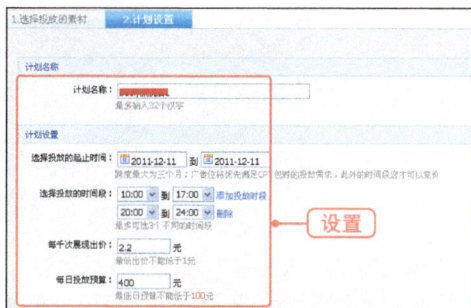

⑦ 完成钻石广告设置。

设置完成后，就可以对你喜欢的展示位置的某个时间段的"千人展示成本"的单价进行自由出价了，价格高的卖家的推广信息将被优先展示。

钻石展位图片格式

知识加油站　　　钻石展位不仅支持图片格式，更支持.gif、.swf等动态格式。你可以把自己的展示图片做得非常漂亮，同时钻石展位的尺寸都比较大，可以最大限度地吸引买家进入你的店铺。

8.4 学会网外推广淘宝店铺

要想让自己的店铺访问量越来越多，那么除了在淘宝网中进行各种推广外，还需要卖家通过其他各种途径进行推广。我们可以这样认为，只要是上网的人群，就有着网上购物的潜力，因而广大卖家在经营网店过程中，还可以经常在论坛或者QQ、MSN中来宣传自己的网店。

8.4.1 用QQ宣传店铺

绝大多数上网用户都会用到QQ，它是目前国内最流行的IM聊天软件，同时它包含普通群、论坛、电子邮件等多种交流方式，可以帮助淘宝卖家们进行有力的宣传，如下图所示。

我们在使用QQ过程中，可以通过以下几种方式来对店铺进行推广。

- 将店铺宣传信息发送给自己的QQ好友，如"这是我的网店，有空去看看"等，由于QQ中的好友大多为熟人，因为宣传内容不必太过华丽，简单直观即可，当然也可以让自己的朋友继续为自己宣传。

- QQ群也是宣传店铺非常好的途径，只要编辑一条宣传信息，就可以让群里面的所有成员都看到。至于采用哪种宣传方式，则需要根据QQ群的类型来确定，因为有些QQ群是不允许发广告的。

- 将店铺的地址设置为QQ签名，如"我的网店——173XXXXX.taobao.com"等，这样QQ或MSN好友通过好友列表或者聊天窗口，就能看到我们的店铺地址。如果有兴趣，就会进入到店铺中去看看了。

- 还有一种就是通过QQ邮箱进行电子邮件推广，如果要采用电子邮件宣传，一般可以通过"群发邮件"功能向多位联系人发送宣传邮件，或者通过贺卡的方式来附带宣传。

8.4.2 利用邮箱宣传店铺

现在不管注册什么网站（如人人网、豆瓣网），或者注册QQ、微博等，都需要提交一个邮箱，因此普通用户的邮箱使用频率还是很高的。作为淘宝掌柜，平时应该注意多收集用户邮箱。

当有新产品的时候，就可以直接通过邮箱发送商品详细信息给对方，这样可以省去发送短信的费用，而且描述信息更加全面，也不至于让客户感觉讨厌。

8.4.3 利用百度推广店铺

百度旗下的百度贴吧、百度知道，都是很强大的免费推广平台。只要应用得当，可以为我们店铺带来不少的流量。

- 百度贴吧的推荐方式很简单，只需进入相关贴吧，然后发帖即可。注意内容不要太过于张扬，可以含蓄一点，先介绍一些相关知识或者经验，然后在末尾位置留下店铺或者产品名称，这样不但可以避免被贴吧吧主删除，还可以增加其他用户浏览此帖的概率。

- 百度知道平台，也是一种很好的推广方式，因为目前国内的用户都习惯用百度回答各种问题。在这里通过自问自答的方式，就能够让有相同兴趣的人看见自己的推广信息。首先多注册几个百度账号，然后用小号提问，比如，"哪里买手机便宜"，再用自己的大号回答，"XX淘宝店全国直销，非常便宜"，这样就间接推广自己的产品了。当有人搜索相同内容时，就会看见。

8.4.4 在新浪微博上做广告

新浪微博是中国最大的微博平台之一。它拥有超5亿的注册用户，包括了名人、企业等众多主流人群，是淘宝店进行网络营销的最佳平台。

这里建议想要微博上做推广的淘宝卖家们，都注册新浪微博（国内第一），然后逐步提升自己的微博人气。当你的人气积累到一定程度后，你所发送到消息，都会有不少人关注的。

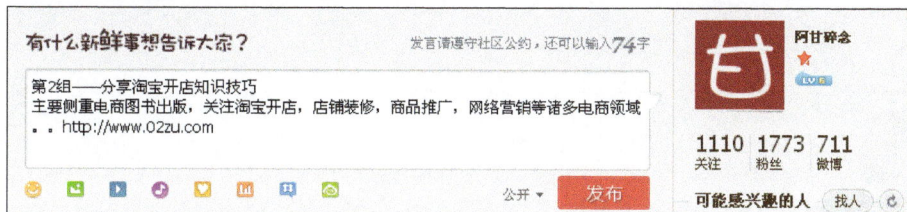

轻松卖出
第一件宝贝

本章导读

　　淘宝网的整个交易流程就是买家拍下宝贝后打款到支付宝，卖家发货，买家收到货后确认收货，这时卖家才能收到货款。那么在这个交易过程中，卖家如何才能做好出售的相关事宜呢？本章将来介绍这方面的内容。

知识技能要求

　　通过本章内容的学习，读者能够学习到如何轻松卖出店铺中的第一件宝贝。其中内容包括阿里旺旺的使用、淘宝站内交流、一般交易的操作流程等。学完本章内容后，大家需要掌握的相关技能知识如下：

❖ 使用阿里旺旺卖家版
❖ 即时和买家交流促成交易
❖ 顺利售出第一件宝贝

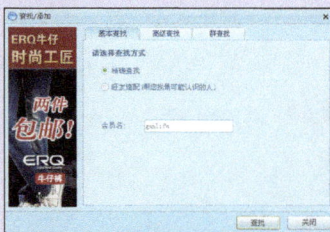

9.1 使用阿里旺旺卖家版

阿里旺旺是淘宝网针对买家与卖家所提供的一款即时交流工具，与我们平时使用的QQ等聊天工具类似。作为卖家，使用阿里旺旺可以随时监督自己的店铺，一旦有买家上门，还能够即时与买家沟通并留住买家。

9.1.1 登录和设置阿里旺旺

与其他软件一样，我们要使用阿里旺旺，首先需要进入到淘宝网中下载阿里旺旺安装程序并在电脑中安装。完成登录后，为了让软件更符合实际使用的需要，还需要做一些具体的设置与更改，比如添加自动回复信息、个性签名等。

> **光盘同步文件**
>
> **同步视频文件**：光盘\同步教学文件\第9章\9.1.1.mp4

① 启动阿里旺旺程序。

在桌面上双击阿里旺旺卖家版启动程序图标，如下图所示。

双击

② 进行旺旺登录。

❶ 打开软件登录界面，输入登录账户和密码；❷ 单击"登录"按钮，如下图所示。

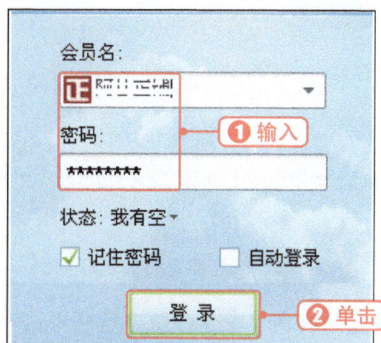

会员名：

密码：

❶ 输入

状态：我有空▾

☑ 记住密码　☐ 自动登录

登录　❷ 单击

③ 更改个性签名。

直接单击会员名下方的输入框，可以直接输入新的签名，如右图所示。

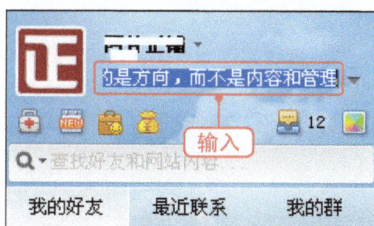

的是方向，而不是内容和管理

输入

Q ▾ 查找好友和网站内容

我的好友　　最近联系　　我的群

4 单击"设置"选项。

❶ 单击个性签名右侧下三角按钮；
❷ 单击"设置"选项，如下图所示。

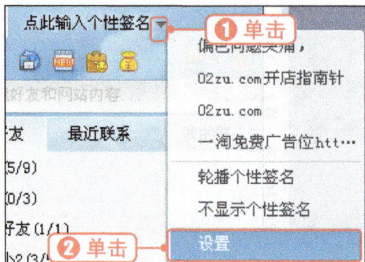

5 单击"新增"按钮。

默认进入"个性签名设置"页面，单击"新增"按钮，如下图所示。

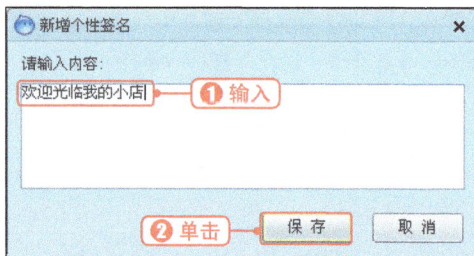

6 输入个性签名内容。

❶ 输入个性签名内容；❷ 单击"保存"按钮，如下图所示。

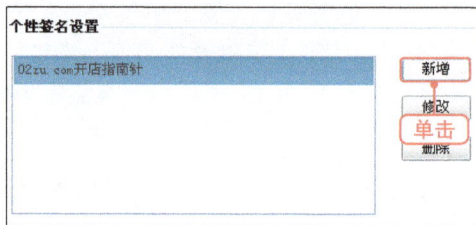

7 设置聊天常规属性。

❶ 切换到"聊天设置"选项卡；❷ 单击"常规"选项；❸ 针对使用习惯进行相应的设置，如下图所示。

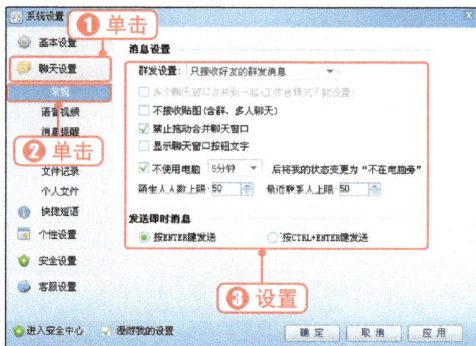

8 设置陌生人屏蔽属性。

❶ 切换到"安全设置"选项卡；❷ 单击"防骚扰"选项；❸ 针对陌生人信息进行过滤设置，如右图所示。

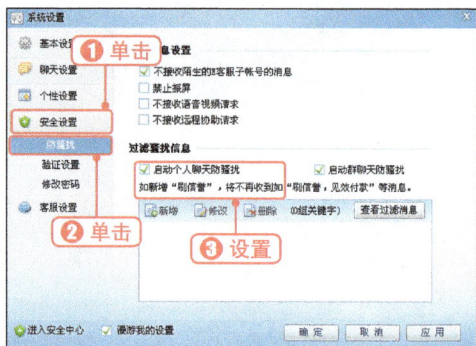

⑨ 完成旺旺设置。

根据自己的使用习惯，切换到其他选项卡，进行软件的其他方面设置，完成后单击"确定"按钮，应用设置效果。

系统设置

知识加油站　　在"系统设置"对话框下，可以就文件传输、聊天记录的保存、消息提醒的方式等多个运行选项做具体的设置，这都需要根据实际的使用情况来调整，从而让阿里旺旺真正成为有助于自己的工具。

9.1.2 编辑店铺个性名片

阿里旺旺中的个人资料也是宣传自己网店的重要方式，比如可以将签名信息改为自己的网店地址、将个人头像修改为网店店标等。

光盘同步文件

同步视频文件：光盘\同步教学文件\第9章\9.1.2.mp4

---

① 单击个人形象图标。

返回阿里旺旺主面板，单击左上角的个人形象图标，如下图所示。

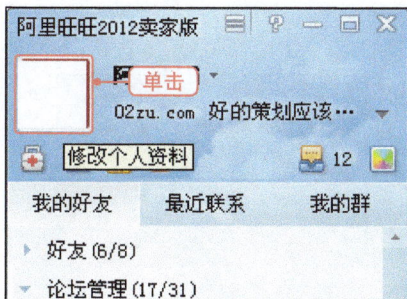

② 单击"修改头像"按钮。

❶ 打开"我的资料"对话框，设置备注信息等个人资料；❷ 单击"修改头像"按钮，如下图所示。

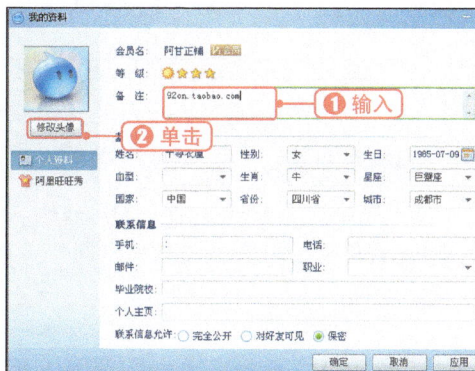

③ 单击"浏览"按钮。

打开"**修改头像**"对话框，单击"**浏览**"按钮，如下图所示。

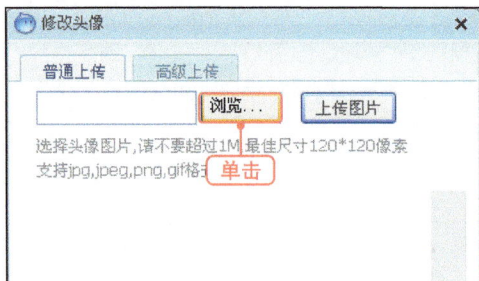

④ 选择保存的图片。

❶ 选择自己店铺的LOGO图片；**❷** 单击"**打开**"按钮，如下图所示。

⑤ 单击"上传图片"按钮。

返回"**修改头像**"对话框，单击"**上传图片**"按钮，如下图所示。

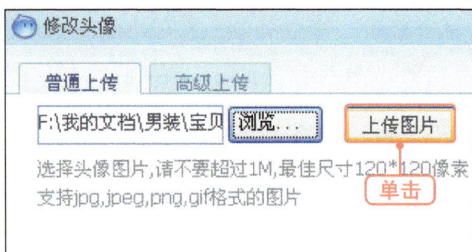

⑥ 单击"保存"按钮。

预览上传的图片，单击"**保存**"按钮，如下图所示。

⑦ 查看新的个人头像。

返回阿里旺旺软件主界面，即可看到个人头像已经修改完成了，如右图所示。

9.1.3 为阿里旺旺进行分类

一旦进入我们的店铺并通过阿里旺旺进行交流的买家，无论最终是买还是不买，都属于我们的潜在买家。因此，我们应该对这些买家进行分类，以便有效管理。下面来看如何对阿里旺旺进行分类。

光盘同步文件

同步视频文件：光盘\同步教学文件\第9章\9.1.3.mp4

① 选择"添加组"命令。

❶ 在阿里旺旺软件主界面"未分组好友"处单击鼠标右键；❷ 选择"添加组"命令，如下图所示。

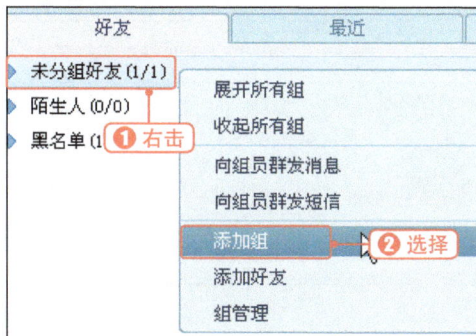

② 重新修改新添加组名称。

重新修改新添加组名称，按Enter键，完成新组创建，如下图所示。

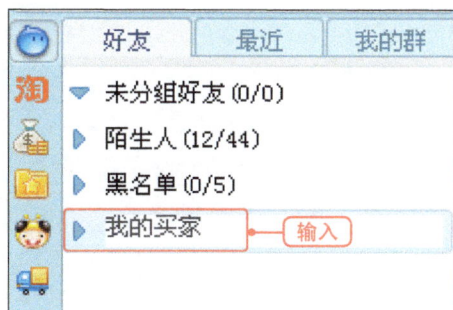

③ 选择"添加好友"命令。

❶ 用鼠标右键单击当前新创建的组；❷ 选择"添加好友"命令，如下图所示。

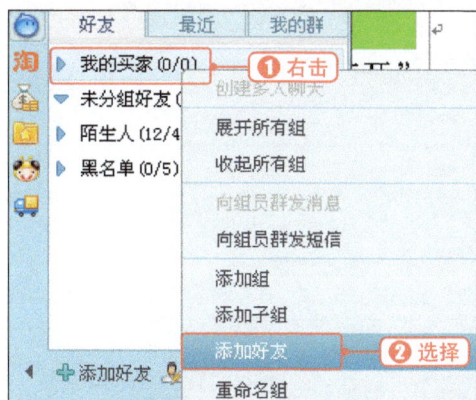

④ 输入要添加的会员名。

❶ 输入要添加的会员名称；❷ 单击"查找"按钮，如下图所示。

⑤ 选择查找到的用户。

❶ 选择符合条件的用户；**❷** 单击"加为好友"按钮，如下图所示。

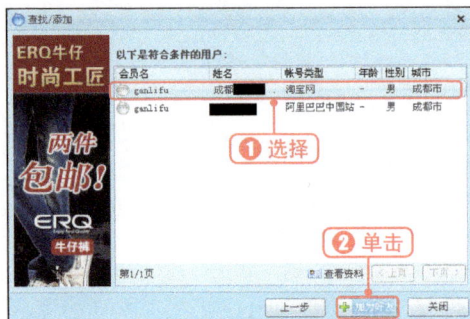

⑥ 输入验证字符。

❶ 输入验证字符；**❷** 单击"确定"按钮，如下图所示。

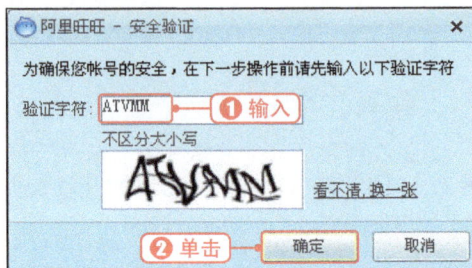

⑦ 添加好友成功。

❶ 设置好友的显示名称；**❷** 将添加的好友添加到当前创建组中；**❸** 单击"完成"按钮，如右图所示。

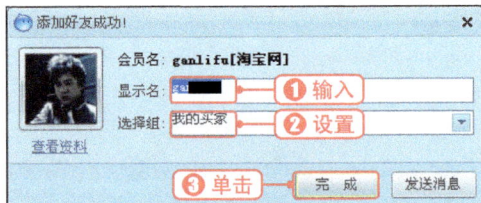

9.1.4 创建属于自己的买家交流群

旺旺群可以将一些爱好相同，或者有某些共同目标的朋友聚在一起交流。而通过这一功能，也可以将自己的老顾客都聚集起来，以便及时发布自己店铺的新宝贝以及打折信息等内容。

光盘同步文件

同步视频文件： 光盘\同步教学文件\第9章\9.1.4.mp4

① 双击启用群功能。

❶ 切换到"我的群"选项卡；**❷** 双击"立即双击启用群"，如右图所示。

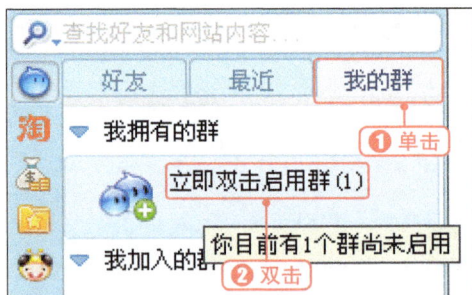

② 设置群相关信息。

❶ 设置群名称/群分类/群介绍等相关信息；❷ 设置其他人进群的验证方式；❸ 单击"提交"按钮，如下图所示。

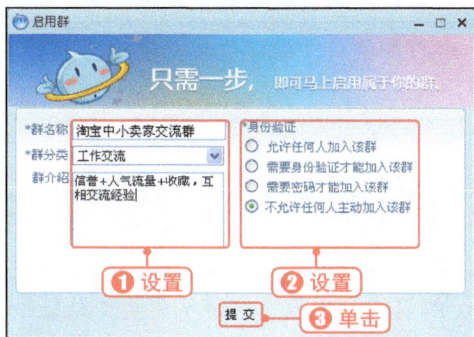

③ 单击"邀请成员加入"按钮。

提示启用群成功，单击"邀请成员加入"按钮，如下图所示。

④ 添加邀请的好友。

❶ 在左侧选择要邀请的好友；❷ 单击"添加"按钮；❸ 单击"确定"按钮，如下图所示。

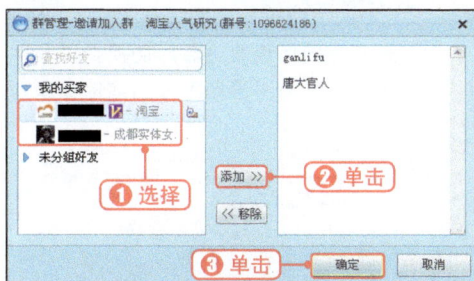

⑤ 单击"确定"按钮。

提示邀请请求已发出，单击"确定"按钮，如下图所示。

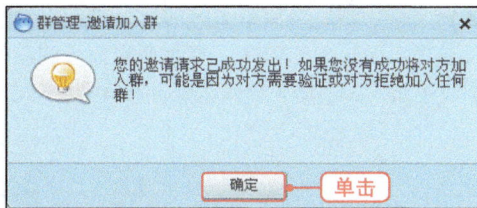

⑥ 打开群聊天窗口。

返回软件主界面，在"我的群"中双击群图标，即可打开群窗口进行聊天，如右图所示。

9.2 即时和买家交流促成交易

当买家有购买意向后，首选的交流方式当然是阿里旺旺。对于卖家而言，此时和买家的交流就非常重要了。合理引导，耐心解说，才能让你赢得商机。下面就来看看如何通过阿里旺旺与买家交流。

9.2.1 回复买家站内信

站内短信是买家与卖家相互交流的平台，我们可以主动给买家发送站内信息，也可以接收到买家发来的信息后进行回复。一般来说，只有不经常使用阿里旺旺的买家，才会使用站内短信与卖家交流，而对于发送咨询信息的买家，一般其购买意向是比较明确的。

> **光盘同步文件**
> **同步视频文件**：光盘\同步教学文件\第9章\9.2.1.mp4

① 单击"站内信"链接。

进入到淘宝网并登录，如果听到短信息提示音，那么页面最上方的"站内信"链接后将显示相应的数字，表示新短信息的数目，单击"站内信"链接，如下图所示。

② 查看信件标题。

❶ 进入站内信查看页面，切换到"收件夹"；**❷** 在下方单击买家发来的信件标题，如下图所示。

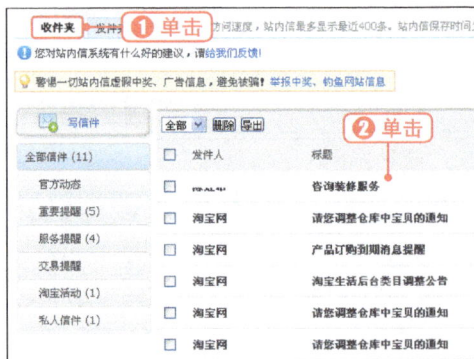

问：这里的淘宝信和私人站内信有什么区别？

疑难解答

答：进入到站内信箱页面后，在页面中有多个与"淘宝"相关的信息标签，这里主要显示来自淘宝的各种信息，而最近一封"私人信件"才是来自买家的信息。

③ 单击"回复该信件"按钮。

查看买家来信内容，单击"回复该信件"按钮，如下图所示。

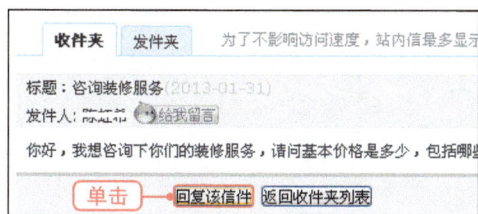

④ 回复买家信件。

❶ 输入回信内容；**❷** 输入检验码；**❸** 单击"发表"按钮，如下图所示。

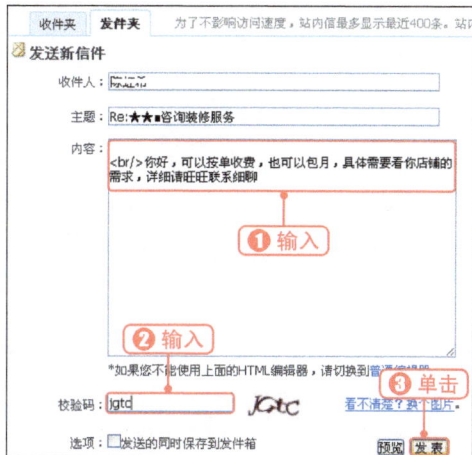

9.2.2 使用阿里旺旺和买家在线交流

如果卖家在线并登录了阿里旺旺，当买家通过店铺上的阿里旺旺发来咨询信息时，即可充分通过阿里旺旺这个聊天软件来促成交易了，相关操作步骤如下。

光盘同步文件

同步视频文件：光盘\同步教学文件\第9章\9.2.2.mp4

① 收到买家咨询提示。

当有买家在我们店铺中找到合适的商品，并通过旺旺发送消息后，会自动在系统右下侧弹出信息提示，单击可打开消息对话框，如下图所示。

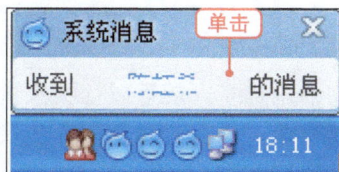

② 输入聊天信息。

在打开的对话框中，查看买家发送的消息内容，如下图所示。

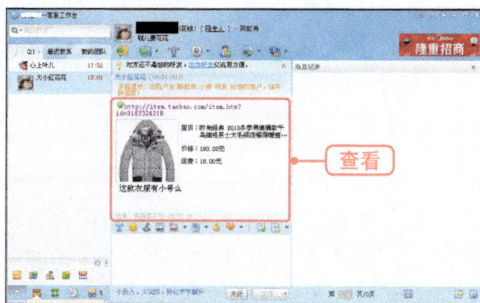

③ 单击"选择表情"图标。

❶ 输入回复信息；**❷** 单击"选择表情"图标，如下图所示。

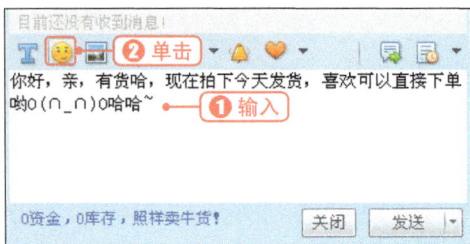

④ 选择表情样式。

在打开的表情列表中，选择一个表情图像，在右上侧会显示缩略图，如下图所示。

⑤ 单击"发送"按钮。

插入表情图像成功，单击"发送"按钮，如右图所示。

利用表情拉近距离

知识加油站　　好的卖家一定要记住，"好生意，都是谈出来的"，因此在我们和买家沟通聊天的时候，可以多插入一些表情来和买家进行沟通，这样可以更加形象地拉近与买家之间的距离，让对方倍感亲切。

在后续的对话过程中，卖家通过旺旺耐心细致地解释买家的各种问题与疑虑，并争取到让买家下单，这样针对一个买家的聊天过程就算结束了。当然，在商品的售后方面，买家也会通过旺旺来联系卖家。不论在哪方面，与买家对话是个技巧问题，我们一定要分析与掌握买家的各种心理，通过对话使得买家确定购买商品。

9.2.3 "谈"出来的好生意

推广得再好，不如买家下单好。有时只要一句话说错了，就可以让买家流失。因此广大卖家在与买家沟通时，一定要注意自己的言语，掌握好发言内容的尺度。下面列出一些与买家交流时的禁忌事项，卖家在交流时可以作为参考。

① 打消买家对售后的疑虑

在市场竞争越来越激烈的今天，随着买家消费观念的变化，买家不管是在实体店中购物还是在网店中购物，都已经开始重视售后服务。

实体店铺的地理位置固定，轻易不会搬家，当买家需要售后服务时直接来到店铺中就可以了。但是网络店铺的虚拟性导致了买家有摸不着、看不见的感觉，于是买家往往对卖家做出的售后承诺不抱有太大的信任。所以对网店卖家来说，解决买家对售后问题的疑虑是重中之重。

解决售后问题主要可以分为两个阶段去完成：第一阶段就是售前将售后信息告知买家，增强其购买的信心；第二阶段是产生了售后问题的处理，避免产生纠纷，并利用好的售后手段提升买家的信任度。

顾客可能存在对售后服务的顾虑，可以采取有吸引力的售后保证措施，打消顾客的疑虑。

② 懂得适时地赞美买家

对于新开店的卖家来说，最难的莫过于信用低，买家不信任，是最郁闷的事情。借用小沈阳的话说："在淘宝开店最痛苦的事情是没买家，最最痛苦的事情是好不容易来一个又给跑了，最最最痛苦的事情是问了半天没买跑了。"

我们都知道，赞美别人是一门艺术。如果卖家运用得当，它会变成一种犀利的武器，让你战无不胜，攻无不克；可是如果运用得不好，就会让别人觉得有拍马屁的嫌疑，有时候反过来会让别人觉得不够真诚。

赞美是一件好事，但绝不是一件易事。赞美顾客需要审时度势，需要一定的技巧，否则可能把好事变成坏事。一句简单的赞美就可以拿下一笔交易。投其所好，适当赞美，满足买家的虚荣心，可以更轻松地拿下交易。

③ 多从买家角度着想

做生意如做人，要站在别人角度考虑问题，人是将心比心的。多为买家着想，不仅售前、售中的服务要好，售后的服务也要好。让买家买得开心，他才会把你当朋友，下次自然还会再买东西，而且他会给店铺好评，向他的朋友推荐你的店铺。

在交易活动中，卖家和买家的信息不是对称的。卖家对商品十分了解，对商品的描述也是下了很大工夫，但即使是这样，也无法完全地在网上再现商品；即便是在传统商场、超市购物，消费者对商品的了解也没有商家对商品的了解全面，所以要设身处地多为买家着想。

知识加油站

传递商品信息

卖家对自己的商品很了解，但如何把这种了解传递给买家，就要讲究方法了。首先把自己当做买家，真实、客观地介绍商品的性能、品质，有助于买家对商品产生更为客观的印象，为以后的交易达成打下基础。

9.3 顺利售出第一件宝贝

当和买家达成一致后，即可让买家拍下此商品并等待对方完成付款操作。这个过程中，卖家的工作主要是根据之前交流约定修改交易价格、安排发货等相关事宜。本节将会详细介绍这些流程操作。

9.3.1 根据交易约定修改价格

淘宝网大部分买家都喜欢议价，这就需要卖家修改交易价格后，买家才能付款。要修改原来商品的标价，可按如下步骤进行。

> **光盘同步文件**
>
> **同步视频文件**：光盘\同步教学文件\第9章\9.3.1.mp4

① 单击"已卖出的宝贝"选项。

在"交易管理"栏下单击"已卖出的宝贝"选项，如下图所示。

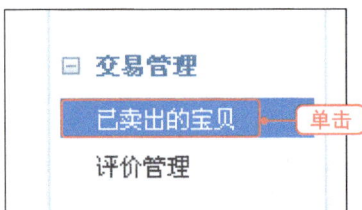

② 选择要修改价格的宝贝。

在右侧列表中，即会显示当前所有的出售宝贝信息，如下图所示。

③ 单击"修改价格"链接。

在需要修改的宝贝标题最后方，单击"修改价格"链接，如下图所示。

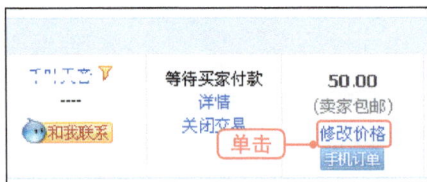

④ 设置折扣比例。

❶ 进入修改页面，输入要修改的幅度或比例；❷ 单击"确定"按钮，如下图所示。

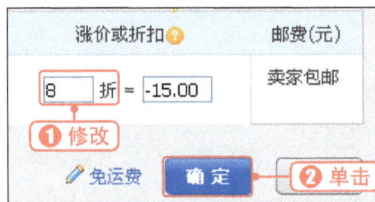

⑤ 查看修改的宝贝价格。

返回已卖出宝贝查看页面，查看已修改的宝贝价格是否正确，如下图所示。

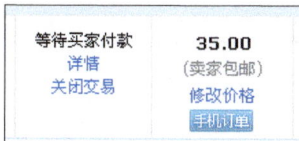

等待买家付款	**35.00**
详情	(卖家包邮)
关闭交易	修改价格
	手机订单

免运费

知识加油站

在第4步中单击"免运费"链接，可以直接减少商品的价格，而不是按照价格比例来进行减少。

9.3.2 确认订单开始发货

当确认买家付款后，我们就需要根据买家的订单来对商品进行包装，并联系快递公司给买家发货了。在发货前，我们需要根据订单来获取买家的收获信息，然后根据收货信息来填写物流单并发货，其具体操作方法如下。

光盘同步文件

同步视频文件：光盘\同步教学文件\第9章\9.3.2.mp4

① 单击"发货"链接。

在"物流管理"栏下单击"发货"链接，如下图所示。

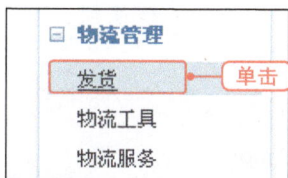

□ **物流管理**
发货 ←── 单击
物流工具
物流服务

② 单击"发货"按钮。

打开待发货页面，选择待发货商品，并在右侧单击"发货"按钮，如下图所示。

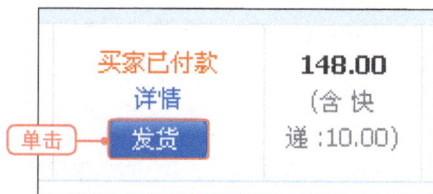

买家已付款　　**148.00**
详情　　　　　（含快
单击 → 发货　　递：10.00)

③ 查看发货信息。

在打开的页面上方显示了买家的订单商品以及收货地址、收货人等信息。根据信息准备商品并填写快递单后，通过快递公司将商品发出，如下图所示。

第一步 确认收货信息及交易详情

订单编号：3126215930 创建时间：13:09:49

[盐男装] ZARA 10新款男士黑色...
尺码：L　　　　　168.00 × 1
颜色：黑色

买家选择：快递
我的备注：

买家收货信息：

快捷发货

知识加油站

当买家付款以后，就可以直接联系快递公司上门收货发送快递了。这里的操作只是完善自己在淘宝的交易流程，实际上对快递发送没有影响。

④ 确认发货信息。

❶ 将商品发货后，还需要在页面中完善物流信息。在页面下方的"第三步"区域中选择采用的物流方式，如这里选择"自己联系物流"；❷ 在列表中选择使用了哪个物流公司发货以及填写货运单号；❸ 单击"确认"按钮，如下图所示。

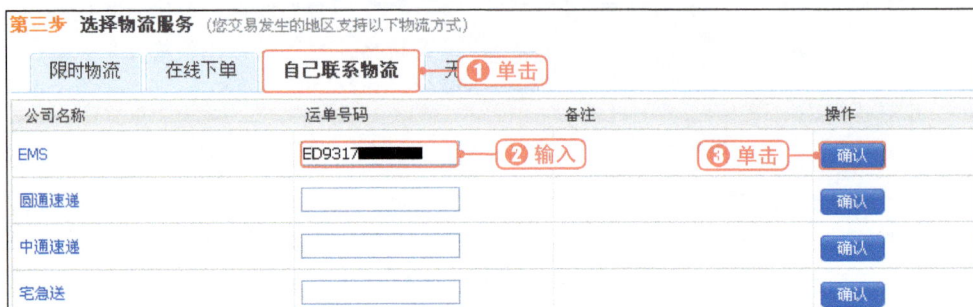

第三步 选择物流服务 (您交易发生的地区支持以下物流方式)				
限时物流	在线下单	自己联系物流	无 ❶ 单击	
公司名称	运单号码	备注		操作
EMS	ED9317 ❷ 输入		❸ 单击	确认
圆通速递				确认
中通速递				确认
宅急送				确认

⑤ 发货后的善后处理。

当卖家发货并在淘宝网中完成发货流程后，我们可以将运单号码以及物流公司网址告知买家，方便买家在线跟踪物流的运输进度。此外，也可以查询后将进度告知买家。

9.3.3 交易成功给买家好评

当买家收到货并对商品比较满意时，通常会主动登录到淘宝网确认收货并对卖家进行评价。对于卖家来说，只有当买家确认收货了，我们才能拿到货款，同时买家的评价对卖家的影响也是至关重要的。

光盘同步文件

同步视频文件：光盘\同步教学文件\第9章\9.3.3.mp4

① 单击"评价"链接。

当卖家确认收货后，进入"已卖出宝贝"页面，可以看到已经成功的交易列表右侧显示为"对方已评"，单击下方的"评价"链接，如右图所示。

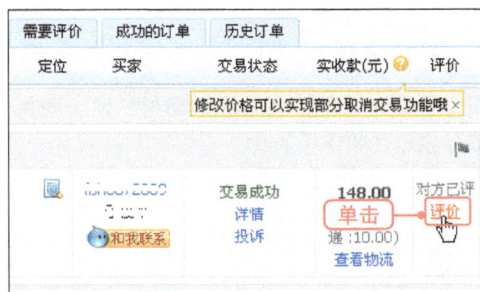

需要评价	成功的订单	历史订单		
定位	买家	交易状态	实收款(元) ❓	评价
		修改价格可以实现部分取消交易功能哦 ×		
		交易成功	148.00	对方已评
	和我联系	详情 投诉	(运：10.00) 查看物流	单击 评价

② 对买家进行评价。

❶ 在打开的页面中，勾选"好评"项；
❷ 在下方的文本框中输入评价内容；❸ 单击"提交评论"按钮，如右图所示。

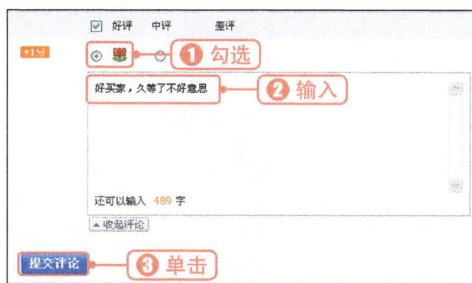

问：买家在收货后，一直没有确认收货与评价，该怎么办呢？

疑难解答

答：这时我们可以通过旺旺先联系买家并引导买家确认收货与评价，如果买家对商品无异议，但出于各种原因无法及时评价，那么淘宝在15天之内会自动将货款支付给卖家，同时自动给予卖家好评。

Chapter 10

好的包装、物流是成功的一半

本章导读

当买家从我们网店中购买商品后，我们就需要按照订单来对商品进行包装并给买家发货。因而对于经营网店来说，商品的包装与物流环节是非常重要的；对于卖家来说，非常有必要了解商品的包装方法以及各种物流公司的服务与收费标准，确保交易后的商品能够快速、安全地到达买家手中。

知识技能要求

通过本章内容的学习，读者能够学习到如何将出售的商品完好地发送到买家手中，同时在这个过程中了解到关于商品包装的一些知识。学完本章后需要掌握的相关技能知识如下：

❖ 让你的包装更有价值
❖ 淘宝网店的主要物流方式
❖ 选择合适自己的送货方式
❖ 跟踪货物运输进度
❖ 快递纠纷与处理

10.1 让包装更能体现价值

当买家在网店中下订单后，我们就需要根据订单准备商品。由于绝大多数网上交易都是通过物流公司来完成的，因而必须对商品进行包装，使得商品能够完好无损地到达买家手中。

10.1.1 宝贝包装的一般性原则

作为一位成功的卖家，衡量的指标之一就是体现在包装细节上。当你和别的卖家产品同质化时，包装是感否具有鲜明的特色就是取得成功的关键了。在包装产品时要注意两点：完整性和美观性。

1 包装的完整性

所谓完整性，就是产品经过包装，能够在送至顾客手中时和你在产品描述中的一样，如产品的重量、规格、颜色、质量等。这就要求我们在包装时注意包装盒是否结实，因为产品通常需要经过长途运输后才能到达顾客的手中，如下图所示。

用坚硬的纸盒包装

2 包装的美观性

如果我们随便用报纸包装产品，当买家拿到货品时，也可能因心理感受造成负面的评价。除了商品本身的完整性之外，包装精巧的商品必然能博得顾客的喜爱，如下图所示。我们在包装时，还可以赠送该产品的辅助用品，来增加产品亮点。

精美的包裹

10.1.2 常用的包装方法

一般商品根据包装方法的不同，选择不同的包装材料。常见的包装材料主要有纸箱、编织袋、泡泡纸、牛皮纸以及内部的填充物等。

- 纸箱是使用比较普遍的包装方式，其优点是安全性高，可以有效地保护物品，而且适当添加填充物对运输过程中的外部冲击起缓冲作用；缺点是增加了货物重量，运费也会相应增加。
- 编织袋适用于各种不怕挤压与冲击的商品，优点是成本低、重量轻，可以节省一点运费；缺点是对物品的保护性比较差，只能用来包装质地柔软、耐压耐摔的商品。
- 泡泡纸（袋）不但价格较低、重量较轻，还可以比较好地防止挤压，对物品的保护相对比较强，适用于包裹一些本身具有硬盒包装的商品，如数码产品等。另外，泡泡纸也可以配合纸箱进行双重包装，加大商品的运输安全系数。
- 牛皮纸多用于包装书籍等本身不容易被挤压或摔坏的商品，可以有效防止商品在运输过程中的磨损。下图所示为几种不同的包装材料。

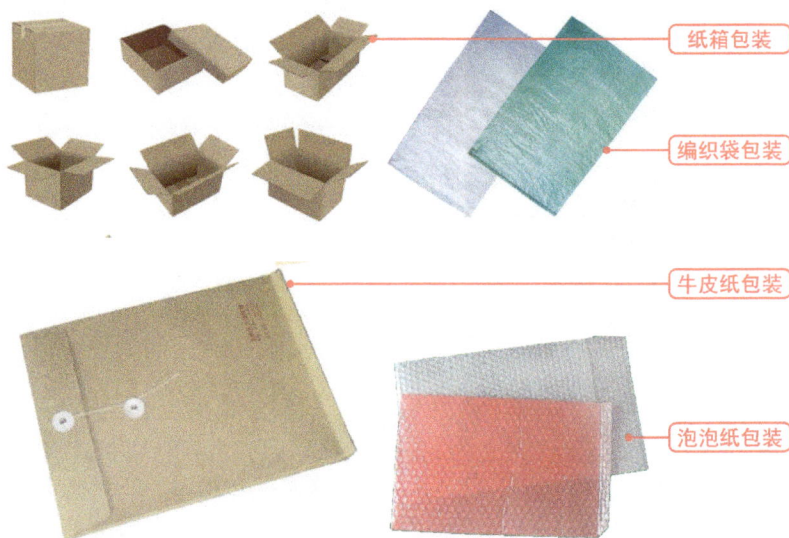

纸箱包装

编织袋包装

牛皮纸包装

泡泡纸包装

对于使用纸箱包装的商品，一般内部填充物可以因地制宜来选择，常用的主要有泡沫、废报纸等。另外，对于一些商品，如服饰、数码产品、未密封的食品等，在包装时需要考虑到防水与防潮因素；包装后，可以采用胶带对包装口进行密封。

10.1.3 不同宝贝的包装方式

由于各个卖家销售的商品不同，因而在针对自己商品进行包装时，也应该选择合适的包装方式，从而确保货物等安全到达买家手中。下面介绍一些常见商品宜采用的包装方式，以供大家参考。

- **易碎类商品：**这类商品主要有瓷器、玻璃制品、茶具以及各类工艺品等，在运输过程中一旦受到挤压或者摔击，就很容易破损，因此在包装时首要考虑的就是抗冲击、抗挤压。对于这类商品，建议使用硬度较强的纸箱来包装，并且内部尽可能多使用报纸、泡沫作为填充。

- **服饰类商品：**主要有衣服、鞋子、皮包等，这类商品一般不会受到挤压或摔击的影响，包装的重点应该是防水、防污。在包装时，可以先使用白纸或牛皮纸包好防止污损，外面再套一层或多层抗磨损的塑料袋，然后用胶带密封好即可，或者直接使用防水防染色的包裹袋。对于皮包等形状不规则的商品，可先用胶带封好口，再用纸包住手提带并贴胶带固定，以减少磨损。

- **首饰类商品：**首饰商品一般会附送首饰袋或首饰盒，包装时必须使用纸箱包装，内部则使用报纸或泡沫等填充物填充；外部纸箱四角用宽胶带密封，防止运输过程中浸水或者同时运输的液体货物泄漏而使自己的商品受污。

- **液体类商品：**这类商品主要有洗化用品、生活类用品等，由于商品本身就具备玻璃或者塑胶包装，因此在包装时主要考虑防漏防挤压，可以先用棉花或海绵彻底裹好，然后用胶带全面缠好。尽量多使用一些棉花或海绵，这样不但增强了抗挤压能力，而且即使液体漏出来也会被充分吸收。

- **数码/电器类商品：**主要有手机、相机、电脑以及各种电器等，这类商品一般本身就附带有较好的包装，具备一定的抗挤压与抗摔击能力，因此在包装时主要考虑增强抗冲击能力即可，如外部再套用一个纸箱，中间使用各种填充物填充等。

10.1.4 商品包装注意事项

了解了商品的包装方式后，广大卖家还应该注意不同商品包装时的一些注意事项，因为有时商品包装对买家收到货后的影响也是非常重要的。在包装商品时，主要应当注意以下细节。

- 无特殊需要，不建议将商品的价格标签放入包装箱内。因为有些顾客购买商品是用于送礼的，或者直接作为礼物发货给朋友。这类顾客一般是不愿意让对方知道礼物的价格以及购买地点的。

- 对于使用比较复杂的商品，如果在给买家的包裹中有针对性地写一些提醒资料，比如不同质地的衣服洗涤、收纳，个别数码类商品的使用注意事项等，这会让买家觉得卖家服务很周到，进而发展成为老顾客，甚至会给买家带来新的顾客。

- 不管我们销售什么商品，都应该使包装干净整洁；太过破烂的包装不但会让买家收货时对货物是否损坏产生怀疑，而且对商品的质量、买家的服务都会产生疑虑。

- 具备条件的话，可以在包装内附赠一些小卡片、小饰品或其他礼物，这会让买家产生商品超值的感觉，而且得到意外的礼物，买家对卖家的好感度也会增加。

总而言之，我们在包装商品时，从自身心理出发就应该将商品作为一件礼物来包装。在我们已经保障好商品质量的同时，赢得买家的好感也是非常重要的。

10.2 淘宝网店的主要物流方式

当前，大多数的网店均是借助快递公司（邮政、航空快递、铁路快递等）的物流渠道进行发货的。而选择不同的物流渠道，所要支付的物流成本也不尽相同。要选择适合的，就要先对各种物流渠道有比较清楚的认识。

10.2.1 方便的快递公司

选择快递公司来配送网店货品是现在网店卖家最主要的物流方式。相比其他物流方式来说，快递公司的配送比较灵活，而且在价格上也有一定的优势。其整个配送流程如下图所示。

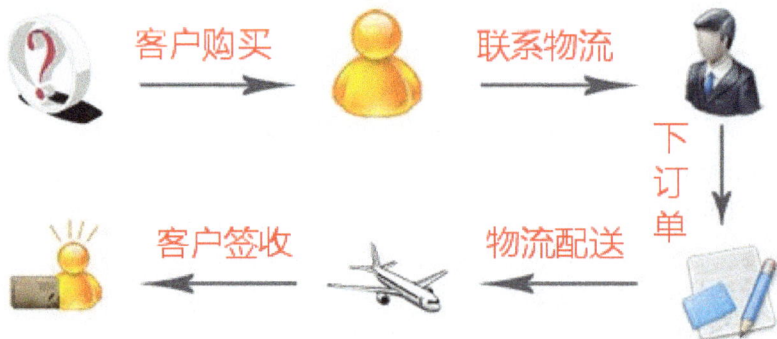

普通快递公司虽然在价格上比邮政EMS便宜，但知名度和信任度没有邮政局高，网络没有邮局广。比较知名的快递公司有申通、圆通、宅急送、韵达、中通等（这也是淘宝的推荐物流）。

1 顺丰速运

顺丰速运（http://www.sf-express.com）的服务质量和服务态度都不错，但是价位比较高，其官方网站如下图所示。

顺丰速运官网网站

顺丰速运适合快递急件、贵重物品以及易碎品，但是重量一定不要很重，否则要支付更多的快递费用。顺丰速运的承诺是24小时送到收件人手中，一般买家要求时间紧急的就可以选择顺丰速运。

2 圆通速递

在圆通速递（http://www.yto.net.cn）没有和淘宝合作的时候，就有很多卖家选择了圆通速递，其官方网站如下图所示。

圆通速递官网网站

圆通速递的服务比较好，价格要比其他快递公司的价格便宜，但缺点是到不了很多县级市和地级市，所以在要求快递上门取件之前，一定要咨询清楚后再决定是否使用该快递。

3 申通快递

申通快递（http://www.sto.cn）服务点比较普遍，全国一般的城市均可以到达，其官方网站如下图所示。

申通速递官网网站

此外，在申通快递网站上提供了可到达城市的详细查询信息，比较有特点的就是提供可批量查询快件进程的服务。

4 中铁快运

中铁快运（http:// www.cre.cn）是中铁集团旗下开设的快递网站。它运用全国的铁路网络，能够为用户提供大宗的货物运输，特别是很重的以及需要保价的大件商品，其官方网站如下图所示。

中铁快运官网网站

如果需要快递的商品快递费用超过30元时，最好的选择就是中铁快运。此外，上门取件还可以帮忙包装，只要是全国有火车站的地方都能到达。当然，如果需要送货上门，价格要相对高些。

5 DHL快递

当用户需要将货物运送到境外时，往往就需要委托国际快递公司来完成了。DHL（http://www.cn.dhl.com）是中国成立最早、经验最丰富的国际航空快递公司，也是全球快递、洲际运输和航空货运的领导者，其官方网站如下图所示。

DHL快递官网网站

由于要到达的国家地区、寄送的货物区别很大，所以DHL的费用是需要详细计算的；其费用会远高于国内快递，并且货物包装审核更加严格。

10.2.2 无处不达的邮政EMS快递

EMS指的是中国邮政提供的一种特快专递服务，主要是采取空运方式，加快递送，根据地区远近，1～8天到达。由于邮政属于国营企业，因此该业务在海关、航空等部门均享有优先处理权，相比其他快递更加高速，能够为用户特快传递国际国内紧急信函、文件资料、金融票据、商品货样等各类文件资料和物品。

用户通过EMS快递寄送货物后，可以通过官方网站查询送达信息（http://www.ems.com.cn/），如下图所示。

EMS快递官网网站

EMS最大特色

知识加油站

　　邮政EMS快递的特点除了速度快、覆盖面广、安全性高以外，最大的特色就是能够覆盖全国所有地点，包括比较偏远的山区，这是其他所有快递公司所不具备的。因此，EMS相比其他快递的服务收费都要高一些。

10.2.3 普通的邮政包裹

卖家在配送体积较大、买家对收货时间要求不是很紧急的商品时，可采用邮政包裹这种配送方式。虽然花费时间较长，但是费用较便宜。在网店的发展初期，配送的商品种类和数量都比较少时比较适用。

10.2.4 快捷的同城配送

如果顾客就在本市，可以考虑直接送货上门，这在商品数量少时比较适用。对于在本地区的客户，一般小的网店往往选择专人送货，并采用货到付款的方式。如果自己网店的规模越来越大，可以进一步考虑自建配送体系；当然也可以选择同城的快递公司来做。

知识加油站

同城快递

目前各快递公司除了提供全国快递服务外，还提供同城快递服务，首重收费在5元左右，一般不会超过10元。

10.3 选择适合自己的送货方式

对于淘宝卖家来说，适合自己的才是最好的。网店的经营利润本来就不高，如何开源节流需要卖家们时刻考虑。而这当中物流费用又是不得不支出的，所以选择适合自己的物流送货方式，并想办法节省邮费，就显得非常重要了。

10.3.1 选择更合适的快递公司

选择好的快递公司才能保证自己日常的经营活动更顺畅，因为如果选择一些不负责的小公司，那么我们的商品在运输途中或是在买家发起物流投诉时会显得很被动。选择的原则大致包括以下几方面。

1 看评价

选择快递公司的时候，可以在网上先看看其他网友的评价，对选择会有基本的帮助。网上有各种各样的针对快递服务的调查，如大众点评，用户可以在这里查看有没有比较可信的、安全的，并且是离自己比较近的快递公司，然后进行筛选，如右图所示。

知识加油站 快递服务网站

国内类似易递网的快递服务网站有很多，它们不但提供了各家快递公司的信誉评价，还提供了快递公司查找、快递服务价格查询、发件地址动态跟踪等功能，大家可以根据自己的需要来选择合适自己的服务。

2 看规模

在查看快递公司信誉的时候，大家应该选择至少两家以上的快递物流公司来进行比较，看其在全国的网点规模覆盖率如何，因为这直接影响到我们的营业范围。而如果是同城则建议找一些本地的快递公司，优点就是同城速度极快，而且有很大杀价空间。

3 看特点

依照快递公司的特性来选择快递，例如申通快递走江浙沪效率很好，那如果自己的商品都是发到那个范围就可以考虑；DHL快递则有"限时特派"这样的紧急快递业务；中国邮政EMS则具有最大的地域送达优势。

疑难解答 问：我选择的是一家国内很大的快递公司，为什么服务没有评价的那么好？

答：综合来说，目前国内的快递公司均存在各种各样的问题。究其原因，主要是由于快递行业从业人士众多，每个地域都有业务人员，而这些业务人员的素质千差万别，即使公司规定再多，到了这些服务人员手上也会有偏差。因此，最好的方法是在找到固定快递物流公司以后，与负责自己区域的业务人员拉好关系，这样可以帮助自己在发货和收货时，等到尽量好的服务。

10.3.2 如何节省宝贝物流费用

如何最大限度地节省快递费用，相信是每一位淘宝卖家都随时在考虑的问题。的确，网店利润的增长和物流费用的降低是息息相关的。不过这其实不难，大家可以从如下方向来考虑开源节流。

1 包网购邮政快递单

中国邮政绿色的国内普通包裹单，邮局价格为0.5元/张，而如果通过淘宝网购买则只需要0.26元/张，节约成本高达近50%，这对于网店规模大每天都有商品售出的卖家来说，是有非常好的节约效果的，如下图所示。

国内快递面单、快递运单、快递单、物料特价（四联单）	¥ 0.33 运费：10.00	上海	最近20人成交22笔 26条评论	消费者保障
韵达快运 快递单 面单 详情单 运单 不干胶修改贴 废弃快递单救星	¥ 0.15 运费：12.00	上海	最近28人成交32笔 16条评论	消费者保障

2 多联系几家快递公司

不同快递公司的资费标准各不相同，一般来说，收费越高的快递公司，货物运输速度也就越快。很多卖家在选择快递公司发货时，往往习惯选择一家快递公司，这样不但无法了解到其他快递公司价格，而且由于所选快递不存在竞争，在运费上也不会让步太多。

选择多家快递公司还有一个好处，就是我们在发货时，可以同时联系多家快递业务员上门取件，故意让快递业务员知道存在竞争；有些情况下，快递业务员之间的价格竞争，最终受益的就是发货人。

3 不要贪图便宜

有些小的快递公司确实便宜，甚至听说过到达江浙沪只收6元。但这样的公司肯定是联盟性质的小公司，寄送时间慢、包裹丢失、晚到等情况时有发生，有时还查询不到快递信息。建议在充分比较各大快递公司后，选择价格方面最有优势的一家吧！

4 包大宗物品采用火车托运

火车托运价格很低，而且速度也较快。全国范围内根据到站不同，价格也不同，从1~3元/kg都有，最低收费1元，可以去火车站买一份火车托运价格表来具体查询。

E邮宝

知识加油站

选择"E邮宝"也是节省物流费不错的方法，这是中国速递服务公司与支付宝联合推出的国内经济型速递业务，采用全程陆运模式，其价格较普通EMS有大幅度下降，但其享有的中转环境和服务与EMS几乎完全相同。

5 快递公司讲价技巧

目前快递公司均可以灵活讲价，不过要想成功降低快递费用，我们还需要了解与快递公司讲价的一些技巧。下面介绍常用的一些讲价方法，卖家可根据实际情况作为参考。

直接找快递业务员讲价，而不要找快递公司客服或前台人员讲价。

- 在讲价过程中，适当夸张自己的发货量。因为如果发货量较大，业务员为了稳定业务，一般会在价格上有一定让步。
- 用其他快递公司价格对比。在讲价时和业务员谈及其他快递公司的价格要低很多，一般还是可以讲下一定价格的。
- 掌握讲价幅度，如同日常购物砍价，假如15元的快递费用，我们想讲到12元，那么要和业务员先砍到10元。这样即使对方不同意，但最终可能就以12元的折中价成交。

10.4 跟踪货物运输进度

通过任意一种物流发货后，都会留下一份发货单。在买家收到货物并确认之前，我们必须将发货单保存好，以便于处理发货后期可能出现的纠纷。一般发货后，买家都会关心发货进度，我们就可以通过发货单号来跟踪货物的运输进度，并告知买家。

10.4.1 在线跟踪EMS运输进度

邮政EMS快递查询的网址为http://www.ems.com.cn，我们只要进入到该网站中，通过货单号即可查询运输进度，其具体操作方法如下。

光盘同步文件

同步视频文件：光盘\同步教学文件\第10章\10.4.1.mp4

① 进行EMS快递单号查询。

❶ 打开EMS查询站点，在EMS框中输入货单号；**❷** 在验证码框中输入验证码；**❸** 单击"查询"按钮，如下图所示。

② 查看快递结果。

稍等之后，在打开的页面中即可显示出当前快递到达的地点、时间等运输状态，如下图所示。

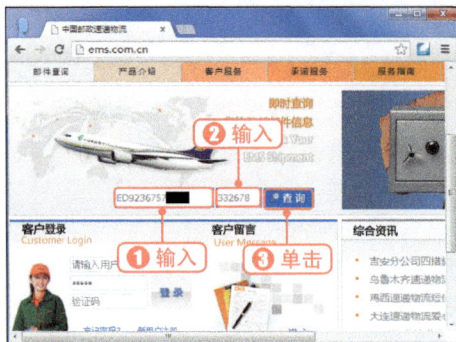

10.4.2 在线跟踪申通快递公司运输进度

目前物流均提供了在线跟踪运输进度的服务，当我们通过快递公司发货后，也可以登录到快递公司网站，方便地跟踪货物运输进度。以在线跟踪申通快递单为例，其具体操作方法如下。

光盘同步文件

同步视频文件：光盘\同步教学文件\第10章\10.4.2.mp4

① 进行申通快递单号查询。

❶ 打开申通快递网站（www.sto.cn），在页面左侧的"查询"框中输入快递单号；**❷** 单击下方的"查询"按钮，如下图所示。

② 查看快递运送状态。

稍等之后，在打开的页面中即可显示出当前快递到达的时间、地点等运输状态，如下图所示。

10.5 快递纠纷与处理

在通过快递公司发货过程中，有时候可能会遇到快递公司在运输时丢失或损坏货物，这种情况一般不多见。卖家一旦遇到，那么就应该联系快递公司协商赔偿或解决方案，同时也应当给买家一个良好的解决方式，不能由于快递的原因而延误买家。

10.5.1 运输过程中货物损坏

通常来说，如果快递公司在运输过程中损坏商品，那么买家是无论如何也不可以签收的。一旦买家签收，就意味着快递公司已经完成本次运输，不再负担任何责任。因此，对于易碎类商品，卖家在销售前有必要告知买家损坏拒绝签收。如果在运输过程中商品被损坏，那么就可以与快递公司协商赔偿问题。

与快递协商赔偿是一件非常费时费力的事情，如果发货方没有对商品进行保价，那么最终争取到的赔付金额也不会太多（通常对于没有保价的商品，赔付是根据运费的倍数来赔偿的，这笔赔偿数额可能远远低于商品价值）。由于快递公司丢失或损坏货物的概率非常低，因此多数卖家在发货时，一般没必要对商品保价，而一旦出现货物损坏情况，也只能尽力与快递公司周旋，争取到尽可能多的赔付金额。

另外，快递或物流公司对运输过程中的某些商品（如玻璃制品等）损坏是不予赔偿的，卖家在发货时就需要对一些易碎商品加固包装，最大程度地防止运输过程中出现商品损坏。而对于一些价值较高的贵重易碎物品，通常建议对商品进行保价。

10.5.2 运输过程中货物丢失

运输过程中丢失货物的情况也比较少见。一旦丢失货物，那么买家也就无法收到货物了，这时卖家一方面需要与快递公司协商解决，另一方面需要为买家补货或者以其他方式处理。

货物丢失的赔偿，也根据是否保价而定。如果没有保价，那么快递公司的赔偿方法有两种，一种是按照运费倍率赔偿，另一种是根据商品来酌情赔偿，但是最终不论采取哪种赔偿方式，可能也不足抵付商品的价值，而且快递公司的赔付流程相当烦琐，也会耗费卖家的更多精力。一般来说，如果本身商品价值不是太高，不值得花费太多精力用于赔付时，只要快递公司能给一个合理的赔付就可以考虑马上解决；但如果商品价值较高，而且快递公司赔付太低，就可以考虑通过法律等手段来解决。

总之，为了避免商品在运输过程中出现不可预料的损失，卖家在选择快递公司时，应该选择规模较大、口碑较好的快递公司，而不能为了低价选择小快递公司来发货；否则，就因小失大了。

Chapter

11

完善网店的售后服务

 **本章导读**

对于买家而言，有时或许服务才是他们真正的购买目的。而不管是网下实体店还是淘宝网店，有信誉且周到的客户服务系统的建立，都将大大提升店铺的形象，同时也会增加网店的受欢迎程度。

 **知识技能要求**

通过本章内容的学习，读者能够学习到如何完善自己网店的售后服务，努力为买家打造一流的购物环境。学完本章后需要掌握的相关技能知识如下：

❖ 了解与使用消费者保障服务
❖ 提供完善的网点售后服务
❖ 加入消费者保障服务体系

11.1 网店售后服务的具体工作

售后服务是整个交易过程的重点之一。售后服务和商品的质量同等重要，在某种程度上售后服务的重要性或许会超过信誉，因为有时信誉不见得是真实的，但是好的售后服务是无法做假的。

11.1.1 树立售后服务的观念

好的售后服务会带给买家非常好的购物体验，可能使这些买家成为店铺的忠实用户，以后经常购买店铺内的商品。做好售后服务，首先要树立正确的售后服务观念。服务观念是长期培养的一种个人（或者店铺）的魅力，卖家都应该建立一种"真诚为客户服务"的观念。

服务有时很难做到让所有顾客百分之百满意。但只要在"真诚为客户服务"的指导下，问心无愧地做好售后服务，相信一定会得到回报的。卖家应该重视和充分把握与买家交流的每一次机会，因为每一次交流都是一次难得地建立感情、增进了解、增强信任的机会。买家也会把他们认为很好的店铺推荐给更多的朋友。

11.1.2 交易后及时沟通

所谓交易后沟通，是指与客人在付款之后所进行的沟通，主要通过旺旺、电话、站内信等方式进行沟通，也可以通过电子邮件、手机短信等方式进行沟通。主动进行售后沟通是提升客户购物体验、客户满意度和忠诚度的法宝。砍掉主动售后沟通，就等于砍掉了老顾客，砍掉了可持续增长的利润来源。当买家因不满意而找上门来的时候，卖家会变得很被动，沟通成功的概率也大大降低；即使通过沟通解决了评价问题，但客户的购物体验很难变好。

11.1.3 发货后告知买家

买家付完款，货没到手，心里难免有牵挂，例如，"什么时候能发货？什么时候能收到？"对一些新买家而言，甚至担心会不会被忽悠了？发货后，卖家可以把发货日期、快递公司、快递单号、预计到达时间、签收注意事项等告知买家，让买家放心的同时，也体现了卖家的专业。发货后告知买家可以参考如下的实例。

您好，感谢您购买了本店的xxx商品，xxx型号希望您能够喜欢，如果有任何问题可以和我联系：旺旺xxxxxx或者xxx@xxx.com。

本商品已经在xxxx时间发货，运单号是xxxx，请注意查收。

最后谢谢您购买小店的商品，期待您的下次惠顾！

店家：xxxx 日期：xxxx/xx/xx

11.1.4 随时跟踪物流信息

预计该到货的时间，主动和买家进行沟通能体现卖家的责任心和专业度，出现状况及时解释、处理，消除买家疑虑，避免之后因问题未处理而给店铺中、差评。买家付款后要尽快发货并通知买家，商品寄出后要随时跟踪包裹去向，如有意外要尽快查明原因，并和买家解释说明。如下图所示是被及时关注的物流信息。

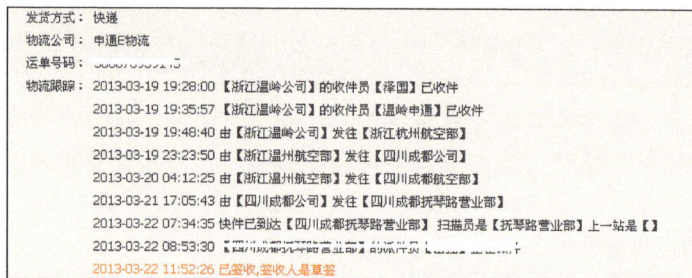

```
发货方式:    快递
物流公司:    申通E物流
运单号码:    5550705551.5
物流跟踪:    2013-03-19 19:28:00 【浙江温岭公司】的收件员【泽国】已收件
            2013-03-19 19:35:57 【浙江温岭公司】的收件员【温岭申通】已收件
            2013-03-19 19:48:40 由【浙江温岭公司】发往【浙江杭州航空部】
            2013-03-19 23:23:50 由【浙江温州航空部】发往【四川成都公司】
            2013-03-20 04:12:25 由【浙江温州航空部】发往【四川成都航空部】
            2013-03-21 17:05:43 由【四川成都公司】发往【四川成都抚琴路营业部】
            2013-03-22 07:34:35 快件已到达【四川成都抚琴路营业部】 扫描员是【抚琴路营业部】上一站是【】
            2013-03-22 08:53:30 【四川成都抚琴路营业部】正在派送
            2013-03-22 11:52:26 已签收,签收人是草签
```

11.1.5 买家签收主动回访

买家签收后，第一时间主动进行回访，主动收集客户意见；遇到客户不满的情况及时道歉、及时解释、及时处理，把危机化解在爆发前，进一步提升客户购物体验，提升客户满意度和忠诚度。

11.1.6 交易结束如实评价

评价是买卖双方对一笔交易最终的看法，也是以后可能想要购买的潜在买家作为参考的一个重要因素。好的信用会让买家放心购买，差的评价往往让买家望而却步。不论是买家还是卖家都很在意自己的信用度，及时在完成交易后做出评价，会让其他买家看到自己信用度的变化。

评价还有一个很重要的解释功能，如果买家对商品做出了错误的或不公正的评价，卖家可以及时做出正确合理的解释，防止其他买家因为错误的评价产生错误的理解。

11.1.7 有效管理买家资料

随着信誉的增长，买家越来越多，那么管理买家资料也是很重要的。卖家们应该好好地总结买家群体的特征，因为只有全面了解到买家情况，才能确保进的货正好是买家喜欢的，让店铺更好地发展。建立买家的资料库，及时记录每次成交交易买家的各种联系方式。

11.1.8 发展潜在的忠实买家

交易结束后，要定期给买家发送有针对性、买家感兴趣的邮件和旺旺消息，把忠实买家设定为你的VIP买家群体，在店铺内制定出相应的优惠政策。定期回访顾客，用电话、旺旺或者E-mail的方式关心客户，与他们建立起良好的客户关系，同时也可以从他们那里得到很好的意见和建议。

11.2 提供完善的网店售后服务

为了让自己的网店生意更好，除了提供好的商品以外，还需要向买家提供良好的售后服务。只有体贴周到的服务，才能让用户倍感亲切，真正体会到买家是上帝的购物环境。

11.2.1 认真对待退换货

卖家网上开店，所出售的商品都是经过自己精心挑选的，为了生存和发展当然不会在商品质量上马虎。不过实际经营过程中，也会时常碰到因物流或其他问题带来的退换货问题。如何处理将直接关系到网店声誉，下面根据不同的退货现象加以说明。

① 质量问题

对于店主们来说，质量出现问题，就是"硬伤"，当然都是无条件退货。不仅如此，由于质量问题还给买家制造了来回运输货物的麻烦，可能还会让卖家赔偿。

一定要严格把好商品质量关，不能厚此薄彼。但是有时也可能是因为运输途中的损坏，那么在销售这类比较"脆弱"的商品时，一定要在商品资料里详细写清楚，注明有可能的情况，不至于遇到了问题才措手不及，如下图所示。

关于退换货

本店非7天无理由退货商家，如果是买家原因退货，由买家自行承担来回运费。如果是商品质量问题，退货费用则应由店铺承担。
退货条件：外包装完整，且不影响二次销售。一旦拆封无法复原商品不可退货（质量问题除外）。注意！本店包邮的商品如果要退换需扣出我们寄过去的10元邮费。（另！！！到付的件一律拒签，产生的费用也由买家自行承担，请慎重）

● 宝贝推荐 BEST RECOMMEND　　　　　　　　　　　　　　　　　　更多>>

② 规格问题

所谓规格，也就是俗称的大小和尺寸问题，尤其像出售衣服、鞋子等商品时，常常会遇到买家收到货物后抱怨尺寸有偏差，长短有出入等情况，如果买家因为此类问题要求退货，也在情理之中。为避免此类问题，一定要在商品介绍中详细标注出相关的尺寸大小，如下图所示。

详细商品信息（一）

知识加油站

对于服饰类商品而言，诸如衣长是多少，其中是否包括领口长度；胸围及腰围又是多少；帽子是否可脱卸等参数，最好都能明示出来。这样可以在以后买家要求退货时进行协调，并且由对方自己支付来回费用。

③ 喜好问题

喜好问题存在很大的主观色彩，很难用一定的规则来界定。但是无论是什么原因，事先和买家积极沟通都是非常重要的，尽可能达到全面地互相理解，不至于出现误解而导致的退货问题。

详细商品信息（二）

知识加油站

一般情况下，在商品描述页面中我们都需要注明，"如果由于个人喜好问题，比如觉得这件衣服不好，而不是质量等原因要求退货的，一概不予接受"否则，这样做生意只有亏本，毕竟网店的商品价格利润并不是很大，而且店主也不可能放过多的精力来处理这些问题。

问：如果不退货，买家给我差评怎么办？

疑难解答

答：如果自己在商品信息中已经注明了这种情况不予退货，那么当卖家恶意给差评的时候，我们可以向淘宝小二提供证据，只要能够证明，即可撤销当前恶评。

④ 实物照片的分歧

一般商品图片都会通过一些后期处理软件进行效果处理，这的确能让自己的宝贝看上去清新、亮丽，比较起来更能吸引买家的眼球；但我们同时要考虑到，过度地使用后期处理方法，比如像曝光过度等，就必然会引起照片与实物相差较大。

这种情况下，当买家拿到货物以后，会觉得受到欺骗而要求退货，甚至卖家会受到差评，往往得不偿失。因此在处理商品效果时，要注意把握一个尺度，不能将商品原来的面貌都掩盖掉了。此外，要尽量避免使用网络上的照片，否则也会容易引发矛盾。

如实描述

知识加油站

如果大家签署了消费者保障协议的如实描述，那么就更加要注意不能使用与实物相差太大的图片，否则可能会被要求进行赔付。

在商品退换货过程中产生的运费负担上，我们提供以下建议，供广大卖家参考。

- **出于卖家原因**：这类情况包括卖家在发货时发错商品，如尺码、型号、规格错误等，这时一般需要卖家来承担退换货过程中产生的所有运费。
- **由于物流原因**：如在物流运输过程中出现商品污损、损坏或丢失等情况，退换货时运费也应该由卖家先承担，而最终这些费用的支出可以和物流公司协商索赔。
- **出于买家原因**：这类情况包括买家选购商品失误导致的错误，如购买服饰尺码选择错误等，或者买家收到货后，对商品进行了使用或影响了商品的完整性，那么这时一般需要买家来承担退换货过程中的运费。

总之，不论出于何种原因的退换货，卖家必须用理性的心态来对待。当买家提出退换货请求后，需要认真分析退换货的原因以及给出良好的解决方案。在不断销售商品过程中，偶尔遇到退换货的买家是很正常的，只要我们认真分析原因，以后尽可能避免出现退换货的情况就可以了。

11.2.2 平和心态处理投诉

如果交易中需要退换货，但买卖双方协商没有解决的，那么任意一方就可以向淘宝网投诉对方，之后淘宝网工作人员将介入并与双方协调解决。

一般来说，在交易过程中以买家投诉卖家居多，而买家多是在双方协商未果的情况下才会向淘宝网投诉卖家的。首先买家会发出投诉请求，并提供相应的证据，如商品图片、旺旺聊天记录等，而淘宝网客服在接受投诉后，一般会通过邮件方式来联系卖家。

卖家在收到投诉通知后，就需要根据实际情况来进行处理了。如果确实属于自己的退换货范围，那么应当积极退换货并联系买家撤诉；因为强行不予退换，那么淘宝工作人员会根据情况来处理强制退款或予以卖家不同程度的处分，这对于网店卖家来说，是非常不值得的。

当然，如果确实商品属于买家责任，那么我们可以向淘宝工作人员提供有力的证据，讲明自己不予退换的理由。只要证据充分，工作人员也会正确处理的。

任何卖家都不可能让买家100%满意，都会发生顾客投诉的问题。处理客户投诉是倾听他们的不满，不断纠正卖家自己的失误，维护卖家信誉的补救方法。通常情况下，当出现被投诉的情况时，可以按照下面的方法来处理。

- **保持服务的热情**：凡出现投诉情况，多数顾客态度不会友善，但不管顾客态度多么不好，作为卖家来说，都应该热情周到、以礼相待。这样就可以舒缓顾客的愤怒情绪，减少双方的对立态度。

- **认真倾听**：面对顾客的投诉，卖家首先要以谦卑的态度认真倾听，并做翔实记录。顾客说话时不要插话，要让顾客把想说的一口气说出，顾客内心的火气也就消了一半，这样就便于下一步解决具体问题。

- **和颜道歉**：听完顾客的倾诉，要真诚地向顾客道歉，而且道歉要恰当合适，不是无原则地道歉。道歉的目的一则为了承担责任，二则为了消除顾客的"火气"。

- **分析投诉**：根据顾客的叙述分析其投诉属于哪一方面，比如是质量问题、服务问题、使用问题，还是价格问题等，更要从顾客口述中分析顾客投诉的要求，同时分析顾客的要求是否合理。

- **解决投诉**：根据顾客的投诉内容和投诉分析，依据自己网店事先公布的售后服务内容以及和买家在达成交易前的沟通，决定选择经济赔偿、以旧换新、产品赔偿等。

- **跟踪服务**：根据调查显示百90%的顾客会因为上次的不满意而不再购买本公司的产品，而且还会将上次的事件传出去，这样就导致很多其他顾客将不会光顾。如果做好了跟踪服务，那么顾客还会感觉这家网店还不错，可能会成为回头客。

无论责任在哪方，只要能通过买卖双方交流与协商解决的问题，尽量不必向淘宝网申诉，申诉的结果一般以责任方妥协告终，但需要卖家耗费大量的时间和精力用在申诉中。

善意投诉

知识加油站　　　顾客投诉对卖家而言并非是一件坏事，可以以此为方向，改进产品，加强管理，并进一步完善售后服务；因此卖家应以谦卑、宽容、求进的态度，欢迎顾客的一切善意投诉。

11.2.3 引导买家修改评价

卖家收到中评和差评后，应在第一时间和买家取得联系，并认真给买家道歉，让对方知道你的诚意，解开其中的误会。最后经过友好地协商就可以要求买家为自己取消中评和差评。

只要卖家够耐心，当然主要是商品质量好，再挑剔的买家也是通情理的，也是好说话的，与买家沟通最忌讳的就是与买家恶言相向、互相攻击，这样就容易陷入一个恶性循环。买家将差评修改为好评的具体操作方法如下。

光盘同步文件

同步视频文件：光盘\同步教学文件\第11章\11.2.3.mp4

① 单击"评价管理"链接。

在我是卖家个人管理页面中，单击"评价管理"链接，如下图所示。

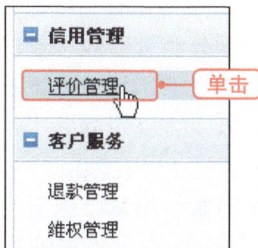

② 单击"修改评价"按钮。

❶ 单击"给他人的评价"标签，显示出买家所做出的评价列表；**❷** 单击"修改评价"按钮，如下图所示。

③ 输入新的评价内容。

❶ 在打开的修改评价页面中默认选中"好评"，此时可以在下方输入新的评价内容；**❷** 单击"修改"按钮，如下图所示。

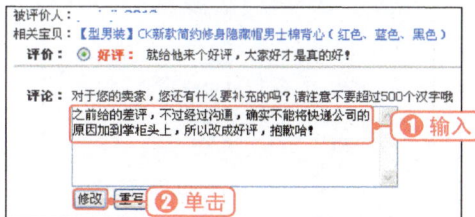

④ 修改评价成功。

在打开的页面中提示评价修改成功，此时就将差评修改成了好评，如下图所示。

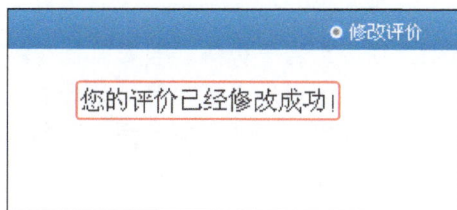

平和心态对待评价

知识加油站　　如果买家不愿意对评价进行修改，卖家也要保持理性的态度，有少数的几个中评和差评也是可以理解的；利用评价解释功能可以把问题表达清楚，争取后来者的认同。

11.2.4 打造5心信用体系

在网店销售商品过程中，我们的目的不仅仅是赚取当前卖出商品的利润，还有要赚取每位买家的好评以逐步提高自己的信用等级。在淘宝网中，卖家的信用等级越高，就间接说明购买的人群越多、所销售商品的质量越好。

对于刚开店的卖家来说，通过交易来赚取好评往往比赚取眼前的利润更加重要，只要慢慢将信誉等级提高，那么人气也就会自然越来越高。

1 了解淘宝网的信用等级

网上交易过程中，由于买卖双方无法直接见面交易，因此买家在选择商品时，只能参考卖家之前的销售记录以及交易买家给予的评价，这在一定程度上能够客观反映出卖家的经营诚信、商品质量等。

（1）信用评价

淘宝网中针对买卖双方都提供了信用评价制度，也就是当一次交易进行完后，交易双方均可以根据交易的满意程度给对方好评、中评或差评，其中每个好评将会使卖家的信用增加一分，中评不加分，差评则会扣掉一分。随着交易数目的不断增加，买家满意度的不断提高，那么卖家将获得的信用积分也就会越来越高，这一点对于卖家尤为重要，来自买家的信用评价可以体现出卖家的历史交易情况以及买家的满意度等，而其他买家在购买时，通过卖家信用就可以客观了解到卖家与买家的交易情况并决定是否购买。

一般来说，如果买家给予了好评，那么说明卖家的商品质量、服务态度都比较放心，但如果给予了中评或差评，则说明卖家针对某个或多个买家的交易存在欠缺，这可能是商品质量、服务态度或者发货进度等。

（2）信用等级

信用等级是按照卖家所获得的信用积分来划分的。淘宝网将卖家信用划分为4个级别，分别是心级卖家、钻石卖家、皇冠卖家以及金冠卖家，其中每个级别又划分为若干等级，当卖家信用积分达到一定数目后，信用等级就会自动提升一个级别，如右图所示为不同的信用等级以及所需信用积分示意图。

4分-10分	❤
11分-40分	❤❤
41分-90分	❤❤❤
91分-150分	❤❤❤❤
151分-250分	❤❤❤❤❤
251分-500分	💎
501分-1000分	💎💎
1001分-2000分	💎💎💎
2001分-5000分	💎💎💎💎
5001分-10000分	💎💎💎💎💎
10001分-20000分	👑
20001分-50000分	👑👑
50001分-100000分	👑👑👑
100001分-200000分	👑👑👑👑
200001分-500000分	👑👑👑👑👑
500001分-1000000分	👑
1000001分-2000000分	👑👑
2000001分-5000000分	👑👑👑
5000001分-10000000分	👑👑👑👑
10000001分以上	👑👑👑👑👑

Chapter 05
Chapter 06
Chapter 07
Chapter 08
Chapter 09
Chapter 10
Chapter 11
Chapter 12

疑难解答

问：为什么我的店铺一颗心都没有呢？

答：刚开店时，由于没有进行过任何交易，因此卖家的信用等级为零。只有发生了交易并获得好评后，才会产生信用积分，进而累积并体现在不同的信用等级上。

卖家的信用等级是需要通过发生好评的交易逐渐产生的，如进行了4个交易并都获得好评，那么我们的信用等级将升为1心，同样，如果累计发生了251笔交易并且全部获得好评后，信用等级就可以提升为1钻，依此类推。随着信用等级的不断提升，每上升一个等级需要的积分也就越多，如需要升到皇冠卖家时，我们需要发生10001笔交易，并且每笔交易均获得了好评。

卖家的信用等级会体现在店铺以及商品页面中，当买家进入店铺或打开商品页面后，在店铺信息区域中就能够直观地看到卖家的信用积分与信用等级，如下图所示。

（3）店铺动态评分

店铺动态评分是淘宝网针对卖家提供的另一项信用与服务评分制度。买家在购买商品后，进行信用评价的同时，也可以根据商品情况与买家服务情况进行动态评分。其他买家在购买商品时，就可以通过动态评分来了解卖家的商品情况以及服务态度，如下图所示。

知识加油站

动态评分

将鼠标移动到店铺左上方的旺旺图标处即可自动打开动态评分板块以供查看。

淘宝网针对卖家的动态评分有3项，分别是"商品与描述相符程度"、"卖家服务态度"以及"卖家发货速度"。每项最高分为5分，最低分为0分，当买家购买商品后，可以根据具体情况来对卖家进行动态评分，而卖家最终的分值为所有买家评分的综合分值，并体现在店铺信息区域。由于每一次交易的不同，可能获得来自买家的分值也不同，店铺动态评分也会根据交易而变化。

② 卖家信用对销售的影响

卖家信用客观真实地反映卖家的历史交易情况以及参与购买的买家满意程度，便于其他买家在购买时作为参考。卖家信用等级的高低，也就客观反映了卖家的诚信度与商品的保障性，信用等级越高，也就越容易获取新买家的信任，这也是为什么信用高的店铺生意都比较好的重要原因。

这里要涉及一个信用率的问题，所谓信用率，就是在发生的交易中，获得好评的交易占有的比重，譬如卖家一共发生了100笔交易，其中99项为好评，1项为差评，那么好评率就是99%，也就表明在与卖家交易的100位买家中，有99位买家是满意的，那么其他买家在查看卖家信用后，就会因为买家满意度较高而决定了商品的购买，如右图所示。

店铺信息

好评率：99%　　　　宝贝数量：320

创店时间：2007-05-14　　收藏人气：91801

收藏　　订阅　　分享

另外，中评与差评所产生的影响，并不仅仅是信用积分，而是很大程度上关乎着买家的信任程度。买家在购买商品时，即使知道卖家信用很高，也可能会因为一个差评而放弃购买，毕竟差评体现了卖家商品的某种不足之处，严重降低买家的信任度。对于卖家来说，在商品销售过程中，除了考虑销售利润外，信用积分也是必须要考虑到的，需要本着每个交易都获得好评的心态来经营店铺，这样才能使网店生意越做越大，购买人群越来越多。很多新开店的卖家，往往都是不赚利润赚信用，甚至赔钱赚信用的原因也就是在这里。

③ 打造良好的店铺信用体系

在交易后，买家会做出何种评价，往往会根据交易情况来决定，如商品质量、卖家服务态度、收货速度等。只要买家对商品满意，一般均会给予卖家好评的；反之，如果买家对商品或卖家的一些服务不满意，那么就很可能得到一个中评或差评。

作为卖家，我们有必要了解哪些因素会导致买家给予中、差评，并认真分析与解决这些可能出现的因素，才能确保每一笔交易都获得好评。就目前网络交易来看，影响买家好评的因素主要有以下几个方面。

- **商品因素**：这是影响评价最主要的因素，如商品与描述不符、商品质量较差，或者卖家提供的商品服务存在欠缺等。买家和卖家交易的目的，就是为了购买商品，如果所购买的商品无法使得买家满意，那么就很难获得买家的好评。因此卖家在销售商品时，最好能够如实对商品进行描述，以及向买家详细说明商品的各种情况。

- **卖家服务态度**：卖家针对买家提供的服务态度，有可能也会影响到买家的评价。作为卖家，我们其实就是售货员，当有顾客咨询或购买时，应该为顾客提供最优秀、完善的服务，在交流过程中言辞一定要注意。一般来说，不是过分计较的顾客，只要对商品满意，是不会因为卖家的态度而给予差评的。

- **买家收货时间**：当买家购买商品后，接下来的过程就是等待收货，而作为卖家在收到买家订单后也应该及时发货。目前物流公司的发货时间一般为2～4天，当遇到一些特殊情况延误发货或者其他因素导致买家等待较长时间才收到货时，一些买家也可能不会给予卖家好评，但这类情况往往是由于物流所引起的，我们可以通过和买家交流而让买家更改评价。

上面只是介绍了影响买家好评的常见因素，对于不同的商品或者一些不可预料的情况，也可能会影响到买家的评价，这就需要卖家根据自己商品的实际情况来进行分析并解决，使得每一笔交易都能够获得买家的好评。在一些退换货交易中，也可以在自己的能力范围内做到让买家更加满意，使得不成功的交易也能够获得买家的好评。

11.3 加入淘宝"消费者保障服务"

从2011年1月1日开始，淘宝硬性规定所有卖家必须签署"消费者保障服务协议"，也就是全网消保，这样可以更大力度地得到买家的支持和信任，从而也间接提升卖家商品出售概率，提高网点销售量。

11.3.1 什么是"消费者保障服务"

"消费者保障服务"项目是淘宝网针对买卖双方提供的一项消费者权益保护政策。对于卖家而言，这不仅是一种信誉的体现，更是对自己产品质量和服务的自信。

在以前这项服务可以由卖家自由选择是否开通，并且开通后的卖家比普通卖家在商品上有优先显示权。而在2011年1月1日以后，则规定所有开网店的卖家必须开通这项服务。

疑难解答

问：消费者保障服务怎么运作？

答：卖家承诺为消费者提供保障服务，并签署诚信协议。如果卖家未履行服务承诺，淘宝将通过卖家交付的押金，对买家进行先行赔付，以保障消费者权益。

总的说来，加入"消费者保障服务"可以给卖家带来的优势有以下几个方面。

- 商品加上特殊标记（缴保证金后），并有独立的筛选功能，可以马上被买家找到。
- 拥有相关服务标记的商品可信度高，买家更容易接受。
- 为提高交易质量，淘宝网单品单店推荐活动只针对消保卖家开放。
- 淘宝网橱窗推荐位规则针对消保卖家有更多奖励。
- 淘宝网抵价券促销活动只针对消保卖家开放。
- 淘宝网其他服务优惠活动会优先针对消保卖家开放。

1 消费者保障服务的类型

消费者保障服务是一项基础服务内容，所有卖家都必须签署。在这个基础上，淘宝还提供了多种特色消保服务，具体服务内容如下。

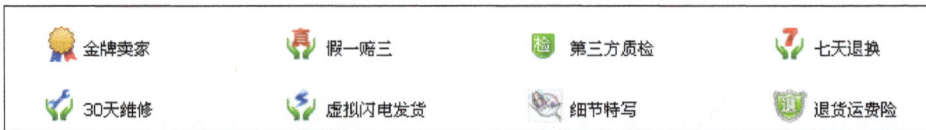

- **金牌卖家**：加入此服务的卖家需承诺，给买家提供优质的商品、优质的服务，商品接受淘宝网品质抽检、支持假一赔三、支持7天无理由退换货服务。
- **假一赔三**：加入该服务后，如果卖家销售给买家的商品与描述严重不符，或者销售假冒伪劣商品，那么买家可以在认定商品为假货的前提下，要求卖家三倍赔偿。
- **第三方质检**：加入此服务的卖家承诺，店铺内商品符合淘宝的行业质量标准。如判定卖家商品不符合相关质量标准，则卖家同意按照"退一赔一"的原则进行赔付和承担相关检测、物流等合理费用。
- **7天退换**：指卖家能够针对销售出的商品为买家提供"7天无理由退换货"服务。加入该服务后，当买家购买了支持"7天无理由退换货"的商品，在签收货物后7天内，若由于买家主观原因不愿完成本次交易，卖家有义务向买家提供退换货服务；如果卖家拒绝提供，那么买家可以向淘宝网投诉并获得相应的赔付。
- **30天维修**：该服务仅针对销售数码电器之类的卖家，当买家购买商品成功后30天内，卖家应向买家无条件提供免费维修服务，否则买家有权向淘宝网投诉，淘宝网将根据情况来使用卖家的保证金对买家进行赔付。
- **虚拟闪电发货**：该服务仅针对虚拟类商品，如充值卡、虚拟充值货币等。加入了该服务的卖家，在虚拟物品销售过程中可以使用"闪电发货"功能，如果在交易过程中没有及时发货，那么买家就可以投诉并获得相应的赔付。
- **细节特写**：加入此服务的卖家需承诺自己的宝贝图片，必须按照细节特写规范来进行拍摄和处理。
- **退货运费险**：加入此服务的卖家每次发货都会支付一笔运费保险，当与买家发生退货情况时，产生的退货运费由保险公司来承担。

2 加入消费者保障服务的保证金

要加入以上特殊服务，首先卖家需要在淘宝网缴纳一定的保证金，该保证金用于当卖家商品与所加入服务不符时淘宝网向买家赔付。保证金基本数额均为1000元，如需要加入其他一些消保服务，则可能有所增加，如金牌卖家是3000元，假一赔三是2000元。

强制消保

知识加油站

目前淘宝的一些商品，如虚拟充值类目的宝贝，是必须加入消费者保障并提交押金冻结以后才能上传商品的。

11.3.2 加入"消费者保障服务"

在初次申请店铺的时候，已经填写并签署了"消费者保障服务"协议，因此已经默认开通了"消费者保障服务"。但要进行正常使用，还需要向淘宝支付押金。

光盘同步文件

同步视频文件：光盘\同步教学文件\第11章\11.3.2.mp4

① 单击"消费者保障服务"链接。

在"卖家中心"左侧单击"客户服务"列表中下的"消费者保障服务"链接，如下图所示。

② 单击"提交保证金"按钮。

这里会提示用户是否缴纳保证金（如果未缴纳，下方的特色服务图标会以灰色显示，无法操作），为了开通服务，这里单击"提交保证金"按钮，如下图所示。

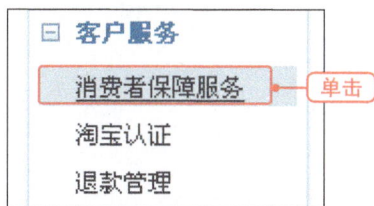

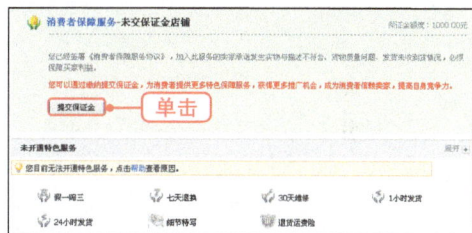

③ 确认缴纳保证金。

❶ 在打开的页面中要求用户输入支付宝支付密码；**❷** 单击"提交保证金"按钮，就成功加入消费者保障服务了，如右图所示。

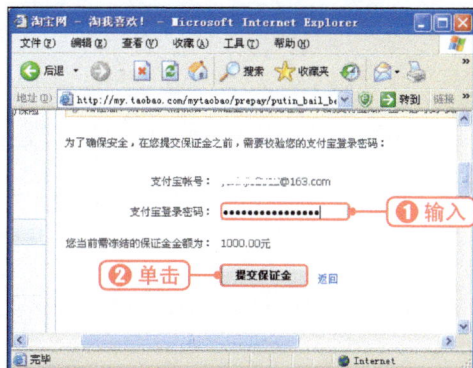

特色服务功能

知识加油站

　　提交保证金时，必须保证支付宝中有足够的余额。支付成功以后，大家就可以在消费者保障服务栏目下，申请各种特色服务，只要符合要求即可成功开通。

问：支付的保证金还能够退还吗？

疑难解答

　　答：在加入消费者保障服务3个月后，卖家也可主动向淘宝申请退出消费者保障服务，保证金会如数退还（需要扣除期间因为违约而造成的扣费）。

成就淘宝钻石
皇冠之路

本章导读

通过前面介绍的知识，相信我们新开张的店铺已经逐步迈入正轨。但是看着那么多的钻石甚至皇冠，再看看自己店铺可怜的交易额、信誉度，是不是感觉非常羡慕呢？其实要快速提高店铺等级，并没有想象那么难。只要跟着我们学完本章内容，相信你可以很快成就自己在淘宝中的钻石皇冠之路。

知识技能要求

通过本章内容的学习，读者能够学习到如何配合淘宝进行各种店铺宝贝促销活动，同时还能够学习到如何进行商品的站外推广。学完本章内容后，大家需要掌握的相关技能知识如下：

❖ 好生意是谈出来的
❖ 如何让新买家成为老客户
❖ 坚定买家的购买信心
❖ 将店铺中、差评降到最低
❖ 淘宝大卖家的秘密

12.1 好生意是"谈"出来的

就像我们平时购物一样，在购买商品之前，会与售货员交流并了解商品的情况，如讲价、询问售后服务等；淘宝网中购物的买家也是一样的，并且由于网上购物无法看到商品实物，因此需要与卖家交流的问题会更多。一般来说，通过旺旺进行咨询的买家多是属于具有一定购买意向的，所咨询的问题也多是对商品比较关心的问题，而卖家与买家的对话是一个细致、耐心的过程，有效的对话是促使买家决定购买的重要条件。

12.1.1 关注买家在想什么

在与卖家交流过程中，买家一般会将自己关心的问题一一提出来，卖家根据情况进行回答，因此广大卖家有必要了解买家所关心的各种问题，从而做出最满意的解释。在网上购物中，可以将问题概括为价格、质量、信誉以及售后4个方面。

1 价格方面的问题

网上购物影响最大的因素就是商品的价格。买家往往是对商品价格进行过对比后，才会从中选择某个卖家的商品。买家选择了我们的商品，就说明他对整体价格范围已经接受了。其他常见的关于价格方面的细节问题主要有以下两个。

- **价格可信度**：买家在选择商品时，往往会从商品列表中选择价格较低的商品，但是选择并不等于购买。对于同类商品中价格较低的卖家，买家在选择后往往会由于低价而对商品质量存在质疑，譬如会提出"为什么你的价格比别人的低？""你的商品不会有问题吧？"等问题。这时我们就需要根据具体情况来给买家一个可信的答复，如"店铺优惠中"、"店铺新开张，不计利润"等。
- **砍价**：绝大多数买家在购买商品时都会和卖家砍价，这是一个正常的购买心理。对于砍价的买家，我们只有两种选择，一是适当降低商品利润，促使买家下单；二是不在价格上让步，但在对话过程中可以围绕商品质量、保障以及售后服务等给予买家更好的承诺。具体应对方式，只能根据具体买家来灵活决定。

2 质量方面的问题

网上购物过程中，由于买家看不到商品实物，因此最大的疑虑就集中在商品的质量上，这也是买家与卖家交流时提出问题最多的地方。根据不同类型的商品，买家关于质量方面存在的疑问不同。针对买家的这类疑问，除了解答商品本身质量外，还可以从商品品牌、店铺历史销售以及针对商品所提供的保障服务等几个方面入手，延伸回答并逐步取得买家对商品的信任。

- **从品牌角度延伸**：仅针对销售知名品牌商品的卖家。一些口碑好的品牌本身就间接说明了商品的质量以及买家对品牌的认同感。
- **从店铺历史销售业绩延伸**：商品的好坏通过历史销售情况就能表现出来，如果买家咨询的商品之前销量不错，并且获得了很多好评，就可以通过历史销售数据（信用评价）来增强买家的信任度。
- **商品保障**：如果店铺加入了淘宝推出的"消费者保障服务"，那么无疑增强了商品质量与售后的保障性。
- **售后与服务**：如果我们销售的商品能够提供相应的售后服务，如服饰类的调换服务、数码电器类的保修服务等完善的售后服务，在很大程度上可以打消买家关于商品质量的各种顾虑。

③ 信誉方面的问题

由于很多买家都认识到网上交易存在一定的风险性，因此在选择商品时买家也会同时注重卖家的信用情况，好的信用可以让买家购物更加放心。当然，如果我们店铺已经积累了大量的好评，并且信用等级较高，就无须考虑这个问题。但是对于新开张的店铺，信用度一般均较低，这时就需要耐心、细致地与买家沟通。

④ 售后方面的问题

对于一些特定商品来说，是否具备售后服务是非常重要的，如数码、电器等。购买这类商品的买家也会同时注重卖家所提供的售后服务。在与买家交流售后服务方面的话题时，必须实事求是、直观、准确地告知买家所能提供的售后内容以及时间。在这类问题上，宜采用"毋庸置疑"的语气来表述。

12.1.2 与买家交流的禁忌

与买家交流的内容对商品是否能够卖出有着至关重要的影响，有时只要一句话说错了，就可能让买家流失。因此广大卖家在与买家交流时，一定要注意自己的言语，掌握好发言内容的分寸。下面列出一些与买家交流时的禁忌事项，卖家可以作为参考。

① 非主动式交流

一般来说，在与买家交流过程中，我们只要针对性回答买家所提出的各种问题即可，让买家占有主动发问权，而不宜太过主动。尤其对于新手卖家来说，好不容易等到一个顾客，在买家发问后，往往表现出太过主动的倾向，对于买家的问题常常回答很多内容，这很容易让买家觉得卖家太过迫切，有时候就会吓走买家。

② 注意沟通与争辩的区别

我们与买家交流的目的是为了让买家购买我们的商品，相互交流是一个针对商品进行沟通的过程。不同买家对商品有不同的认识和见解，这些见解有些是针对商品，有些是针对服务，卖家应以诚恳的态度解释与沟通，而不应该就某些问题刻意与买家争论。争论的结果往往是卖家赢得了上风，但失去了买家。

③ 不宜质问买家

买家与卖家交流的原因就是对商品或其他方面存在质疑问题，因此交流时会不断询问卖家。卖家在回答时，不是特殊情况，则一般不应就某些问题质问买家。要知道购买商品完全取决于买家的意愿。买家购买商品，说明该商品被认可；不购买，说明有其他原因。另外，交流是为了得到买家的进一步认可，如果以质问的语气与买家交流，那么表露出来的就是对买家的不尊重，会引起买家反感，进而流失顾客。

④ 勿命令的语气交流

网上交易过程中，卖家同样是扮演售货员的角色，这时就应该秉着以顾客为中心的原则，宜尽量微笑，态度要和蔼，说话要轻声，语气要柔和，采用协商或者请教的语气与买家交流，切忌采用命令或批示的口吻与人交谈。

⑤ 勿一味炫耀

与买家交流过程中，无论是介绍商品还是介绍自己的店铺，都应该以实事求是的态度来介绍，可以适当夸张或修饰，但不宜大肆吹捧自己的商品或店铺，这样反而会引起买家的质疑。要知道很多买家在选择商品时，已经对商品各方面都具备了一定的认知，并且每个人对商品的认知与见解不同，如果卖家太过炫耀就会让买家觉得缺乏真实性，那么势必会使得买家离开。我们需要知道的是，网上交易中，买家会选择更加踏实、诚恳的卖家。

⑥ 不宜太过直白

网上交流其实和现实中交谈是一样的，针对不同的买家，我们应当掌握交流的技巧与艺术，对于一些针对性强的问题，可以婉转回答。要知道网上购物什么人都有，他们对不同商品的认知与见解程度也不同，如果买家在交流中提出较肤浅的问题，或者看似比较笨拙的问题，那么作为卖家，我们更应该巧妙地对这些问题进行回答，而不应该直接指出买家问题的肤浅性与错误性。

12.2 如何让新买家成为老客户

经营网店，相信很多卖家都遇到过不少新买家。作为卖家，你会将新买家变成你忠实的客户吗？要想把新买家变成老客户就需要我们下一番工夫，千万不要让买家第一次来就变成最后一次来。

12.2.1 换位思考从买家角度着想

做生意如做人，要站在别人的角度而考虑问题，人是将心比心的。多为买家着想，不仅售前、售中的服务要好，售后的服务也要好。让买家买得开心，他才会把你当朋友，下次自然还会再买东西，而且他会给店铺好评，向他的朋友推荐你的店铺。

在交易活动中，卖家和买家的信息不是对称的。卖家对商品十分了解，对商品的描述也是下了很大工夫，但即使是这样，也无法完全真实地在网上再现商品；即便是在传统商场、超市购物，消费者对商品的了解也没有商家对商品的了解全面，所以要设身处地地多为买家着想。

12.2.2 介绍最适合的商品给新买家

如果买家觉得商品不好，不适合自己，那么获取买家的信任就是空谈。买家的信任是建立在对商品肯定的基础上的。在为买家服务的时候，客服或卖家一定要细心，一定要主动询问。为买家提供质量好、价格低、最合适、最贴心的商品才是卖家获得买家信任的途径。

12.2.3 建立买家对卖家的信任度

大部分的买家希望在电子商务平台上得到更加真实、准确的卖家信息。对于网店来说，得到买家的信任就如同得到了"免死金牌"，买家的信任让卖家做生意变得轻松和简单。如下图所示，好评中的评价显示出卖家的实力，得到老顾客肯定的同时，也能得到新买家的信任。

宝贝详情	评价详情(10)	成交记录(1件)		给我留言

宝贝与描述相符 **4.8** 分 共77次打分   店铺评价

⦿ 全部   ○ 好评 (10)   ○ 中评 (0)   ○ 差评 (0)   ○ 追加 (0)   ☑ 有内容的评价   推荐排序 ▾

系统很不错，店主服务态度很值得表扬。非常感谢店主的帮忙。
[2012.12.01] 支持用户数:1用户
k***8(匿名)
有用(0)

很不错的卖家哦，负责任，还耐心，找对了
[2012.06.16] 支持用户数:1用户
小***菜(匿名)
有用(0)

12.3 坚定买家的购买信心

与在实体店铺购物一样，在网络上购物也有很多的优点和缺点。只要作为卖家的我们熟知网络购物的优/缺点，就可以更好地完善它们，从而更好地解决买家的疑虑。

打消买家疑虑将挽回大部分交易

知识加油站

网络购物的缺点也正是买家所疑虑的方面，比如对交易网站的疑虑、对卖家信用的疑虑、对商品质量的疑虑、对货币支付的疑虑、对物流运输的疑虑、对售后服务的疑虑等，只要卖家在上架商品时，多写上一句话就可以解决大部分的疑虑。还有些疑虑的打消是需要在经营店铺的过程中解决的，比如对商品质量的疑虑，这就需要使用商品的细节图片等解决疑虑。

12.3.1 打消买家对售后的疑虑

在市场竞争越来越激烈的今天，随着买家消费观念的变化，买家不管是在实体店中购物还是在网店中购物，都已经开始重视售后服务。实体店铺的真实性、存在性很容易就可以解决买家的这个疑虑，因为实体店铺的地理位置固定，轻易不会搬家，当买家需要售后服务时直接来到店铺中就可以了。但是网络店铺的虚拟性导致买家有摸不着、看不见的感觉，于是买家往往对卖家做出的售后承诺不抱有太大的信任，所以对网店卖家来说，解决买家对售后问题的疑虑是重中之重。

解决售后问题主要分为两个阶段：第一阶段就是售前将售后信息告知买家，增强其购买的信心；第二阶段是对售后问题的处理，避免产生纠纷，并利用好的售后手段提升与买家的黏度。

顾客可能存在对于售后服务的顾虑，可以采取有吸引力的售后保证措施，打消顾客的疑虑。售前将信息告知买家的方式主要有两种。

- 第一种售前信息告知方式就是在商品描述页面中或店铺其他地方将售后信息公布出来，如加入7天退货或写一个买家须知，站在买家的角度上，把所有的问题都写上去并赋予答案，让买家产生信任感。如下图所示的商品描述页面中有关售后问题的信息公布，告诉买家7天无理由退换货，买家看到这样的信息就可以自然地打消疑虑了。

? 退换规则

◆ 七天无理由退换：只要不满意，及时联系客服都可以退换，而不是让您截了7天再来退的，请正确理解，谢谢！

◆ 退换货要求：退换货务必保证包装完好，吊牌无缺失，假发无染色、修剪、定型等人为处理。

◆ 如果您对我们的商品和服务感到满意，请不要吝啬手中的 🌹 +★★★★★，如果有不满意的地方请联系售后，我们定会给与您满意的答复。

◆ 退换货裹中请附上您的旺旺名，退换货原因，以及需要调换的款式。以快递方式为我们发出（邮资买家预付，货到付款一律拒收哦），并将运单号告知客服，我们收到后将尽快为您办理退换。

	卖家承担运费	买家承担运费	是否需要拍照	可否退换	处理方式
不喜欢、不合适		✔	✘	✔	24小时联系我们
调换款式、颜色		✔	✘	✔	24小时联系我们
发错款、发错色	✔			✔	请当场拒收
少发、漏发	✔			✔	请当场拒收
质量问题	✔			✔	24小时联系我们
人为处理后任何原因退换	✘	✘	✘	✘	概不受理

- 第二种售前信息告知方式就是在沟通的时候，将售后信息直接告知买家。大部分买家在决定购买一件商品前总会有一些疑虑，一般会通过旺旺向卖家咨询。在这个过程中，要向买家传达店铺的售后信息，买家会更容易接受。

12.3.2 打消买家对包装的疑虑

网络店铺和实体店铺的不同点有很多，但是买家在网络店铺中购物时会遇到一个在实体店铺购物时从未遇到的大问题，那就是物流问题。买家在实体店铺中购物时可以一手交钱、一手取货，而在网络店铺中则不行，需要通过一定时间的物流运输，买家才能最终拿到商品，但在这一段时间内商品损坏和丢失的风险是很大的，所以会有很多的买家对这一环节极不放心。

在商品描述页面中，添加商品的包装信息，很清楚地告知顾客商品的包装过程和防压抗震包装设计，如下图所示。对于类似小家电这类的商品，有了这种说明相信买家很少会有疑问了。

产品发货包装图

温馨提示：因纸箱大小有限以及产品易碎、重量过重、造型复杂等因素，部分产品需要用纸箱拼接或者使用泡沫箱包装。**请以收到的包装为准**，如介意外包装请先咨询客服问明情况，谢谢理解！

12.3.3 打消买家对物流的疑虑

选择一家令买家和自己都放心的物流公司是很好的选择。大家既可以选择卖家所在地口碑和服务最好的物流公司，也可以直接使用淘宝网的推荐物流公司。

目前国内各物流公司的服务质量参差不齐，在全国范围内很难说出到底哪家公司更好。在国内物流公司的合作网店数量、运输时间、费用、丢损概率都差不多的情况下，以收件员的服务质量作为选择依据也不失为一个好办法。

另外，淘宝网推荐物流也可以成为大家的首选。目前与淘宝网签约的合作物流公司有几十家，其中包括中国邮政、中通速递、宅急送、圆通速递、韵达快运、联邦快运、天天快递、汇通快运、顺丰速运、申通E物流、港中能达等。

了解了物流行业的一些相关常识，我们就可以为自己选择一家放心的物流公司了。接下来，我们需要做的就是把和物流公司相关的信息告知买家。为了能让每个买家都接受到这些信息，建议把物流信息放入到商品描述页面里，如下图所示。

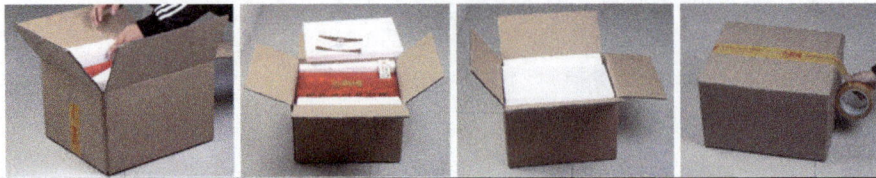

12.4 将店铺中、差评降到最低

网上开店基本上不可避免有顾客的抱怨、顾客的差评。而其他顾客来店里购买商品最主要的依据就是看看前人留下的评论，所以一个差评的影响力是非常大的。对卖家来说，如果得到差评不仅影响店铺的"好评率"，更会因为扣分而影响店铺"冲钻冲冠"的速度。

买家的差评亦或是恶意差评会和销售业绩挂钩，卖家要有十足的心理准备去面对。应对差评的态度和方法尽量显示出卖家的智慧和心理，卖家要在销售额和评价中衡量利弊，针对不同买家的特点做出明智的选择。

12.4.1 有效预防中、差评

卖家视评价如生命，但往往事与愿违。因为卖家做生意时间久了，和不同的人打交道，多方面的原因可能会造成得到客户的中评或者差评。

买家给卖家中、差评的原因很多，只要把握好商品的质量、不断提高服务水平等，就可以最大限度地消除中、差评。

1 严把商品质量关

"以质量求生存"不是一句口号，而会关系到卖家在网上能否长期生存和发展。网上竞争是非常激烈的，但任何时候卖家的商品质量都不能太次，否则就很难在网上立足。这就要求卖家在进货的时候一定要把好关，宁愿进货价格高点，也要选质量好的。在做宝贝描述的时候，切不可急于卖出宝贝而夸大对宝贝的宣传，从而酿成恶果。在发货的时候再检查一下，保证发给买家的是一件非常完美的、高质量的商品。

2 解决图片色差问题

现在有很多卖家往往喜欢利用杂志、网站或者厂家提供的模特图片，而不去拍实物图，造成图片失真，以致买家收到货后，给出"照片是天使，实物是垃圾"的差评。

买家在网上买东西是看不到实物的，所以图片就是买家判断商品优劣的重要依据，一定要是实物图，并且实物图要和商品尽量接近，商品描述要是全面、客观的，那么被给差评的机会就会很少。

3 商品包装要仔细完好

商品卖出以后，首先要包装好。一个认真、仔细的包装会让买家在拿到货后有

一种很好的感觉。有的时候，好的包装可以避免很多退换货的情况，还会为卖家的评价增光添彩。

④ 良好的售后服务

不要认为商品发出去了，就万事大吉了。如果快递发出去了好几天，买家都没确认，可能有两种原因：第一种是买家还没有收到东西，第二种是买家收到了但还没有来得及确认。

货物发出后，应该根据快递发货时间推算，如果到了时间买家还没来确认，这时就应该联系买家并询问是否收到货了。这么做不仅是为了让买家快点来确认，同时也是为了了解发出去的东西是不是有问题、买家是否真的收到，做到心里有数。对于买家来说，也会让他们觉得售后服务做得很好，他是被重视的。

⑤ 对待买家要热情

有的时候卖家会遇到一个人接待几个买家，甚至十几个买家同时咨询的情况。如果感觉忙不过来，这个时候要说明情况，不要不回复或者很晚才回复买家，要从增加人员等方面解决这个问题；否则，是不礼貌的，是对买家的不尊重。

⑥ 区别对待不同买家

预防中、差评的最好办法，就是不把产品卖给那些喜欢给人中、差评的买家。卖家的好评离不开买家，因此，在交易前最好查看一下买家的信用度、买家对别人的评价以及别人对买家的评价，再综合各类买家的不同特点来区分对待。下面就来分析买家有哪几类。

- **新手买家。** 这类买家往往第一次来网上购物，买卖信用都为零。他看上了店铺的商品，但对网络交易还很陌生，对卖家缺乏信任。这类买家最大的缺点就是发货后不及时确认货款、不给评价，或者不联系卖家随便给中、差评等。怎样确认是新买家呢？一般看注册时间、信用等级，或通过聊天来了解。对于这类买家，要多引导，通过言语沟通建立信任，事先解释清楚需要买家配合的环节，达成共识才能愉快交易。这一类的买家多半还是好买家，也有可能成为忠实买家。
- **特别挑剔的买家。** 对这类买家要注意看一下其买家好评率，以及别的卖家对他的评价。这类买家多是完美主义者，收到商品后，如果没有达到他的期望值，就有可能给个中评或差评。对于这类买家，建议要具体问题具体分析，并尽可能地做好服务，展示自己商品和服务的优点。其次还要正确评估自己的商品与服务是否与他的期望一致，如果不一致，购买前要诚信沟通，解释清楚，争取买家理解与接受，达成一致再成交。切忌为了马上促成生意，尚未沟通清楚就交易。
- **喜欢给中评的买家。** 这类买家以为中评就等于好评，如果卖家重视好评，以100%好评作为经营中的目标，还是不要交易的好。

- **很会杀价的买家**。这类买家其实大部分还是好买家。用最少的钱买到最心仪的宝贝是每个买家都想的。遇到这类买家先看一下其信誉度，如果有中、差评就要注意了，要看一下中、差评里的评价内容。针对这类买家最好能够给其赠送一些小礼品，买家收到商品的同时，必定心怀感激，给予卖家大大的好评。当然，也要综合考虑一下自己能否满足对方，如果满足不了，就不要勉强交易。

不满意的买家不但会停止购买，而且会迅速破坏店铺的形象。研究表明，买家向其他人抱怨不满的频率要比向他人讲述愉快经历的频率高出3倍。

反过来说，有效地处理抱怨能提高买家的忠诚度及店铺的形象。根据一项研究，如果抱怨能得到迅速处理，95%抱怨者还会和店铺做生意，而且此类顾客平均会向5个人讲述他们受到的良好待遇。

12.4.2 妥善处理买家的差评

网店经营中，难免碰到一些急躁的顾客，在卖家还没有做出反应之前就给了个差评。作为卖家，莫名其妙得到一个差评不仅会扣分，还会让人觉得冤。在看到有差评时，要心平气和地看看是什么原因造成的。一般差评有如下几种情况。

- 心急的买家抱怨物流速度慢。
- 由于卖家回复太慢，认为服务态度差、售后服务没能达到自己的意愿。
- 对商品的一些主观判断，如买家对商品提出的一些异议，如颜色、大小和外观等。

如果是卖家的过错，要想办法去弥补，即使是运输过程出了问题，也不要让买家去完全承担。但是往往就是有些人抓住卖家这种心理，利用差评要挟，新手卖家一定要注意。如果遇到以差评要挟的，一定要找到有力证据，与这样的买家斗争到底，坚决维护自己的利益。

如果卖家在第一时间承担了错误，买家就会感觉到卖家是有责任心的，气就会消下去大半。如果卖家又在第一时间拿出处理问题的方案，大多数买家就都会用商量的口吻来讨论。

买家中有没有贪小便宜的人呢？当然会有，但一定是极少数。聪明的卖家在遇到差评的时候，想到的是：第一，买家的意见里有没有值得自己改进的地方？如果有，早改比晚改好；第二，能不能用这样的机会，向潜在的买家表明自己对待错误的责任和出色的售后服务管理制度。这样做，就会扩大自己的被关注度。

一般情况下，买家都是很好的。尽量和买家沟通好，如果认为买家提出的问题可以通过换货解决，那就尽量换货。如果买家提出的要求，换货也解决不了，那就退货。

还有一种情况就是遇到"职业差评师"，一旦遇到这种人，最好的办法就是直接向淘宝官方提出维权投诉申请，维权中心的小二可以说各个都是身经百战。如果你真的遇到"职业差评师"，相信火眼金睛的淘宝小二一定会将他们绳之以法的，千万不要向"差评师"低头。

12.4.3 良好心态面对中、差评

当因为各种情况导致交易后买家给予中、差评，并且无法得到有效解决时，我们也就失去了让买家修改评价的能力。一些卖家在得到中、差评后，往往会担心生意受到影响而丧失对网店的经营激情。

其实网上交易就如同我们现实中的交易，根据购买群体的不同，每个人的审视角度也是不一样的，一件商品往往有人喜欢就有人不喜欢。随着网店中的交易次数越来越多，不可避免地会出现一次或几次中、差评，这是非常正常的情况，而且目前网上买家也越来越理性，查看卖家信用时会对存在的中、差评进行分析，不会盲目地看到差评就离开。只要店铺中的中、差评能够被新买家接受，那么并不会影响其购买意向。

这里广大卖家还需要考虑到好评率带来的影响。当我们获得中、差评后，最好的补救方法就是分析原因所在，为后来的买家提供更好的服务，通过获得更多好评的方式来弥补中、差评所带来的影响，如100次交易中获得一个差评，那么好评率为99%，但加上后面连续900次交易全部获得好评，那么好评率就是99.9%，这个时候一个差评对网店生意的影响就微乎其微了。

另外，在淘宝网的信用评价中有很多差评，卖家都没有做出解释，这可不是卖家偷懒和不屑的时候。卖家在面对自己的过错时，不要放弃解释的机会，要开动脑筋，想出合理的理由并做出解释。委婉承认过错，体面地请求买家原谅，这也不失卖家的风度。

12.5 淘宝大卖家的秘密

在淘宝开店，基本上100个人开店只有20个人成功。究其原因，就在于这些成功卖家善于学习，通过不断累积，最终形成自己的经营体系。但是这需要一定的时间过程，并没有什么店铺是一开始就成功的，它们也是历经了很多失败才最终走向成功的。

12.5.1 网店生意冷清的原因

"门庭冷落，没有生意"这是开店新手经常遇到的，甚至一些信用相对高些的卖家也发出同样的感叹；究竟是什么原因让新手的生意不尽如人意呢？

1 市场"偏门"

网店销售的品种可谓五花八门、琳琅满目，但比较热门的还数女性用品（如化妆品、衣服、包包、饰品等）。当然并不是叫大家都去经营这一类商品，但你必须

了解自己所选择的商品是否关注度、需求度较高，较高当然成交概率就高。经营"偏门"需要有更大的耐性和毅力，需要有等待被发现、接受、积累的持久战心理准备，如果选择了"偏门"就不用过多烦恼为什么生意清淡、少人询问，给自己耐心和时间，让自己理性地度过正常的"萧条"阶段。

2 商品定价是否合理

一件商品之所以有价值是因为有人需要它。需求的人越多，它的价格可以定得越高，这也就是物以稀为贵的道理。但是不能因为这件商品需求的人很多，就乱标价——价格标得太高了，超出客户接受的范围，同样赚不到钱。定价时，可以参考同行的网店，看看同行是怎么定价的，再结合商品的成本，制定属于自己商品的价格。

3 商品照片是否有吸引力

网店销售第一感观就是图片。一张好的图片胜过千言万语，但不少图片有的长短不一、有的灰暗阴沉、有的背景杂乱、有的仅此一张没有其他细节介绍，如果图片连自己都吸引不了，那"挑剔"顾客的目光就更吸引不到了。

4 商品描述是否过于简单

有了好的图片再加上详细明了的文字，顾客才会有下一步的"触动"。把商品的功能、特性、型号、质地、风格，甚至保养方法等表达清楚，是促进成功成交的前提。

5 合理的排版

有的网店每天的访问量很大，但是下单购买的人不多。究其主要原因就是店铺首页、描述页面的排版有问题。店主需要仔细研究网店的访客行为，对那些买家兴趣最大、爆款的，重点突出。一般利润高、销量大、库存多的商品应该排在页面靠前、靠左的位置。

6 宣传手法是否实际

据统计，网店宣传推广的方法有近百种。如果你精力有限，就要在这些"琳琅满目"的宣传方式中对几个重点方式进行长期不懈的对比，才能厚积而薄发。

7 服务水平是否欠人性化或灵活性

优质的服务包括两点：一个是客服，一个是快递。拥有一位好的客服可以让你省心不少——网店只是虚拟世界中的一个商店，顾客在你这里购买了东西，却没有和你取得良好沟通，这多少会让顾客心里有点不安。此时如果客服人员能够和买家沟通联系，比如解决顾客购买过程中遇到的问题，告诉顾客他所购买的商品多少天之内能够送达等，这样会让顾客觉得安心不少，同时也会提升店铺在顾客心中的形象。

当然，一家好的快递公司也是必不可少的。现在有些快递公司很不负责任，以至于从"快递"变成了"慢递"，本来说好三天送达的货物结果送了七天才送到。如果能够找到一家好的快递公司并进行长期的合作，这样也会让用户对公司有一个好印象。当然，随时汇报快递配送情况，对于提高用户体验也有帮助。

12.5.2 打造优秀的网店销售团队

当网店销售规模达到一定程度，仅凭店主一个人很吃力，而又无法继续扩张的时候，就需要组建一支网络销售团队。在专业的网店销售团队中，分工明确，包括客服人员、库房管理人员、财务出纳人员、采购人员等。

要打造优秀的网店销售团队，需注意以下几方面。

1 寻找合适的客服

客服主要负责回复留言、收/发邮件、联系买家、到账查款、信用评价这些繁琐的日常工作，所以第一个应该增加的职位是客服。客服最好是细致、耐心、机灵点的女孩，最基本的要求是普通话要标准、打字速度要快、反应灵敏。

客服人员首先需要掌握的就是熟悉产品。如果可以的话，尽量多教客服点东西，当店主不在的时候，客服可以独当一面。

2 确立良好的客服薪水待遇

客服人员的薪水一定要与销售额或销售量挂钩，千万不能是固定的工资；否则，员工肯定没有积极性，而且很容易觉得收入和工作强度不成比例，万一掌握店铺的资料，辞职后成为竞争对手，那真的很危险。客服人员的合理薪水应该包括底薪+提成+奖励-处罚。

底薪需要根据各地的消费水平来定，因为某地消费水平最能反映当地的经济发展情况，所以各位卖家在聘客服前要仔细地了解一下当地的经济情况，把当地常见的服务行业的工资标准都了解一下。这样做的目的是不要亏待了客服人员。卖家肯定都知道，客服这项工作是最繁琐的，所以薪水不能定太少，太少了没有人会肯干的，但是底薪又不能定太高，太高了人容易产生惰性，要定一个合适的底薪。

不要只针对个人销售额进行提成。如果有两个以上客服，单一按个人销售额提成，他们会各忙各的，很难会推心置腹地互相帮助。当一个客服出现问题时，另一个客服会置之不理。

3 商品拍照登录人员

在网店达到一定规模后，店主应该把主要精力放在进货上，至于拍照、描述、登录最好也找个有网页设计基础的人来做——第一，可以保证页面制作美观、专业；第二，可以增加推广力度。任何职位工资要与业绩挂钩，这个职位的提成也可以用网上拍下商品的数量或商品的浏览量来计算。

4 财务人员

业务做到一定程度，最好注册一家公司。这样可以开发票，给一些需报销的买家带来方便；最最关键的是可以接公司的业务，做到公对公。在信誉方面，也给买家更大的保障。

财务是一个关键性的职位，夫妻管理财务当然好，或由父母、兄弟姐妹等管理。财务人员起码要懂财务知识，如果可能的话去读个会计上岗证，最好找兼职的专业会计来做账。财务人员的工作主要是管账，如核查客户服务人员的往来银行账，还可以兼后勤的工作，如采购办公用品等。

5 采购人员

网店商品的采购工作一般是由店主自己做，也可以让自己的亲戚帮忙负责进货。很多店主都不愿意用外人做采购，第一怕进货时吃些回扣，第二怕采购员自己出去单干。不过，如果采购量确实很大，而自己又没有亲戚帮，那也可以招聘专门的采购人员，一般可以用下面的两种人。

第一是随遇而安型，这种人一般没什么太大野心，对生活也没有太多要求，可以跟着干很久，一直都是个帮手，没有自己创业的魄力。但缺点是进取心不强，另外可能会贪小便宜吃点回扣，只要不太过分，完全可以聘用。

第二种是豪爽型，这种人可能胸怀大志、野心不小，但是为人正直、性情中人。他不贪朋友的小便宜，而且进取心强，主动性很高。缺点是天下没有不散的宴席，也不可能让人家干很久，只要以后不用你的关系与你在同一个平台竞争就不算过分。

6 奖罚分明

卖家最头疼的可能就是客服对于网上店铺信誉度并不是很关心，所以在售后服务方面并不是很积极；有时也会因为态度不好得罪买家，最好制定一些奖罚措施。例如，全年无中、差评奖，只要客服人员出售的商品全年都是好评，就给予适当的奖励。

对于得到差评的客服，要给予处罚。当然有一点要注意，先分析原因，要仔细听客服的解释，再以店主的身份跟顾客联系，只要事实弄清楚就好办了，如果的确是客服的过错，那么必罚无疑，罚一次全体客服都会引以为戒的。还有就是处罚和奖励的额度一定要提前拟好，打印出来贴在客服的工作间里显眼的位置。

7 设立投诉专线

设一个专门用于投诉的电话，这个专线最好是店主本人的手机号。这样做，既可以监督客服工作，又可以服务买家。

12.5.3 把网店回头率做到100%

想把店铺做大、拥有100%的回头客，就要做到商品好、服务好、回访好。

1 熟悉本店商品的专业知识

顾客问你商品的问题，掌柜千万不能用"大概"、"可能"、"也许"等词语来回答，这样会给买家不信任的感觉。买家买得放心是最基本的要求。

2 永远不要降低服务标准

你也许会在生意好的时候悄悄降低商品的质量或者服务标准，不要认为这样一点点的变化顾客无法察觉。如果这样做，是会流失很多顾客的。

3 改变消极懈怠的思想

无论多么艰难，都必须保持乐观。人们只愿意与那些充满自信的人做生意，你的坚定不移的信心也会同样使顾客对你的商品信心倍增，也不要理所当然地认为顾客在你这儿购买过一次就成为你的终身客户。一旦你懈怠下来，其他的竞争对手就会随时将你的顾客拉走。

4 打包要认真

不要小看了打包，细心的买家会从打包中看出这家店有没有诚心做这笔生意，因此掌柜们无论多忙都应该非常仔细地把包打好。

5 不要为错误找借口

有了失误和过失很正常，但是千万不要为自己的错误找借口，因为买家只会记得你承诺过的。与其找借口，还不如老老实实地承认自己的过失，然后尽力补救，哪怕是再给予顾客优惠。当你承担了所有的责任，并改过了错误，本来一个不好的事情，也可能会让你赢得顾客的好感和信任。

6 货源一定要很可靠

不管怎么样，掌柜们对自己所出售的货源都要很清楚，要跟买家说明自己的货是什么档次，不同档次的货有不同的价格。

7 细节的处理

不是所有的买家对自己购买的商品都很满意，有些买家收到货之后觉得不是很满意，就要求退货。针对这种情况，店主要有自己的一套应对方案。

8 不断学习

在淘宝市场飞速发展的今天，如果你不求发展进步，就会在同行中落伍，所以淘宝店主一定要不断学习。对行业了解越深，顾客对你就越有信心。当然，你赚的钱也会越来越多。